信息技术驱动下
建筑业组织变革与演化

基于技术采纳的视角

花园园　著

北　京

冶 金 工 业 出 版 社

2021

内 容 提 要

本书基于技术采纳的视角，构建了包含个体、技术、任务和文化的社会技术系统，来探索建筑企业采用信息技术的方式和过程。本书涉及的理论主要包括个体-环境匹配理论、任务-技术匹配理论以及技术的社会建构理论，主要回答了社会技术系统中的社会因素（文化维度和个体维度）和技术因素（技术维度和任务维度）之间的匹配如何影响信息技术在建筑企业中应用的研究问题。

本书可供工程管理类的科研、教学、管理等人员阅读参考。

图书在版编目（CIP）数据

信息技术驱动下建筑业组织变革与演化：基于技术采纳的
视角/花园园著 . —北京：冶金工业出版社，2021. 8
ISBN 978-7-5024-8883-3

Ⅰ.①信…　Ⅱ.①花…　Ⅲ.①建筑企业—工业企业管理—
企业信息化—研究　Ⅳ.①F407. 906-39

中国版本图书馆 CIP 数据核字（2021）第 164373 号

出 版 人　苏长永
地　　　址　北京市东城区嵩祝院北巷 39 号　邮编　100009　电话　(010)64027926
网　　　址　www.cnmip.com.cn　电子信箱　yjcbs@ cnmip. com. cn
责任编辑　曾　媛　美术编辑　吕欣童　版式设计　郑小利
责任校对　葛新霞　责任印制　李玉山
ISBN 978-7-5024-8883-3

冶金工业出版社出版发行；各地新华书店经销；北京中恒海德彩色印刷有限公司印刷
2021 年 8 月第 1 版，2021 年 8 月第 1 次印刷
710mm×1000mm　1/16；13.75 印张；265 千字；207 页
86. 00 元

冶金工业出版社　投稿电话　(010)64027932　投稿信箱　tougao@cnmip. com. cn
冶金工业出版社营销中心　电话　(010)64044283　传真　(010)64027893
冶金工业出版社天猫旗舰店　yjgycbs. tmall. com
（本书如有印装质量问题，本社营销中心负责退换）

前　　言

　　长期以来，我国建筑业主要依赖资源要素投入、大规模投资拉动发展，建筑业信息化水平较低，生产方式粗放、能源资源消耗较大、科技创新能力不足等问题比较突出。2017 年 2 月，国务院印发《关于促进建筑业持续健康发展的意见》，这是引领建筑业发展的纲领性文件，从中可以看到建筑业数字化、网络化、智能化是大势所趋。在新一代信息技术驱动下，建筑业将逐步实现高效益、高质量、低消耗、低排放的发展目标。

　　建筑业应用的信息和通信技术（ICT）有多种类型，包括基于网络的管理系统、虚拟现实技术和增强现实技术、无线技术、电子数据交换和管理系统、建筑信息模型等。ICT 的广泛应用，将各环节、各专业、各参与方的信息屏障打通，实现项目进度、质量、安全等方面的数字化、精细化和可视化管理，达成项目全生命周期的数据共享。然而 ICT 应用效果的优劣依赖于组织内是否实现全员全流程的应用，虽然许多建筑企业对 ICT 进行了大量投资，但如果组织内对 ICT 的采纳率较低，将无法充分实现应用 ICT 的收益。

　　本书从技术采纳的视角出发，将组织看作是一个由个体、技术、任务、文化组成的社会技术系统。新技术的引入将带来组织的变革与演化，技术将重塑组织文化和任务流程，对个体的技能和价值观也有新的要求。在新的情境下，组织的各个要素与新技术可能发生错配。因此，本书探讨了社会因素（文化维度和个体维度）与技术因素（技术维度和任务维度）的匹配将如何影响 ICT 在建筑业组织的采纳。为解答这一研究问题，本书提出了以下四个维度的匹配：

　　技术-文化匹配：组织的价值观与技术内含价值观之间的一致性；

个体-文化匹配：个体价值观与组织价值观之间的一致性；

个体-任务匹配：个体能力与工作要求之间的一致性；

任务-技术匹配：任务需求与系统功能之间的一致性。

这些"匹配"背后的理论包括技术的社会建构理论、个体-环境匹配理论和任务-技术匹配理论。本书的理论框架将帮助研究人员进一步整合社会技术系统和 ICT 采纳的相关研究，阐明相关理论解释 ICT 应用的有效域和关联性。

本书主要包括 9 章，第 1 章概述了建筑业 ICT 采纳的背景和问题，第 2 章和第 3 章回顾了 ICT 采纳的相关理论并构建了社会技术系统框架，第 4 章详细描述了研究模型的建立，第 5 章了介绍了定量研究和定性研究的研究设计，第 6 章介绍了试点研究，第 7 章和第 8 章分别介绍了定量研究和定性研究的过程和发现，第 9 章介绍了本研究的结论、贡献以及进一步研究的建议。

受建筑信息化渗透率提升和行业自身不断革新的双重驱动力影响，建筑业 ICT 应用的空间十分广阔。ICT 的广泛采纳不仅会推进工程建造技术的变革创新，还将从商业模式、生产方式、管理模式等方面重塑建筑企业。随着 ICT 在组织中的应用，组织要素不断演化，维持社会技术系统中的匹配是一项持续而复杂的任务。本书的研究发现不仅对建筑企业推进 ICT 的采纳有积极意义，对 ICT 的设计与开发也将提供启示，设计人员应关注技术是否与用户的企业价值观匹配以及技术如何与任务流程结合，以达到"事半功倍"的效果。

作者

2021 年 6 月

目　　录

1 引　言

<<<<<<<<<<<<<<<<<<<<<<<<<<<<<<<<<<<<<<<<<<<<<<<<<<<<<<<<<<<<<<<<<<

信息和通信技术（information and communications technology，以下简称 ICT）被认为是加强建筑业信息处理的关键。虽然学术界和业内人员都认为 ICT 可以为企业带来竞争优势，但是仅仅拥有 ICT 并不一定能保证组织成功采纳 ICT。除非用户愿意采纳该技术，否则组织不可能实现 ICT 的全部优势，因此与采纳 ICT 有关的问题亟待研究。

1.1　ICT 在建筑行业的推广与应用

创新性、协作性和集成性的信息技术的战略实施对于建筑企业的可持续发展至关重要。新兴的信息技术为建筑企业在工程项目中协同工作提供了巨大的可能[1]。

建筑业推广与应用 ICT 的背景有以下几个方面。首先，施工过程会产生大量的信息，这些信息包括从设计阶段生成的图纸到施工阶段编制的不同项目报告。信息的获取贯穿项目的各个阶段，直到项目结束。因此，由于信息的多样性和高密度性，信息的融合和管理显得至关重要[2,3]。这也是工程项目中的真正挑战和提高生产率的首要步骤。工程项目管理需要对信息进行收集、分析和实时沟通，以便快速发现进度、成本、项目范围和质量与计划的偏差，并对发现的问题、纠纷和偏差及时做出决策反应[4]。但是，在传统的沟通工具下，项目经理常常缺乏及时的变更管理。

其次，建筑行业必须应对高度复杂、分散和非标准化的业务关系和流程的组合。每个施工阶段都需要基本知识的有效沟通，并需要在许多项目参与者（如业主、承包商、设计师、咨询方、分包商和供应商）之间进行协调。这可能会导致沟通时间安排和技术内容转为困难，因为每个项目在施工类型、地点和项目参与者方面都是独特的[5]。项目团队成员之间的沟通问题往往是导致项目延迟、返工和建筑缺陷的原因[6]。传统的施工管理方法无法解决所有沟通问题。在这种情况下，ICT 是提高流程效率的驱动力，也是促进信息灵活处理和通信基础设施建设的必要推动力。通过这些 ICT，公司可以与其客户、咨询公司和供应链合作伙伴进行合作和交易[7]。特别是，当项目组分布在不同国家或者同一国家的不同地区时，可以通过 ICT 进行有效的数据管理来实现所需的沟通[4]。

第三，由于建筑类型日益复杂、外包项目参与者的数量不断增加、快速施工方法的应用以及全球市场竞争日益激烈，按时并在预算范围内交付收益可观的项目逐渐成为一项重大挑战。如果不能有效地使用 ICT 来促进项目团队间的信息管理过程，那么继续使用传统的程序就不可能很好地实现交付过程[8]。从本质上讲，由于全球化、竞争白热化等日益严峻的商业环境，采纳 ICT 对于建筑企业而言已成为当务之急[9]。例如，全球建筑业对更有效的项目交付模式的需求，使设计技术从二维到三维（3D）再到目前的 BIM 有所转变[10]。ICT 已经从工具演变为实现业务改进和价值增长的战略资产。而且，人们已经承认了基于 ICT 的创新在提高生产力和为行业带来可持续的竞争优势方面的重要性[7]。

基于上述原因，建筑业目前正在相关企业和项目中推广 ICT。在建筑行业中，由于客户和供应链合作伙伴越来越依赖这些工具，ICT 战略的实施可以被视为防御性和被动性的。因此，如果不使用这些工具，企业将失去吸引力[11]。下文将简要介绍 ICT 的实施情况。

ICT 在施工中的应用有多种类型。Lu 等人（2014）共回顾了 145 篇文章，总结了 AEC 组织中使用 ICT 的五种最有效技术[12]。这些类型的技术包括：（1）基于网络的管理系统；（2）虚拟现实技术和增强现实技术；（3）无线技术；（4）电子数据交换和电子数据管理系统；（5）建筑信息模型。Brewer 和 Gajendran（2006）将基于自动化、网络化和一体化的 ICT 工具进行分类[13]。这些类别的 ICT 工具既包含硬件的实施又包含流程的改变。

ICT 可用于许多建设过程，例如设计和施工[14]、建设成本控制[15]和项目管理[16]。组织中 ICT 的使用可以处于三个阶段，即工作任务自动化，组织的流程改进或全供应链流程改进[17]。

ICT 减少了信息的重复输入，帮助信息联系在一起[18]，从而改善了通信过程，降低了通信成本。作为一种最先进的应用技术，ICT 通过提高信息表达和信息处理（信息获取、信息收集和信息交换）的便捷性和多样性，从根本上提高了信息传输的效率，从而产生了更好的组织效果[19]。

通常，信息技术的商业价值可分为三类：自动化效应（代替劳动）、信息效应（收集，处理和传播信息）和变革效应（促进和支持过程创新和变革）[20]。至于建筑业的信息管理，与这些效应相关的这些商业价值可以体现在以下几个方面，例如加强进度索赔的处理、改进合同管理、通过有效的文档管理节省时间，增强组织形象和用户满意度[21]。

ICT 逐渐被建筑业所采纳以促进项目团队之间的信息管理过程，并被视为是建筑业中一种重要的隐性创新[22]。在 NESTA 报告（2008）中，隐性创新被定义为"没有在正式研发投资或获得的专利等传统指标中反映出来的创新活动"，而隐性创新的一种类型是现有技术和流程的新结合[22]。

考虑到实施 ICT 的重要性，工程管理领域的主要机构（PMI-PMBOK、EEE 标准和 ISO 标准）广泛开发大量关于 ICT 实施的知识、方法、措施和标准[23]，包括 ICT 供应商和咨询公司在内的 ICT 推广机构认为 ICT 的实施是有普遍适用的"最佳实践"，并且软件包无需再进行大规模的调整。相比之下，一些学者坚持认为"最佳实践"的概念是虚幻并且具有破坏性的，因为 ICT 并没有为每个行业的每个流程提供范本，所以大多数公司通常会对其 ICT 进行重新配置或添加新功能，以便在特定的情境下达到最佳使用效果[24]。

1.2 建筑行业 ICT 应用存在的问题

与汽车和航空航天业相比，ICT 在建筑业的应用程度相对较低[25]。建筑行业仍处于采纳 ICT 的相对早期阶段，并落后于其他行业[26]。许多建筑公司仍然依赖人工流程和传统的通信工具，例如电子邮件、传真和电话[27]。用户对企业应用 ICT 的抵触情绪仍然是建筑业中存在的一个问题[28]。

虽然许多建筑企业对 ICT 进行了大量投资并试图获得 ICT 使用收益，但如果很少有人实际采纳和使用 ICT，那么收益可能会受到限制，因为 ICT 成功需要大量的使用者才能获得充分的交流和信息交换收益[29]。公司投资 ICT 系统之后，员工仍有可能通过电话和/或纸质进行交流，因此可能无法完全实现 ICT 的潜在优势。如果组织同时使用纸质文件和电子数据进行运作，它可能会损失潜在的生产效率。因此，即使某些 ICT 项目在技术上已经具备条件，也无法实现预期的收益。

ICT 在建筑业中实施失败并不罕见。Standish Group（2004）的报告显示只有一小部分的 ICT 实施成功[30]。在 ICT 实施的全部案例中，有 18% 的案例失败，53% 的案例不符合预算、时间和功能性标准，而只有 29% 的案例在所有三个绩效指标上都取得了成功。此外，Ashurst 等（2008）的报告中提到，虽然在制定商业案例时经常考虑效益，但一旦获得批准，对效益的关注就会迅速消失[31]。Adriaanse 等（2010）声称，在美国 ICT 的应用使得组织间通信正式化，但对建筑项目的附加值似乎有限，并且未能达到预期[32]。Alkalbani 等（2013）发现发展中经济体的建筑行业的组织中明显缺乏 ICT 战略，总体战略思维受到短期成本问题的阻碍[33]。建筑行业需要将 ICT 的使用融入其文化中，了解可能产生的优势并培训员工。

Barker 和 Frolick（2003）认为即使为其组织制定了实现其信息系统的计划，该组织也应该做好实现收益之前组织会经过重新设计、人员受到干扰以及生产力下降的准备[34]。Peppard 等（2007）声称，大多数组织把重点放在实施技术上，而不是实现预期的业务收益[35]。因此，尽管项目取得了技术上的成功，但却没有产生预期效益。Coombs（2015）对信息技术或信息系统实现的抑制因素和促进因素进行了研究[36]，揭示了计划中的效益没有实现的原因是对与信息技术驱动的组织变革中相关的技术层面和组织层面的促进因素和抑制因素缺乏关注。

从纸质环境向完全电子化的环境过渡，要求用户准备好采纳和接受 ICT。Peansupap 和 Walker（2006）提出，虽然许多建筑组织试图获得 ICT 的使用收益，但是当很少有人实际使用 ICT 时，用户接受度低，这些收益可能会受到限制[37]。即使 ICT 得到了广泛采纳，用户也会发现与拒绝使用 ICT 的同事进行电子通信是不切实际的。因此，组织可能会因为同时使用书面材料和电子数据而导致阻碍潜在的生产率提升。Jacobsson 和 Linderoth（2012）发现员工一方面认为进一步发展 ICT 系统会提高公司的竞争力，但另一方面他们不想提高自己对 ICT 的使用率[38]。Ding 等（2015）观察到，在中国建筑师采纳 BIM 的程度差异很大[39]。一个有效的 BIM 实施策略依赖于建筑师使用 BIM 的意图。Brewer 和 Gajendram（2011）观察到临时项目组织的成员对 ICT 的优势持怀疑态度，不愿参与其中，因此他们随后的行为导致了 ICT 总体上呈现碎片化的状态[40]。Brewer 和 Gajendram（2012）进一步发现，ICT 实施的碎片化会阻碍电子商务活动[41]。

简而言之，尽管已经证明了使用 ICT 的潜在好处，但在实践中这些效益的实现是有限的。关键问题在于用户对采纳 ICT 的抵触情绪，因为最终是个体使用 ICT 来改善工作流程。近年来，受经济不景气的影响，需要限制运营的资本预算，而这又需要从根本上优化 ICT 资源，以达到"事半功倍"的效果[7]。个体的采纳行为对 ICT 实施的成功起着重要作用。因此，有必要制定一个系统的框架来梳理采纳 ICT 的影响因素。

1.3　研　究　目　标

关于个体采纳和使用 ICT 现有几个有影响力的模型，例如技术接受模型[42]、计划行为理论[43]以及接受和使用技术的统一理论[44]。这些模型的相似之处在于，它们都试图预测人们采纳技术的意图和行为。在这些模型中，采纳 ICT 的意图和 ICT 的实际使用是描述个体采纳 ICT 的两个成熟的构念。这些模型所关注的预测因素完全不同。技术接受模型关注的是感知到的有用性和感知到的易用性。计划行为理论关注的是态度、主观规范和感知到的行为控制。接受和使用技术的统一理论主要涉及绩效期望、努力期望、社会影响和促进条件。

除了依靠这些成熟的理论模型之外，建设管理领域的研究人员还用实证研究来探索同样影响 ICT 应用的其他因素，目前已经确定了影响 ICT 采纳的多种因素。ICT 采纳的研究者已经认识到社会因素和技术因素都会影响到 ICT 的采纳。尽管一些研究者试图将零散的社会因素和技术因素的研究结果结合起来，并且建立统一的研究框架，但这些框架主要建立在实证研究结果的基础上。社会因素与技术因素之间的潜在相互作用尚不清楚，这需要更多的理论解释。

社会因素和技术因素对 ICT 采纳的影响需要统筹考虑，这一学派的观点得到社会技术系统理论的支持。社会技术系统理论主要是用于研究工作场所中个体与技术之间的相互作用，以及社会复杂的基础设施与人类行为之间的相互作用。社会技术系统（STS）是为了理解嵌入人类社会的复杂技术系统而发展起来的[45]。

社会技术系统理论将组织视为两个相互关联的子系统：技术系统和社会系统。技术系统关注的是流程、任务和技术。社会系统关注的是个体之间的关系以及这些个体的属性，如态度、技能和价值观。在这种视角下，技术不单意味着物质意义的技术，还包含着广义上的结构。工作系统的输出是这两个子系统之间共同交互的结果。

社会技术视角有助于诊断采纳 ICT 的问题，因为它论述了一种更为全面的方法，划分了人类工作系统中的社会和技术因素。社会技术系统理论侧重于人、环境和技术之间的相互作用，采用了多样化的方法论，综合定性和定量研究方法的优势，丰富了对复杂世界的感性认识。如何利用批判性的社会技术思维来开发和实施新的和更有效的信息技术系统仍然是一个挑战[46]。社会技术系统考虑到人、流程和技术因素。因此，如果 ICT 配置得当，它们则更有可能被最终用户采纳，并为组织提供价值[47]。对社会技术系统内部元素的不正确理解和匹配可能会导致绩效不佳、缺乏使用甚至最终导致系统应用的失败[48]。因此，本书研究的目的是对影响 ICT 使用的社会技术因素有一个全面的了解。

一些研究者试图对工作系统的相互依存性进行简单的表述，以便分析社会和技术方面的联系和关系。最初的模型是由 Leavitt（1964）提出的[49]。Leavitt 的模型主要关注个体、任务、结构和技术之间的关系。这些系统要素是相互关联的，因此需要共同考虑。在他的模型中，个体和结构构成社会子系统，而技术和任务构成技术子系统。后来的研究者逐步扩展了 Leavitt 的模型。例如，Kwon 和 Zmud（1987）加入了环境的概念扩大了他们的模型[50]，Davis 等（1992）将文化纳入其框架[51]。Davis 等（2014）扩展了 Leavitt 的框架，用六个相互关联的要素（包括个体、目标、流程/程序、文化、技术和基础设施）将组织系统表示为一个六边形[52]。这个系统嵌入在外部环境中：财务/经济环境、利益相关者和监管框架。

社会技术系统理论提到，社会技术系统中的各个要素需要相互匹配才能实现联合优化，但是这些"匹配"将如何影响 ICT 的采纳尚不清楚。因此，有必要将相关匹配理论纳入社会技术系统理论中来解释 ICT 的采纳。对于这些"匹配"对技术采纳的影响，研究人员已经分别进行了考虑。例如，已有研究表明技术-文化匹配（例如 Leidner 和 Kayworth[53]，2006）和任务-技术匹配（例如 Zigurs 和 Buckland[54]，1998）会影响技术的采纳。个体与文化匹配和个体与任务匹配是人力资源管理理论中的两个成熟的构念[55]。尽管这两个构念与技术采纳没有直接关系，但它们与对组织变革的承诺[56]和创造力[57]有关，而这两个因素在技术采纳中均起着关键作用。上述"匹配"为建立一个将文化、技术、任务和个体联系在一起的综合系统奠定了基础。

此处将对社会技术系统中的匹配进行简要的定义，第 3 章中将对这些匹配及其对 ICT 应用的影响进行详细说明。

技术-文化匹配：特定群体的一般价值观与特定技术内含价值观之间的一致性[53]。

个体-文化匹配：个体价值观与组织价值观之间的一致性[58]。

个体-任务匹配：个体能力与工作要求之间的一致性[55]。

任务-技术匹配：任务需求与系统功能之间的一致性[59]。

上述"匹配"为建立一个将文化、技术、任务和个体联系在一起的 ICT 采纳的社会技术框架奠定了基础。图 1-1 所示为描述社会技术系统与 ICT 采纳的关系的框架。社会技术框架中的这四种类型的匹配是相互独立且合理全面的，因此可以简洁有力地代表社会技术系统的匹配。这四种匹配类型处于不同的分析层面：任务-技术匹配，个体-文化匹配和个体-任务匹配属于个体层面，而技术-文化匹配属于组织层面。

ICT 的采纳过程被定义为"个体或其他决策部门对一项创新从最初了解、形成对革新的态度、决定采纳或拒绝、实施新的想法、再到确认这一决定的过程"[60]。采纳过程通常分为两个阶段：首先是组织层面上采纳创新的决定，然后是实际实施，其中包括用户的个体采纳。组织采纳决定只是实施的开始。实施 ICT 的最终成功更多地取决于用户对 ICT 的持续使用，而不是其最初采纳的情况。个体层面采纳 ICT 涉及两个构念：个体采纳 ICT 的意图和 ICT 的实际使用。行为意图被定义为人们对自己发出的以某种方式行事的指令[61]。它们是人们执行特定行动的决定。从心理学角度来说，行为意图是个体实施行为的动机。这里的行为指的是技术的使用。个体对 ICT 的使用是一项涉及三个要素的活动：个体，技术和任务，因此个体层面的系统使用被定义为个体用户利用技术的一个或多个特征来执行任务[62]。

一些信息管理学者对 ICT 使用的跨层性进行了研究[63~65]。他们揭示了 ICT 的使用是同时存在自上而下和自下而上的过程的，这两个过程将个体和组织层面信息技术使用联系在一起。自上而下的过程指的是情境影响，或者说组织层面的 ICT 使用如何影响个体层面的认知和使用。与此相反，自下而上的过程是指个体层面的行为是如何影响集体层面的 ICT 使用模式和结果的[66]。

　　Samuelson 和 Björk（2013）还描述了建筑业在 ICT 采纳过程的两种主要场景[67]。在自上而下的采纳场景中，决策首先是在组织层面上完成的，这会影响每个个体做出的决策。在这种情况下，管理层将推动实施 ICT。在自下而上的情况下，决策是由个体自愿做出的，而不是组织层面。个体层面和组织层面的整合由个体的自愿程度决定，但是组织层面的最终决策仍然由管理层决定。

　　组织决定采纳 ICT 只是技术实施的开始，技术必须纳入组织的工作流程中。最大限度地使用技术是信息技术研究的一个重要假设[44]。此外，技术的使用是链接 ICT 投资与绩效之间的关键环节[68]。尽管近年来在 ICT 上进行了巨大的投资，但用户常常将自己限制在使用的基本功能上，技术未得到充分利用[65]，因此在这种情况下，了解和预测员工的技术使用行为非常重要。

　　综上所述，本书进行个体和组织两个层次的研究有两方面的原因：第一，在建筑行业的组织中，员工并不一定是自愿使用 ICT。在大多数情况下，组织的管理层出于战略原因决定采纳 ICT，然后强制要求员工在工作中采纳 ICT，因此采纳的过程是从组织层采纳到个体层采纳。这个自上而下的过程不应该分开，应同时进行研究。另一个原因，这种自上而下的过程解释了 ICT 投资如何转化为 ICT 绩效。在组织的管理层决定采纳 ICT 之后，组织将会增加对硬件的投资、进行使用 ICT 的培训以及增加维护成本。组织的投资额度取决于管理层的支持程度，也为个体采纳 ICT 创造了环境。但这些投资是否会为组织带来利益，最终取决于个体对 ICT 的实际使用情况。只有当目标用户接受 ICT 时，才能实现预期的收益。因此 ICT 的最终成功同时取决于组织层面 ICT 的采纳和个体层面 ICT 的采纳。组织层面 ICT 的采纳启动了投资，而最终个体层面的采纳将 ICT 技术转化为利益。

　　图 1-1 描绘了社会技术系统中的匹配与 ICT 采纳之间的关系。社会技术系统和 ICT 采纳的研究框架简要描述了社会子系统和技术子系统之间的相互作用及其对 ICT 采纳的影响。该框架将在第 4 章的模型开发中详细说明。社会技术系统理论仅提供了一种视角来整合组织中不同类型的匹配。这些匹配如何在组织和个体层面影响 ICT 的采纳，应通过具体的相关理论进行解释。社会技术系统中的匹配

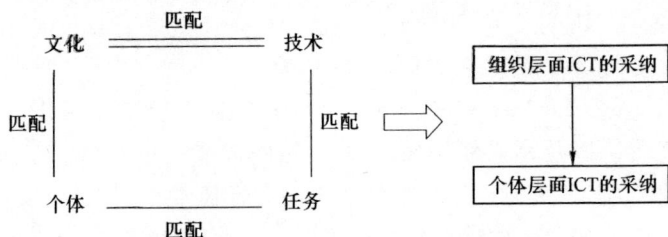

图 1-1　社会技术系统和 ICT 的采纳
（双线代表组织层面的匹配，单线代表个体层面的匹配）

的构念背后有不同的理论。技术-文化匹配是从技术的社会建构理论发展而来的，个体-文化匹配和个体-任务匹配是从个体-环境的匹配理论中获取的，任务-技术匹配从认知匹配理论发展而来。

虽然社会技术系统的各个组成部分都可以独立影响 ICT 的采纳，但同时整合所有社会技术因素似乎比单独应用的任何单一组成部分都能提供更好的解释[47]。在建筑行业，研究者们将社会和技术因素结合起来，逐渐形成了理解 ICT 采纳的一般框架。Zhu 和 Augenbroe（2006）发现，技术与管理过程的整合非常重要[69]。Gajendran 和 Brewer（2007）提出了在采纳 ICT 时技术整合和组织整合的概念[70]。他们声称，技术方面处理的是物理数据和进程，而且通过既定的分析工具，它更加简化和接近。Fox（2009）认为技术情境、社会情境和商业情境这三个情境对 ICT 实施非常重要[71]。技术情境使软件能够按计划运行，社会情境使软件能够按计划使用。Coombs（2015）研究了表现不佳的信息系统/信息技术项目，发现了实现收益的促进因素和抑制因素，包括技术导向的因素（技术产生的报告设计不佳、系统在功能响应时间上的表现不佳等）和组织导向的因素（对信息处理的培训、对现有流程的描绘和重新设计等）[72]。

同时，许多研究人员和咨询公司将匹配作为规范性概念，强调协同复杂的组织要素对有效实施 ICT 的重要性，但是将"匹配"纳入社会技术系统理论的理论工作仍然缺乏。因此，以下研究问题是本书的出发点。

研究问题：社会技术系统中社会因素（文化和个体）与技术因素（技术和任务）的匹配如何影响 ICT 在建筑业组织的采纳？

从个体与环境匹配的角度来看，个体与文化的匹配和个体与任务的匹配中"个体"的作用是重要的。个体与环境的匹配已经被证明与工作满意度[73]、组织承诺[74]和辞职意向[75]有关。组织中采纳 ICT 也需要发展一种整合个体和环境因素的方法。以往的 ICT 研究忽略了个体与文化的匹配和个体与任务的匹配，因此它们与个体采纳 ICT 的行为之间缺失的联系值得进行研究。同时，任务-技术的匹配在 ICT 采纳的研究领域中是一个成熟的构念，其对 ICT 采纳的影响已得到验证，但之前的研究者并未从整个社会技术系统的角度来考量。在系统的视角下，任务-技术匹配并不是独立存在的。它可能与社会技术系统的其他部分进行交互影响，因此需要共同考虑这些"匹配"的影响。

至于组织文化，Leidner 和 Kayworth（2006）提出技术和文化的匹配将决定社会群体如何看待以及是否使用技术[53]。然而，关于技术-文化匹配如何影响 ICT 采纳的研究仍处于探索阶段。需要注意的是，技术不应仅仅被视为一种客观实体，而且还应被视为一种社会建构的产品[76]。以前的研究表明，信息技术不是价值中立的；相反，它本质上具有象征性，并蕴含有价值观[77]。技术承载的价值源自技术设计师对潜在用户和使用环境的假设[78]，它使人类的某些行为得以实现，并制约着人类某些目标的实现[79]。由于技术与文化的匹配没有明确的衡量标准，技术中蕴含的价值观与组织文化价值观之间的衡量维度并不明确，其对 ICT 采纳的影响仍需进一步探讨。

因此，提出以下三个研究目标：

研究目标 1：

从社会技术的角度，从文化、任务和技术之间的匹配角度，研究个体在采纳 ICT 方面的角色，具体分为：

（1）个体-文化匹配与个体-任务匹配之间的关系；

（2）个体-任务匹配与任务-技术匹配之间的关系。

研究目标 2： 研究个体-文化匹配、个体-任务匹配和任务-技术匹配对个体采纳 ICT 行为的交互影响。

研究目标 3： 探索组织文化和技术之间的匹配是否会影响组织对 ICT 的采纳。

1.4 研 究 设 计

上述研究目标涵盖个体层面和组织层面，因此针对这些不同目标的研究设计是不同的。本节将简要介绍研究方法，第 5 章将提供详细的解释。

在个体层面上，前两个研究目标涉及的构念是清晰的，可以通过定量方法进行分析。定量研究的程序是相对常规的。首先，根据现有的文献中制作测量量表，因为这些构念是技术采纳和人力资源管理研究领域中成熟的理论构念。然后根据这些测量量表编制问卷。接下来确定研究样本以分发问卷。目标研究样本为香港和内地采纳 ICT 的建筑组织的专业人员。首先进行了试点研究以测试问卷和研究框架的适用性。然后进行了大规模问卷调查。由于是以结构方程建模的研究方法来检验假设，因此回应的目标样本数量至少为 200。最后，当问卷回收后，先进行探索性因子分析以探索某些多维构念的子维度，并进行 SEM 分析来测试个体-文化的匹配、个体-任务的匹配、任务-技术的匹配与个体采纳 ICT 的意图和实际使用之间的关系。

组织层面的研究目标是探讨技术-文化匹配如何影响 ICT 技术采纳。建筑业 ICT 所蕴含的价值观尚不明确，因此技术-文化匹配的结果仍需探讨。如果一个概念或现象由于很少有研究触及而需要被进一步探索，那么它适合采纳定性的方法进行研究[80]。在这项研究中，第一步是制定访谈指南，然后联系目标访谈对象，进行半结构化访谈。同时也考虑其他数据来源，如观察和文档，以便于理解访谈内容。最后，根据编码框架对访谈记录进行内容分析。

研究策略和方法如图 1-2 所示，并将在后续章节中进一步详细说明。

```
┌─────────────┐         ┌─────────────┐
│  研究目标1和2 │         │   研究目标3   │
└─────────────┘         └─────────────┘
        │                      │
        ▼                      
┌─────────────┐
│   文献综述    │
└─────────────┘
        │
┌───────────────────────────┐
│         研究模型            │
│ ┌─────────┐  ┌─────────┐  │
│ │ 个体层面 │  │ 组织层面 │  │
│ └─────────┘  └─────────┘  │
└───────────────────────────┘
        │
┌─────────────┐
│   试点研究    │
└─────────────┘
```

┌──────────────────┐   ┌──────────────────┐
│   定量研究   │   │   定性研究   │
│ ┌──────────────┐ │   │ ┌──────────────┐ │
│ │ 挑选研究量表 │ │   │ │ 制定访谈指南 │ │
│ ├──────────────┤ │   │ ├──────────────┤ │
│ │ 制定调查问卷 │ │   │ │ 确定访谈对象 │ │
│ ├──────────────┤ │   │ ├──────────────┤ │
│ │ 选择研究样本 │ │   │ │   进行采访   │ │
│ ├──────────────┤ │   │ ├──────────────┤ │
│ │   问卷调查   │ │   │ │   内容分析   │ │
│ ├──────────────┤ │   │ ├──────────────┤ │
│ │   数据分析   │ │   │ │   讨论   │ │
│ ├──────────────┤ │   │ └──────────────┘ │
│ │   讨论   │ │   └──────────────────┘
│ └──────────────┘ │
└──────────────────┘

┌─────────┐
│   结论   │
└─────────┘

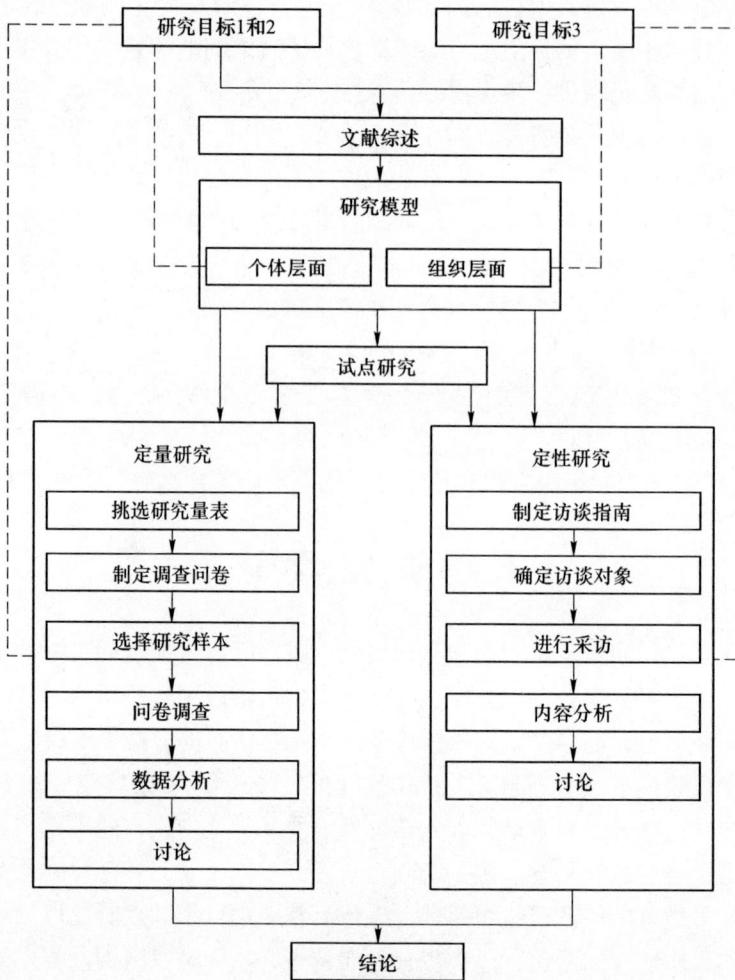

图 1-2　研究策略和方法

1.5　研　究　范　围

本研究在内地和香港同时进行，因为内地和香港的建筑业都在推广 ICT。在内地，为了在建筑行业推广 ICT，实施 ICT 已成为获得特级建筑企业资质的一项要求。根据住房和城乡建设部 2007 年发布的《特级施工企业资质标准》，成为特级施工企业资质的一个标准是：企业建立了内部局域网或管理信息平台；建立了外部网站；使用了集成的工程管理信息系统、人力资源管理系统和工程设计软件。在香港，近年来房屋委员会也大力推动创新性 ICT 的应用，尤其是建筑信息模型（BIM）的应用。香港建造业议会公布了 BIM 实施路线图和 BIM 实施标准以促进 ICT 的采纳。

这项研究的焦点是个体采纳 ICT 的行为和组织采纳 ICT 的情况。由于本书是多层次的研究，因此研究对象包括建筑业中采纳 ICT 的公司以及这些公司的雇员。据报告显示，业主、承包商、设计公司和咨询公司都采纳了 ICT，因此本书不限于特定类型的组织。

关于 ICT 的类型，现有文献已总结了建筑业采纳的各种 ICT。例如，Sarshar 和 Isikdag（2004）识别了建筑行业的重要工具[81]，包括 3D 建模和可视化、面向目标的产品模型、软件集成、群组软件、数据仓库应用、知识仓库应用、ERP、多媒体应用程序、数字目录和技术培训等。Sun and Howard（2004）按功能对建筑业中的信息技术进行了分类[82]，包括计算机辅助设计和可视化、计算机辅助成本估算、计划、调度和现场管理，计算机辅助设施管理、业务信息管理。Lu 等（2014）将目前的 ICT 工具概括为五类，包括基于网络的管理系统、虚拟现实技术、无线技术、电子数据交换/电子数据管理系统以及建筑信息模型[19]。一般来说，这些应用可以分为组织范围应用的 ICT（如群组软件或内网应用）和个人使用的独立 ICT（例如 CAD 系统或非集成的项目计划软件[11]）。

根据 Lu 等人（2014）的分类，建筑业广泛运用的技术类型见表 1-1[19]。由于在组织范围应用的 ICT 比独立使用的 ICT（例如虚拟现实技术、无线技术）对组织文化和个体行为的影响更大，本研究选择了这些在组织范围应用的 ICT 作为研究对象，包括基于网络的信息管理系统、电子数据交换/电子数据管理系统以及建筑信息模型。这些类型的 ICT 将在第 2.3.1 节中进一步介绍。

表 1-1　建筑业组织使用的 ICT 类型

网络	基于网络的项目管理系统 基于网络的信息管理系统 基于网络的决策支持系统 在线协作合同变更管理系统
VR/AR	虚拟现实（VR）技术 增强现实（AR）技术
无线通信	射频识别技术（RFID） 个人数字助理（PDA） 全球定位系统（GPS）
EDI/EDMS	电子数据交换（EDI） 电子数据管理系统（EDMS）
BIM	建筑信息模型（BIM）

注：该表引自 Lu 等（2014）[12]。

1.6　研　究　意　义

在建设管理研究领域，尽管研究人员已经探讨了个体和文化因素对 ICT 的采纳的重要性，但揭示文化、技术、任务和个体之间复杂关系的理论却很少。本书采用社会技术理论的视角研究建筑领域的 ICT 采纳过程，以揭示 ICT 采纳和实施的过程机理。此外，一般管理的研究领域的现有文献已经发现社会技术系统中的匹配是相互关联的，并且这些匹配会影响个体对技术的采纳行为，但很少将其进行实证检验。关于社会技术系统中的匹配对技术的影响，实证研究数量有限，并且结论较为分散。这项研究将对社会技术系统对 ICT 的影响提供实证支持，并证实改变一个"匹配"将改变整个平衡，厘清信息技术驱动下建筑业组织要素的变革与演化。这有助于进一步整合社会技术系统理论和 ICT 采纳的理论。

在实践中，ICT 的开发和实施也需要进一步了解技术、文化、任务和个体之间的相互作用，以促进 ICT 的采纳，尤其是个体与文化的相互作用。与技术和任务相比，个体与文化的作用常常被忽视。本研究还将就如何协调技术、任务要求、潜在用户，甚至潜在用户所在组织的文化，为 ICT 的开发和实施提出建议，从而对 ICT 应用的实践有所帮助。

1.7　小　　　结

本章对建筑业采纳 ICT 的情况进行了总体描述，并简要介绍了本研究中用于解释 ICT 采纳情况的研究框架，并根据研究框架提出了三个研究目标，同时说明了研究范围和研究方法。

本书的其余部分将根据图 1-2 所示的逻辑展开论述。第 2 章和第 3 章将对 ICT 的采纳的相关理论和社会技术系统视角进行回顾，第 4 章将描述研究模型的建立，第 5 章将介绍研究方法，包括定量研究和定性研究的研究设计，第 6 章将介绍试点研究。定量研究将在第 7 章介绍，以回应研究目标 1 和 2，定性研究将在第 8 章中介绍以回应研究目标 3。最后，第 9 章将介绍本研究的结论、贡献和局限性，以及进一步研究的建议。

参 考 文 献

[1] Xue X, Shen Q, Fan H, et al. IT supported collaborative work in A/E/C projects: A ten-year review [J]. Automation in Construction, 2012, 21: 1-9.

[2] Chen Y, Kamara J M. Using mobile computing for construction site information management

[J]. Engineering, Construction and Architectural Management, 2008, 15 (1): 7-20.

[3] Soibelman L, Wu J, Caldas C, et al. Management and analysis of unstructured construction data types [J]. Advanced Engineering Informatics, 2008, 22 (1): 15-27.

[4] Ahuja V, Yang J, Shankar R. IT-enhanced communication protocols for building project management Engineering [J]. Construction and Architectural Management, 2010, 17 (2): 159-179.

[5] Peansupap V, Walker D. Factors affecting ICT diffusion: A case study of three large Australian construction contractors [J]. Engineering, Construction and Architectural Management, 2005, 12 (1): 21-37.

[6] Huang C, Fisher N, Broyd T. Development of a triangular TPC model to support adoption of construction integrated system [C]//Proc., ARCOM 18th Annual Conf., Vol. 2, Univ. of Northumbria, U. K., 2002: 427-438.

[7] Underwood J, Khosrowshahi F. ICT expenditure and trends in the UK construction industry in facing the challenges of the global economic crisis [J]. Journal of Information Technology in Construction, 2012, 17: 26-41.

[8] Duyshart B H. The Digital Document [M]. Oxford: Butterworth Heinemann, 1997.

[9] Toole T M, Hallowell M, Chinowsky P. A tool for enhancing innovation in construction organizations [J]. Engineering Project Organization Journal, 2013, 3 (1): 32-50.

[10] Imoudu E W, Godwin Aliagha U, Nita Ali K. Preliminary building information modelling adoption model in Malaysia: A strategic information technology perspective [J]. Construction Innovation, 2014, 14 (4): 408-432.

[11] Peansupap V, Walker D H T. Information communication technology (ICT) implementation constraints-A construction industry perspective [J]. Engineering, Construction and Architectural Management, 2006, 13 (4): 364-379.

[12] Lu Y, Li Y, Skibniewski M, et al. Information and communication technology applications in architecture, engineering, and construction organizations: A 15-year review [J]. Journal of Management in Engineering, 2014, 31 (1): A4014010.

[13] Brewer G, Gajendran T. Picturing success: Critical success factors for ICT integration in the Australian construction industry [C]// CRC-Construction Innovation, Brisbane, 2006.

[14] Veeramani D, Tserng H P, Russell J S. Computer-integrated collaborative design and operation in the construction industry [J]. Automation in Construction, 1998, 7 (6): 485-492.

[15] Abudayyeh O, Temel B, Al-Tabtabai H, et al. An intranet-based cost control system [J]. Advances in Engineering Software, 2001, 32 (2): 87-94.

[16] Skibniewski M J, Abduh M. Web-based project management for construction: Search for utility assessment tools [C]// Li H, Shen Q, Scott D, et al. 1st Conference on Implementing IT to Obtain a Competitive Advantage in the 21st Century. Hong Kong: Hong Kong Polytechnic University Press, 2000: 56-77.

[17] Gajendran T, Brewer G J, Chen S E. Project teams and ICT: Surfacing the critical success factors [C]//In Conference on Information Technology in Construction, 2005: 1-8.

[18] Bjork B C. Information technology in construction: domain definition and research issues [J]. International Journal of Computer Integrated Design and Construction, 1999, 1 (1): 3-16.

[19] Lu C Q, Wang H J, Lu J J, et al. Does work engagement increase person-job fit? The role of job crafting and job insecurity [J]. Journal of Vocational Behavior, 2014, 84 (2): 142-152.

[20] Mooney J G, Gurbaxani V, Kraemer K L. A process orientated framework for assessing the business value of information technology [J]. Advances in Information Systems, 1996, 27: 68-81.

[21] Stewart R A, Mohamed S. Evaluating the value IT adds to the process of project information management in construction [J]. Automation in Construction, 2003, 12: 407-417.

[22] NESTA. Total innovation. NESTA, National Endowment for Science, Technology and the Arts 2008, (http: //www. nesta. org. uk/publications/reports/assets/features/total _ innovation Accessed 24 August 2010) .

[23] Gelbard R, Carmeli A. The interactive effect of team dynamics and organizational support on ICT project success [J]. International Journal of Project Management, 2009, 27 (5): 464-470.

[24] Hong K K, Kim Y G. The critical success factors for ERP implementation: an organizational fit perspective [J]. Information & Management, 2002, 40 (1): 25-40.

[25] Duyshart B, Walker D, Mohamed S, et al. An example of developing a business model for information and communication technologies (ICT) adoption on construction projects-the National Museum of Australia project [J]. Engineering, Construction and Architectural Management, 2003, 10 (3): 179-192.

[26] Shen W, Hao Q, Mak H, et al. Systems integration and collaboration in architecture, engineering, construction, and facilities management: A review [J]. Advanced Engineering Informatics, 2010, 24 (2): 196-207.

[27] Dave B, Boddy S, Koskela L. Improving information flow within the production management system with web services [C]//Proceedings of the 18th Annual Conference of the International Group for Lean Construction, Haifa, 2010: 445-455.

[28] Davis K A, Songer A D. Technological change in the AEC industry: a social architecture factor model of individuals' resistance [C]//In Engineering Management Conference, 2002.

[29] O'Brien W J. Implementation issues in project web sites: a practioner's viewpoint [J]. Journal of Management in Engineering, 2000, 16 (3): 34-39.

[30] Standish Group. The Chaos Report. Boston [M]. MA: The Standish Group International, 2004.

[31] Ashurst C, Doherty N F, Peppard J. Improving the impact of IT development projects: the benefits realization capability model [J]. European Journal of Information Systems, 2008, 17 (4): 352-370.

[32] Adriaanse A, Drdijk H, Dewulf G. The use of interorganizational ICT in United States construction projects [J]. Automation in Construction, 2010, 19 (1): 73-83.

[33] Alkalbani S, Rezgui Y, Vorakulpipat C, et al. ICT adoption and diffusion in the construction

industry of a developing economy: The case of the sultanate of Oman [J]. Architectural Engineering and Design Management, 2013, 9 (1): 62-75.

[34] Barker T, Frolick M N. ERP implementation failure: A case study [J]. Information systems management, 2003, 20 (4): 43-49.

[35] Peppard J J W, Elizabeth D. Managing the Realization of Business Benefits from IT Investments [J]. MIS Quarterly Executive, 2007, 6 (1).

[36] Coombs C R. When planned IS/IT project benefits are not realized: A study of inhibitors and facilitators to benefits realization [J]. International Journal of Project Management, 2015, 33 (2): 363-379.

[37] Peansupap V, Walker D H T. Innovation diffusion at the implementation stage of a construction project: A case study of information communication technology [J]. Construction Management and Economics, 2006, 24 (3): 321-332.

[38] Jacobsson M, Linderoth H C. User perceptions of ICT impacts in Swedish construction companies: "it's fine, just as it is" [J]. Construction Management and Economics, 2012, 30 (5): 339-357.

[39] Ding Z, Zuo J, Wu J, et al. Key factors for the BIM adoption by architects: A China study [J]. Engineering, Construction and Architectural Management, 2015, 22 (6): 732-748.

[40] Brewer G, Gajendram T. Attitudinal, behavioural, and cultural impacts on e-business use in a project team: a case study [J]. Journal of Information Technology in Construction, 2011, 16 (1): 637-652.

[41] Brewer G, Gajendran T. Attitudes, behaviours and the transmission of cultural traits: Impacts on ICT/BIM use in a project team [J]. Construction Innovation, 2012, 12 (2): 198-215.

[42] Davis F D. A technology acceptance model for empirically testing new end-user information systems: Theory and results [D]. Massachusetts Institute of Technology, 1986.

[43] Ajzen I. The theory of planned behavior [J]. Organizational behavior and human decision processes, 1991, 50 (2): 179-211.

[44] Venkatesh V, Morris M G, Davis G B, et al. A unified theory of acceptance and use of technology [J]. MIS Quarterly, 2003, 27 (3), 425-478.

[45] Trist E L. The sociotechnical perspective: the evolution of sociotechnical systems as a conceptual framework and as an action research program. In Perspectives on Organization Design and Behavior [M]. New York: John Wiley and Sons, 1981: 19-75.

[46] Aarts J, Callen J, Coiera E, et al. Information technology in health care: Socio-technical approaches [J]. International Journal of Medical Informatics, 2010, 79 (6): 389-390.

[47] Baxter G, Sommerville I. Socio-technical systems: From design methods to systems engineering [J]. Interacting with Computers, 2011, 23 (1): 4-17.

[48] Hester A J. Measuring alignment within relationships among socio-technical system components: a study of Wiki technology use [C]//In Proceedings of the 50th annual conference on Computers and People Research. ACM. 2012: 147-154.

[49] Leavitt H J. Applied Organization Change in Industry: Structural, technical and human approa-

ches. In Cooper W W, Leavitt H J Shelly M W I (Eds.) . New Perspectives in Organization Research [M]. New York: John Wiley, 1964: 55-71.

[50] Kwon T H, Zmud R W. Unifying the fragmented models of information systems implementation. In Critical issues in information systems research [M]. New York: John Wiley and Sons, 1987: 227-251.

[51] Davis G B, Lee A S, Nickles K R, et al. Diagnosis of an information system failure: A framework and interpretive process [J]. Information & Management, 1992, 23 (5): 293-318.

[52] Davis M C, Challenger R, Jayewardene D N, et al. Advancing socio-technical systems thinking: A call for bravery [J]. Applied Ergonomics, 2014, 45 (2): 171-180.

[53] Leidner D E , Kayworth T A. Review of Culture in Information Systems Research: Toward a Theory of Information Technology Culture Conflict [J]. MIS Quarterly, 2006, 30 (2): 357-399.

[54] Zigurs I, Buckland B K. A theory of task/technology fit and group support systems effectiveness [J]. MIS Quarterly, 1998, 22 (3): 313-334.

[55] Caldwell D F, Iii C O. Measuring person-job fit with a profile-comparison process [J]. Journal of Applied Psychology, 1990, 75 (6): 648-657.

[56] Meyer J P, Hecht T D, Gill H, et al. Person-organization (culture) fit and employee commitment under conditions of organizational change: A longitudinal study [J]. Journal of Vocational Behavior, 2010, 76 (3): 458-473.

[57] Livingstone L P, Nelson D L, Barr S H. Person-environment fit and creativity: An examination of supply-value and demand-ability versions of fit [J] . Journal of Management, 1997, 23 (2): 119-146.

[58] Iii CO, Chatman J, Caldwell D F. People and organizational culture: a profile comparisons approach to assessing person-organization fit [J] . Academy of Management Journal, 1991, 34 (3): 487-516.

[59] Goodhue D L, Thompson R L. Task-technology fit and individual performance [J]. MIS Quarterly, 1995, 19 (2): 213-236.

[60] Rogers E M. Diffusion of Innovations, 4th edn [M]. New York: Simon & Shuster, 1995.

[61] Triandis H C. Values, Attitudes, and Interpersonal Behavior. Nebraska Symposium on Motivation [M]. Lincoln: University of Nebraska Press, 1979.

[62] Griffith T L. Technology features as triggers for sensemaking [J]. Academy of Management review, 1999, 24 (3): 472-488.

[63] Burton-Jones A, Gallivan M J. Toward a deeper understanding of system usage in organizations: a multilevel perspective [J]. MIS quarterly, 2007, 657-679.

[64] Burton-Jones A, Straub D W. Reconceptualizing system usage: An approach and empirical test [J]. Information systems research, 2006, 17 (3): 228-246.

[65] Jasperson J S, Carter P E, Zmud R W. A comprehensive conceptualization of post-adoptive behaviors associated with information technology enabled work systems [J]. MIS quarterly, 2005, 29 (3): 525-557.

[66] Nan N. Capturing bottom-up information technology use processes: A complex adaptive systems

model [J]. MIS Quarterly, 2011, 35 (2): 505-532.

[67] Samuelson O, Björk B C. Adoption processes for EDM, EDI and BIM technologies in the construction industry [J]. Journal of Civil Engineering and Management, 2013, 19 (supl): S172-S187.

[68] Devaraj S, Kohli R. Performance impacts of information technology: Is actual usage the missing link? [J]. Management science, 2003, 49 (3): 273-289.

[69] Zhu Y M, Augenbroe G. A conceptual model for supporting the integration of inter-organizational information processes of AEC projects [J]. Automation in Construction, 2006, 15 (2): 200-211.

[70] Gajendran T, Brewer G. Integration of information and communication technology [J]. Engineering, Construction and Architectural Management, 2007, 14 (6): 532-549.

[71] Fox S. Applying critical realism to information and communication technologies: a case study [J]. Construction Management and Economics, 2009, 27 (5): 465-472.

[72] Coombs C R. When planned IS/IT project benefits are not realized: A study of inhibitors and facilitators to benefits realization [J]. International Journal of Project Management, 2015, 3 (2): 363-379.

[73] Lauver K J, Kristof-Brown A. Distinguishing between employees' perceptions of person-job and person-organization fit [J]. Journal of Vocational Behavior, 2001, 59 (3): 454-470.

[74] Cable D M, Judge T A. Person-organization fit, job choice decisions, and organizational entry [J]. Organizational Behavior and Human Decision Processes, 1996, 67 (3): 294-311.

[75] Saks A M, Ashforth B E. A longitudinal investigation of the relationships between job information sources, applicant perceptions of fit, and work outcomes [J]. Personnel Psychology, 1997, 50 (2): 395-426.

[76] Orlikowski W J. The duality of technology: Rethinking the concept of technology in organization [J]. Organization Science, 1992, 3 (3): 398-427.

[77] Scholz C. The symbolic value of computerized information systems [M]. New York: Aldine de Gruyter, 1990: 233-254.

[78] Akrich M. The description of technical objects. In Shaping technology/building society: studies in sociotechnical change [M]. Cambridge, MA: MIT Press, 1992: 205-224.

[79] Peterson M A. Spahn can technological artefacts be moral agents? [J]. Science and Engineering Ethics, 2011, 17: 411-424.

[80] Creswell J W. Research Design: Qualitative, Quantitative, and Mixed Methods Approaches [M]. Calif: Sage, 2013.

[81] Sarshar, M, Isikdag, U. A survey of ICT use in the Turkish construction industry [J]. Engineering, Construction and Architectural Management, 2004, 11 (4), 238-247.

[82] Sun, M, Howard R. Understanding IT in construction [M]. London; New York: Routledge, 2004.

2 关于 ICT 采纳的文献综述

ICT 采纳是一个研究内容非常广泛的话题，它包含丰富的研究主题和理论模型。本章回顾了建筑业情境下与研究框架相关的研究主题，包括组织中 ICT 采纳过程、一般管理领域中的 ICT 采纳的主要理论模型以及在建筑业的 ICT 采纳的研究主题。

2.1 组织采纳 ICT 的过程

ICT 采纳可以在不同层次上来研究，包括市场/行业层面、组织层面和个体层面[1]。这项研究主要侧重于位于组织层面和个体层面的 ICT 采纳过程。

市场/行业层面着眼于采纳新技术这一过程的宏观层面。组织（中观）层面与潜在采纳者所处的社会系统有关，而个体层面主要分析个体层面微观过程。由于研究层次的不同，在这些层面探讨采纳新技术的视角也存在很大差异。每个理论观点都提供一个特定的视角，以评估外在条件（例如技术复杂性等）是怎样与新技术采纳形成的相互作用。这些视角是由特定行动和思想领域的不同利益、准则和规范形成的[1]。

Rogers 和 Shoemaker（1971）提出了"采纳"一词的经典定义："充分利用新思想作为行动的最佳方法"[2]。Eveland（1979）进一步声称创新的采纳包括一系列复杂而偶然的决定[3]。通常，有多种因素与创新转移的过程相互关联，因此对创新采纳的分析应该要考虑的不仅仅是单个行为。所以在以前的研究中，组织采纳创新的过程被分为多个阶段，见表 2-1。许多研究人员将创新采纳概念化为一个多步的过程。

表 2-1　ICT 采纳的发展过程

作　者	阶　段
Zaltman（1973）	初步采纳和实际用户采纳
Cooper and Zmud（1990）	启动、组织采纳、适应、接受并采纳、常规化和导入
Rogers（1995）	认知、说服、决策、实施和确认
Damanpour and Schneider（2006）	启动、采纳（决策）和实施

Zaltman 等（1973）确定了一个两阶段的实施方案，其中后阶段决策依赖于

前阶段决策[4]。组织首先在第一阶段启动主要初步采纳，然后在第二阶段启动实际用户采纳。因此，实际用户的采纳情况取决于先前的事件，因为员工只有在更高级别的管理者采纳创新的情况下才可以采纳创新，否则员工将无法采纳创新。

Cooper 和 Zmud（1990）提出了一个信息技术实施模型，该模型包括六个阶段，即启动、组织采纳、适应、接受并采纳、常规化和导入[5]。每个阶段的结果描述如下：（1）启动：发现满足组织的某些需求的 IT 解决方案；（2）采纳：由组织制定适应实施工作投资决策；（3）适应：IT 应用程序可供组织中的最终用户访问，并适应组织环境；（4）接受：这项技术的应用被使用到组织的业务活动中；（5）常规化：组织的治理系统习惯于依靠 IT 应用程序，因此就不再把它当作是常规之外的事情；（6）导入：IT 应用程序可以在组织内部实现其全部潜力。

根据 Rogers（1995）的观点，采纳过程是个体的脑海中（一项创新活动的潜在采纳者）在最终接受新产品、新服务或想法之前所经历的一系列阶段[6]。他将采纳过程定义为"个体或其他决策部门从首次认识到创新、形成对创新的态度，决定采纳或拒绝、再到实施新思想的过程"。因此，在 Rogers（1995）的模型中可以找到五个阶段，即认知、说服、决策、实施和确认[6]。首先，在认知阶段，个体开始意识到新技术的存在；然后，在说服阶段，他开始考虑是否采纳创新；在决策阶段，个体权衡潜在的优势和劣势并在拒绝或采纳中做出最终选择；在实施阶段，根据具体情况应用了该技术的一部分；最后，个体确定该技术的继续使用，这称为确认阶段。

基于以前的分类，Damanpour 和 Schneider（2006）将创新采纳的阶段分为三个阶段：启动、采纳（决策）和实施[7]。启动由以下子阶段组成，包括识别需求、寻找解决方案、建立现有创新的形象、确定适当的创新并提出一些采纳建议。采纳决策阶段反映了从技术、财务和战略方面评估提议的想法，做出是否接受的决策，并为其获取、更改和吸收的过程分配资源。实施包括重塑创新、组织准备、测试创新、接受创新以及持续使用创新直至成为组织的常规功能的事件和行动。

除了可观察的阶段外，一些研究人员还根据采纳过程中的组织动态来描述采纳过程。Mergel 和 Bretschneider（2013）描述了组织动态过程潜在应用的三个阶段：实验、秩序化和常规化[8]。首先，内部企业家参与组织中新技术的传播并充当变革推动者。接下来第一个混沌阶段发展为秩序。随着组织领导充分意识到技术的优势或潜力以及用于实施技术的规则和标准，该技术的使用得以发展。最后，在组织内部将制度正式化，以明确描述与技术有关的适当行为、互动类型和新的沟通方式。这些制度随后将参与组织战略和政策的制定。总体而言，整个过程还涵盖了 Damanpour 和 Schneider（2006）提出的三个阶段[7]。代理实验是启动的基础，混乱转为秩序化是决策和实施的基础，制度化是实施的基础。

上面的研究从组织层面说明了 ICT 的采纳过程。但是，组织采纳决策和实施仅仅是整个采纳过程的开始，而最终的成功更多取决于技术用户的持续使用。Gallivan（2001）阐述了对 ICT 的组织采纳决定到用户个体采纳的关键过程[9]。最初，管理人员会从各个方面确定改善业务的目标，使目标与可用的技术解决方案相匹配，并制定主要的采纳决策。一旦做出主要采纳决策，管理团队便会通过三种不同的途径来促进后续采纳：（1）使用强制性权力，并要求在整个组织中立即采纳创新；（2）提供必要的基础设施和解决最终用户采纳新技术的障碍，从而使创新能够自发传播；（3）以公司内的特定试点项目为目标，注意实施的过程和结果，并决定是否在以后阶段更广泛地实施创新。该过程如图 2-1 所示。

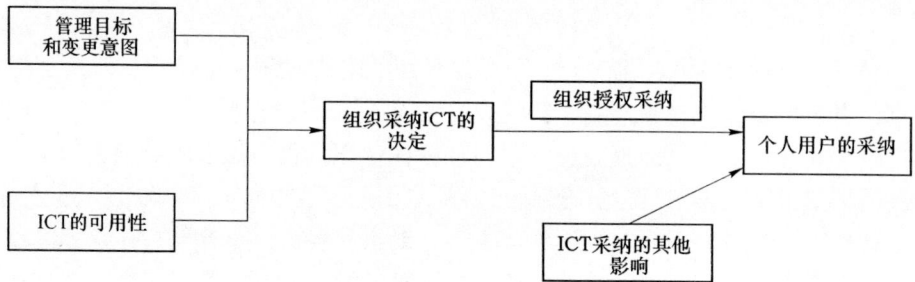

图 2-1　从组织采纳到个体采纳

（该图引自 Gallivan（2001））

从上面的综述中可以看出，采纳过程通常分为两个层次：企业层面采纳创新的决定以及个体用户的采纳或实际实施。组织决策过程的完成仅仅是实施的开始。新 ICT 与组织的成功结合更多地取决于用户对技术的持续使用，而不是技术的初次采纳，因为低频或无效地使用 ICT 可能会产生意想不到的成本，并浪费开发 ICT 的资源。从组织层面到个体层面的 ICT 采纳过程如图 2-2 所示。

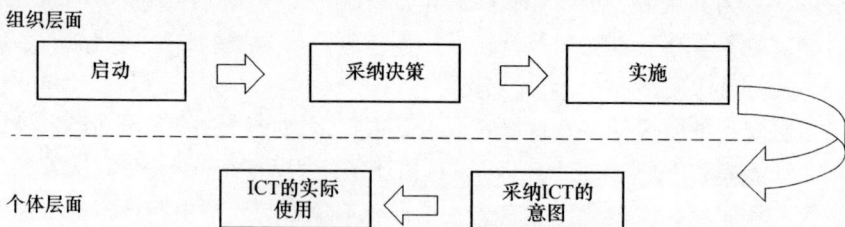

图 2-2　跨层 ICT 采纳

根据 Rogers（1995）的分类，在组织中集体和权威的创新决策比选择性的创新决策更为普遍。Rogers（1995）提出了三种创新决策类型：选择性决策、集体决策和权威决策[6]。选择性决策通常是在个体层面上做出的。集体决策通常是通过社会系统成员之间的共识来制定的。权威决策是由相对较少的拥有权力、地位和/或技术专长的人做出的。这些类型的决策受不同因素的影响：选择性决策受个体的个体特征、非正式社会制度的规范以及非正式交流渠道的影响；集体决策对受非正式交流渠道获得的信息的影响更大；权威决策更可能受到决策与现有组织规则、策略和规范的兼容性的影响。

已有很多研究关注到影响组织采纳 ICT 的因素。Tomatzky 和 Fleischer（1990）开发了技术-组织-环境（TOE）框架来描述在组织层面能够影响公司采纳创新决策的因素[10]。他们认为技术、组织和环境因素是影响组织采纳和接受新技术的主要因素。技术因素是指可以提高组织生产率的内部和外部可用技术。组织因素是指组织可用于支持创新决策的条件，包括公司规模和范围、管理结构（集权性、正式性、关联性和复杂性）以及公司人力资源的质量和可用性。环境因素是指公司开展业务的外部情境。环境因素包括行业本身的特征、公司的竞争对手、公司获取外部资源的能力以及与政府的互动[11]。

Iacovou 等（1995）提出了影响技术采纳的以下三个因素：可感知的技术效益、组织的工作准备，以及组织采纳该技术时面临的外部压力[12]。Kuan 和 Chau（2001）建立了一个技术-组织-环境框架：该框架认为技术因素指的是可感知的技术效益；组织因素是指感知的组织资源；环境因素是指感知的环境压力[13]。Gallego 等（2015）发现，有三个与企业采纳 ICT 的方式相关的因素，即人力资本、组织变革和创新成果[14]。此外，市场竞争和行业内的信息溢出也被认为是企业采纳 ICT 的决定因素。

简而言之，上述研究主要基于 TOE 框架，影响组织层面 ICT 应用的因素包括技术特征、组织因素和外部环境。除这些因素外，Kwon 和 Zmud（1987）还指出，任务特征和个体特征也会影响 ICT 的采纳[15]。已有学者研究了任务特征对创新采纳的影响，例如任务结构、自主性、不确定性等[15]。有的学者还发现个体特征，例如最高管理者的特征和最高管理者对技术的认知程度，也会对组织采纳产生影响。但是，在研究组织层面的采纳中通常不考虑个体特征，因为采纳决策是基于一组决策者共同形成的，而不是由单一决策者确定的[6]。

除了研究影响组织 ICT 采纳的因素之外，组织层面的理论还包括制度理论、技术的社会塑造理论、结构化理论，创新扩散理论以及社会网络理论。在管理领域中，应用最广泛的理论是结构化理论，其次是制度理论[16]。

组织层面的 ICT 采纳仅是 ICT 采纳的第一步。只有当目标用户接受 ICT 采纳时，才能实现 ICT 概念化的效益到实际绩效的改善，因为当技术工具有效地整合到组织的工作过程中才能产生收益。因此，研究组织内部中个体对技术的接受度也很重要。

有关个体层面采纳和 ICT 使用的影响机制有以下几种，例如技术接受模型[17]、计划行为理论[18]和技术采纳与使用统一理论[19]。这些关于个体意图和行为的理论将在 2.2 节中说明。这些模型之间的相似之处在于，它们都试图预测人们采纳该技术的意图和行为。在这些模型中，个体采纳 ICT 的意图和个体对 ICT 的实际使用的行为是用来描述个体层面 ICT 采纳的两个成熟构念。因此，有关个体层面的 ICT 采纳的相关研究大多集中于个体的使用意图和对技术的实际使用行为。

行为意图是人们给予自己以某些方式行事的指示[20]。这是人们实施特定行为的决定。用心理术语来说，行为意图表示个体产生行为的动机。在这个研究中所指的行为是使用新技术。Griffith（1999）提出使用新技术是一种包含三个要素的活动：（1）用户，是指使用技术的主体；（2）系统，即被使用的对象；（3）任务，即使用技术来完成的任务[21]。因此，个体层面的系统使用可以定义为个体用户使用一个或多个功能来执行任务的行为。

在组织采纳信息技术之后（即采纳后阶段），人们会从信息系统的使用中受益，因此，信息系统的研究人员开始投入大量精力来研究个体使用系统的行为[22]。技术采纳后使用行为是最近的信息系统研究中最有价值的研究趋势之一。其中，被大家所熟知的研究焦点包括 IT 使用、IT 使用的连续性和采纳后期的行为[23]。

采纳后阶段的使用通常被概念化为个体在完成一项任务时对技术的利用，这种利用包括基于技术而实施的有效解决方案所必需的学习活动和探索活动。Barki 等（2007）将信息系统的使用概念化为三种行为：（1）技术交互行为，包括 IT 和 IT 用户在完成个体或组织任务中的所有交互行为；（2）任务-技术适应行为，包括 IT 重塑和 IT 与特定任务要求相匹配的行为，以及在组织中部署 IT 的行为；（3）个体适应行为，反映个体为了适应 IT 而修改自己的行为模式[24]。Saeed 和 Abdinnour（2013）将采纳后的信息系统使用分为三类：（1）扩展使用，表示个体在完成任务时运用不同技术特征的程度；（2）集成使用，表示个体可以将 IT 的功能和某些任务需求相匹配的程度；（3）探索性使用，它表示用户在工作环境中寻求信息系统新用途的积极性程度[25]。

与持续使用技术的行为相反，在采纳后阶段，用户也可能发生抵抗使用技术的行为。Lapointe 和 Rivard（2005）对用户抵制机制进行了解释[26]。引入信息系统后，组织中的用户将首先考虑系统的功能和组织层面的初始条件以及它们之间的交互作用，并据此生成对系统的评价。然后，他们评估使用该系统的预计使用效果不佳，将采取抵抗行为。Satchell 和 Dourish（2009）确定了六种抵抗使用的形式，即滞后采纳、积极抵抗、期望破灭、限制使用、替代和丧失兴趣[27]。随着对抵抗使用的研究不断发展，研究人员认识到并非所有抵抗都具有破坏性。Bagayogo 等（2013）提出，当 IT 部署未能与组织目标保持一致时，符合 IT 相关行为也会产生意想不到的负面影响，相反的，抵抗使用 IT 相关行为则会产生积极影响[28]。Rivard 和 Lapointe（2012）认为，用户抵制可以作为该技术存在问题或产生负面影响的信号，这种问题可能导致组织的溃败[29]。实施者对用户抵制行为的反应对于 IT 实施的成功至关重要。除了抵抗使用技术外，一些研究人员还特别注意逃避使用的行为。Kane 和 Labianca（2011）将逃避行为定义为需要使用系统的员工故意选择避免使用信息系统[30]。他们的研究表明，即使小组成员没有意识到是哪个成员故意回避使用，他们也会受到系统回避行为的影响。

用户可以在采纳后期阶段改变其对 IT 功能的使用。Sun（2012）提出了自适应使用的概念来描述用户对系统使用的适应，并认为人们使用系统功能是由某些情境下的触发因素所引起的[31]。实证结果表明，使用时遇到的新情境的改变和差异情形是导致系统使用适应性的重要因素。同时，有计划的举措不会对系统使用的适应性产生重大影响。

综上所述，本节阐述了从组织层面到个体层面的 ICT 采纳过程。下一节将回顾 ICT 采纳的主要理论模型以及影响 ICT 采纳的有关因素。

2.2　ICT 采纳的关键模型

确保用户能够接受技术是一项持久的管理挑战。目前技术采纳和技术扩散的相关研究是一个成熟的研究领域[32]。已有学者研究不同背景下的系统和技术、各种利益相关者、技术及背景，并采用不同的分析单位、理论和研究方法[33]。

信息技术采纳研究的一个重要主题是研究对其产生影响的因素。一些研究结果是基于现有文献和实证研究，而不是基于任何特定的理论或模型。Williams 等（2015）发现影响组织层面技术实施的因素包括创新特征（例如技术的复杂性），组织特征（例如高层管理人员的支持、感知的技术效益）和环境特征（例如外部压力）[32]。Cooper 和 Zmud（1990）认为影响信息系统实施相关的过程和结果包含五个方面的因素：用户社区、组织、所采纳的技术、任务和组织环境的特征[5]。Sarker（2000）将影响信息系统实施的因素分为四类：（1）个体因素，例如需求、认知方式、个性、人口统计特征、决策方式和预期贡献；（2）组织因素，例如差异化/整合、集中化程度、单位自治、文化、群体规范、奖励制度和权力分配；（3）情境因素，例如用户参与程度、用户之间的交流性质、组织有效性以及采纳的临界点；（4）技术因素，包括技术类型和技术特性，例如可转让性、实施的复杂性、可分割性和文化内涵[34]。

研究人员还探索了采纳后使用的决定因素。例如，De Guinea 和 Markus（2009）提出，持续使用 IT 的决定因素包括三个基本方面：（1）理性决策过程中产生的意图；（2）情感，不仅仅是认知，可能是持续使用的决策或意图形成的输入；（3）当缺乏有意识的意图但是刻意的行为成为习惯时，可能会持续使用IT[23]。Limayem 等（2007）还为第三点提供了进一步的证据，将信息系统使用中的习惯定义为人们由于学习而倾向于自动执行使用信息系统的行为的程度。他们认为，继续使用信息系统是意图和习惯的综合结果，并提出信息系统的使用习惯是意图影响行为的调节因素。结果表明，在习惯的调节作用下，意图对行为的影响将减小[35]。

由于其他对技术采纳决定因素的研究数量繁多且与本研究的关注点没有直接关系，所以下面不做详细的介绍。另外一些研究人员专注于研究控制 ICT 采纳变量的解释和机制，并提出了一些理论模型。在关于 ICT 采纳的现有研究中，有五种理论被广泛应用：创新扩散理论[6]、理性行为理论[36]、计划行为理论[18]、技术接受模型[37]和技术采纳与使用统一理论[19]。这些理论模型中提到的技术采纳的决定因素见表 2-2。

表 2-2　关键理论模型中技术采纳的决定因素

理　　论	技术采纳的决定因素
创新扩散理论（Rogers，1995）	相对优势、兼容性、复杂性、可试用性和可观察性
理性行为理论（Ajzen and Fishbein，1975）	态度和主观规范
计划行为理论（Ajzen，1991）	态度、主观规范和感知的行为控制
技术接受模型（Davis et al.，1989）	感知的实用性和感知的易用性
技术采纳与使用统一理论（Venkatesh et al.，2003）	绩效期望、付出期望、社会影响力和促进条件

从表 2-2 可以看出，在这些理论模型中技术采纳的决定因素既包含社会因素，又包含技术因素。社会因素包括态度、主观规范、感知的行为控制、绩效期望、付出期望、社会影响力和促进条件。技术因素包括相对优势、兼容性、复杂性、可试用性、可观察性、感知的实用性和感知的易用性。理性行为理论、计划行为理论以及技术采纳与使用理论更多地关注社会方面，而创新扩散理论和技术接受模型则更多地关注技术方面。因此，这些理论与社会技术系统理论的观点是兼容的。

在下一节中，我们将解释所有关于技术采纳和接受的理论模型。这些理论模型清楚地说明了个体意图和技术实际使用，并且经常被建筑领域的研究人员引用。由于技术接受模型是基于理性行为理论和计划行为理论开发的，因此将这两种行为理论与技术接受模型一起讨论。

2.2.1 创新扩散模型

在各种模型中，Roger（1995）的模型是最为广泛采纳的模型之一。术语"扩散"最初是被医生和化学家提出的，指的是粒子会从高浓度区域移动到低浓度区域。然后，该概念被引入了其他学科，例如生物学、社会学、通信、管理学等。

Rogers（1995）基于对传播过程的研究，将创新的传播过程分为五个阶段，包括认识、说服、决策、实施和确认[6]。基于 Roger 的模型，文献中的多种理论/模型都研究并测试了创新传播的过程。这些过程模型包含了创新采纳的三个公认阶段：启动、采纳决策和实施，分别代表采纳前的活动、采纳创新的管理决策和采纳后的活动[7]。

创新的采纳和传播理论是一个能够有效地描述采纳或不采纳新技术的系统框架。扩散是一个逐步发生的过程，首先，有关新技术的信息的意见在用户之间分享；然后，关于技术的个体认知在用户之间建立。Rogers（1995）认为，多种条件（例如潜在用户的个体限制）和/或外部障碍（例如无效的沟通渠道）都可能会影响采纳过程[6]。

Rogers（1995）提出了五个影响技术采纳的创新特征：相对优势、兼容性、复杂性、可试用性和可观察性[6]。相对优势是指"在某种程度上，创新是否比其取代的想法要好"。兼容性是指"创新与过去的价值、过去的经验以及潜在采纳者的需求相一致的程度"。创新的复杂性是指"创新是否相对难以使用和理解"。可试用性是指创新是否可以"在有限的条件进行实验"。最后，可观察性是指"创新成果是否对其他人可见"。

Kapoor 等（2014）针对 Rogers 有关创新因素的文章进行了元分析，包括相对优势、兼容性、复杂性、可试用性和可观察性[38]。他们发现相对优势和兼容性在统计意义上很重要，并且对创新采纳有积极影响；同时，复杂度与采纳决策具有显著的负相关关系。但是，当做出采纳决策时，可试用性和可观察性在统计意义上无关紧要。这表明 Roger（1995）的模型仍需要进一步的实证检验。

除了 Rogers 提出的传统信息技术传播观点之外。Barrett 等（2013）提出了一种信息技术传播的修辞学方法，该观点可以从三个方面与传统的传播理论区分开来[39]：

（1）概念工具箱：传统的扩散理论是基于技术特征和用户的内在心理特征，而修辞学方法则着重于话语的深层结构和动态性。

（2）代理概念：传统的传播理论认为用户将新技术视为静态概念，并根据合理性做出采纳决策；而修辞学方法则将用户视为具有兴趣、力量和意识形态的积极主动的主体，用户还会积极参与制定他人对新技术解释的活动中。

（3）结果解释：传统的扩散理论对客观因素（例如技术特征和采纳者特征）进行解释，而修辞学方法则在分析中涉及意识形态、兴趣、权力和情感等主观因素，这些主观因素与现实情况更为贴近。

这些后续有关创新扩散研究的发展缩小了理论与组织实际情况之间的差距。

2.2.2 技术接受模型

Davis 等（1989）的技术接受模型（TAM）是被广泛用于研究组织内部个体接受的模型[37]。TAM 是基于理性行动理论（TRA）和计划行为理论（TPB）建立的，因此在介绍 TAM 之前，将首先简要介绍 TRA 和 TPB。

理性行动理论是由 Ajzen 和 Fishbein（1975）开发的[36]。TRA 表明，个体的意图对预测和影响行动和行为起着重要作用。根据该理论，对制定行为意图起作用的因素主要有两个：个体因素（或"态度"因素）以及社会因素（或"规范"因素）。该关系可以由以下等式表示：

$$B \sim I = (AB)w_1 + (SN)w_2 \qquad (2\text{-}1)$$

在式（2-1）中，B 为行为；I 为执行行为 B 的意图；AB 为对执行行为 B 的态度；SN 为主观规范；w_1 和 w_2 为根据经验确定的权重。

该理论的第一部分 AB 代表个体对特定行为的态度，这可以描述为该个体能够预估行为结果并对这些后果进行评估。第二部分 SN 衡量社会条件对个体行为的影响。主观规范是人们从大多数个体获得的看法和评价。根据该理论，一般的主观规范是由个体遵循特定个体或群体的预期期望的动机决定的。

意图和行为之间关系的大小还受到三个主要因素的影响：个体特异性水平与其意图和行为的对应程度、意图的稳定性以及实施意图受此人的意志控制的程度。

Ajzen（1991）拓宽了 TRA 中的假设，并发展了计划行为理论（TPB）来讨论个体无法完全控制其行为时的条件[18]。TPB 和 TRA 包含相同概念：态度和规范。两者的区别在于，TPB 还考虑了个体感知到的影响行为表现的因素或控制信念的因素[18]。TPB 试图通过添加控制信念以及感知到的和实际的行为控制来改变 TRA 的局限性。因此，TPB 可以用以下公式表示：

$$B = w_1 BI + w_2 PBC \qquad (2\text{-}2)$$
$$BI = w_3 A + w_4 SN + w_5 PBC \qquad (2\text{-}3)$$

在式（2-2）和式（2-3）中，B 为行为；BI 为执行行为 B 的意图；A 为态度；SN 为社会规范；PBC 为可感知的行为控制。w_1、w_2、w_3、w_4 和 w_5 为根据经验确定的权重。行为是意图和感知的行为控制的加权函数；意图是态度、主观（社会）规范和感知到的行为控制成分的加权总和。

意图表示个体执行特定行为的心理动机。意图还反映了个体对特定行为是否可取或有利的态度和判断。该理论表明，个体的行为是个体态度、社会条件和控制感共同作用的结果。

尽管 TRA 和 TPB 都属于一般行为研究领域，但它们被广泛用于研究信息技术的接受行为。基于这两个理论，Davis（1989）建立了一个 TAM 模型来分析决定人们接受或拒绝使用信息技术的决定性因素[40]。

在 TAM 中，感知的有用性和感知的易用性是人们对使用系统的态度，是意图和实际使用行为的两个基本决定性因素。感知的有用性是指"个体认为使用特定系统可以提高他或她的工作绩效的程度"，感知的易用性是指"个体认为使用特定系统将不会付出额外努力"[40]。技术接受模型如图 2-3 所示。

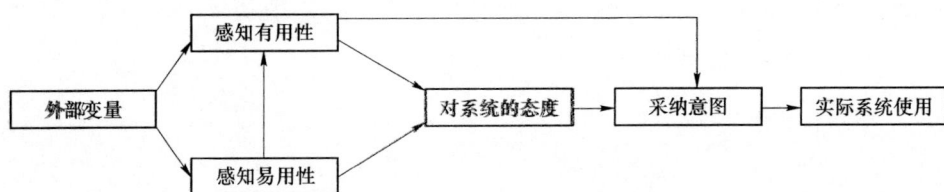

图 2-3 技术接受模型
（该图引自 Davis, Bagozzi and Warshaw（1989））

TAM 被广泛用于用户接受度和 ICT 应用研究的理论框架。TAM 的流行可以用两种方式解释：首先，TAM 是信息系统研究领域"专用的"一种理论，该理论可以专门用于分析技术的采纳和实施；其次，TAM 的研究框架简洁明了、易于测试[41]。

但是，对 TAM 的批评者认为该模型会缩小研究范围、降低创新性。在该模型中反映的接受相关的一些关键问题被忽视，因此可以忽略。他们认为，TAM 低估了在决策和行动以及不同后果（例如适应和学习行为）中的基本决定因素的重要性，因此无法更全面地了解影响 ICT 采纳的因素[42,43]。

对 TAM 的其他批评是，它没有考虑到任务、用户和组织的特征。因此，后续出现了多种 TAM 扩展形式，在模型中添加了个体特征（性别、动机、经验、年龄）、组织特征（主观规范）或创新特征（可尝试性、兼容性、复杂性、与任务的适应性）。

Wixom 和 Todd（2005）指出，对 TAM 进行补充的尝试可分为三大类：通过引入相关模型中的因素；添加其他或可替代的信念因素；以及检查外部变量，这些外部变量是指感知到的实用性和感知到的易用性的先决条件或调节变量[44]。例如，Venkatesh 和 Morris（2000）通过添加诸如主观规范（社会影响力）、性别和经验等变量对 TAM 进行了扩展[45]。Venkatesh 和 Davis（2000）通过在传统 TAM 增加社会影响过程和认知过程，开发了一个 TAM2 扩展模型[46]。这些扩展模型在一定程度上克服 TAM 缺点，同时考虑到任务或用户特性。

2.2.3　统一的技术接受和采纳模型

随着技术研究的积累，出现了多种类型的技术接受或采纳的模型。当研究人员需要在多种模型和理论中选择合适的模型时，这种丰富的选择让研究人员感到困惑。为了应对这种困惑，并且使其与技术接受相关的文献协调一致，Venkatesh等（2003）在汇集了其他关于技术接受研究的基础上开发了一个统一的模式，即统一的技术接受和采纳模型（UTAUT）[19]。

UTAUT 的目的是解释用户使用 ICT 的意图以及随后的用户行为，并且它考虑了以下四个直接决定因素：绩效期望、付出期望、社会影响、促进条件。有四个关键的调节变量：性别、年龄、经验和自愿性。图 2-4 所示为技术接受和使用统一理论中的因素之间的关系。

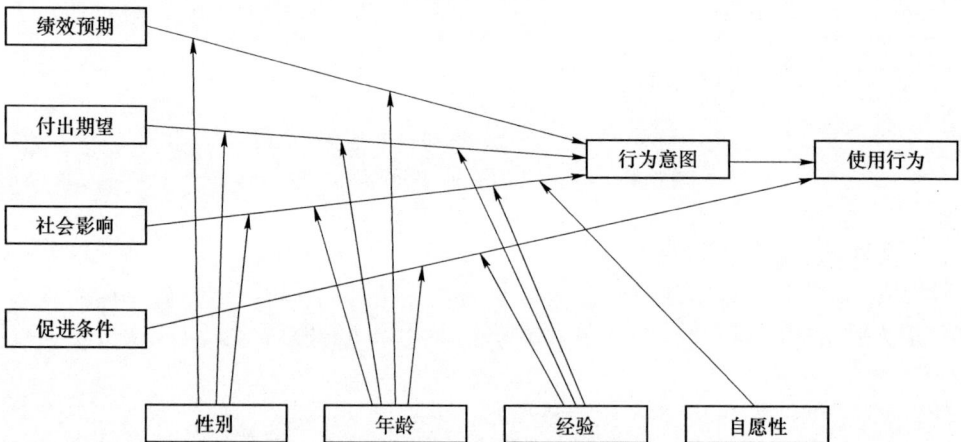

图 2-4　技术接受和使用统一理论
（该图引自 Venkatesh et al.（2003））

UTAUT 是基于八个解释 ICT 使用的模型开发出来的，这八个模型分别为TRA、TAM、动机模型、TPB、整合的 TAM 与 TPB 模型、PC 利用模型、DOI 和社会认知理论。在 Venkatesh 等（2003）的原始文章中发现，八个贡献模型解释了 17% 至 53% 的用户使用 IT 意图的差异，但是 UTAUT 的表现优于八个模型[19]。Venkatesh（2003）指出，UTAUT 为组织提供了管理工具，即能够用来预测技术采纳成功的可能性、了解接受或拒绝技术的基本决定因素以及设计干预措施（例如培训或营销）[19]。

UTAUT 已被广泛用于解释各种情况下的技术接受的行为意图和实际用法。BenMessaoud 等（2011）使用 UTAUT 探索采纳机器人辅助手术的促进因素和阻碍因素[47]。他们发现，技术采纳的主要促进因素包括使用者和非使用者的感知有用性和促进条件，其次是使用者对使用机器人辅助手术的态度以及非使用者的外部动机。对于使用者和非使用者而言，技术采纳的三个主要障碍是感知的易用性和复杂性、感知的有用性以及感知的行为控制。Dulle 和 Minishi-Majanja（2011）还探索了在采纳开源系统的情境下的 UTAUT 模型应用[48]。它们提出了影响研究人员行为意图的关键决定因素，包括态度、意识、付出期望和绩效期望。尽管年龄、意识、行为意图、配合情况和社群影响因素对研究人员对开源系统的实际使用有重大影响。Or（2011）以 UTAUT 为基础来预测家庭护理中患者的接受程度[49]。该研究表明，感知有用性在用户行为意图差异中占53.9%，而感知有用性、医疗保健知识和行为意图占感知有效使用中差异的68.5%。该研究还发现感知易用性和主观规范能够调节感知有用性对患者接受程度的影响。

尽管 UTAUT 已经非常全面地统一了八个单独的模型，但是它仍然具有许多的扩展形式。AbuShanab 等（2010）通过增加感知的促进条件和个性维度来扩展UTAUT[50]。结果表明，绩效预期、社会影响、自我效能感、感知的信任感和控制对个体使用互联网银行的意图有重大影响。Pai 和 Tu（2011）在结合 UTAUT和任务技术适合性（TTF）框架以及技术管理理论的基础上构建了一个统一模型，该模型显示绩效期望并未对用户的行为意图产生积极影响[51]。

然而，Williams 等（2015）对采纳 UTAUT 的研究进行了元分析，认为自变量未在预期水平上显示出一致的预测能力[32]。只有两个变量（绩效期望和行为意图）满足最佳预测变量类别的基准。Williams 等（2015）的结果表明，UTAUT内部的关系仍需要进一步研究。

2.3　建设管理领域 ICT 采纳的研究主题

上两节主要回顾了在一般管理领域中有关 ICT 应用的研究。长期以来，ICT的采纳也引起了建筑管理领域研究人员的兴趣。本节将回顾与 ICT 采纳有关的三个主要研究主题，包括 ICT 采纳的类型、ICT 采纳所创造的价值、ICT 采纳的成功因素以及基于现有理论的 ICT 采纳机制。

2.3.1　ICT 采纳的类型

现有文献涵盖了在建筑领域、工业领域中使用的各种 ICT 类型。正如引言所述，相较于独立使用的技术，组织范围内应用的信息系统将对企业内的组织文化和员工的行为产生更大的影响，故该研究主要集中于三种类型的 ICT：基于 Web的管理系统、电子数据交换/电子数据管理系统和建筑信息模型。这些类型的ICT 将在本节中进行简要回顾。

2.3.1.1　基于 Web 的管理系统

AEC 行业中 Web 技术的使用可以追溯到 ICT 应用研究的最开始阶段。基于 Web 的管理系统通常用作链接和访问各种信息的代理。这种系统有不同形式，包括基于 Web 的项目管理系统、基于 Web 的信息管理系统、基于 Web 的决策支持系统和在线协作合同变更管理系统[52]。

基于 Web 的管理系统有望作为弥补方案用于增强建筑项目中的沟通，提高效率、生产率和产品质量。该方法要求，项目的参与者乃至以网络为基础而相互连接的项目成员之间，都要进行项目相关数据的传输和处理[53]。使用 Web 技术的好处是使协作、沟通、协调以及决策过程变得高效[54]。Stewart 和 Mohamed（2004）提出，可以从是否改进操作流程、实现建设项目的收益、实现战略目标、提高对 IT 产品组合的满意度以及满足用户的需求这五个角度来评估基于 Web 的项目管理系统[55]。

学术界和从业者期望基于 Web 的项目管理系统可以强化和革新与建筑相关的业务。然而，由于对如何应用基于 Web 的项目管理系统缺乏有效的了解，导致该系统的广泛应用和有效使用都未能达到预期的效果[56]。Dossick 和 Sakagami（2008）提出了指派项目负责人、强制执行合同条款以及通过展示基于 Web 的项目管理系统的好处来培训人员这三种关键策略，实现基于 Web 的项目管理系统的成功应用[57]。

2.3.1.2　电子数据交换（EDI）或电子数据管理系统（EDMS）

电子数据交换（EDI）或电子数据管理系统（EDMS）是在不同计算机系统或计算机网络之间用于数据交换的工具[52]。EDI 和 EDMS 的建立是为了促进建筑行业中更好的协作和交流。电子 EDMS 的核心功能包括文档管理、订单变更、信息的提交、传输和申请[58]。

Agdas 和 Ellis（2010）声称，EDI 和 EDMS 通过自动化、简化沟通和减少浪费而作为一种为公司增加战略优势的解决方法，从而提高其在竞争对手中的竞争力[59]。将 EDI 和 EDMS 用作构建响应式供应链中必不可少的工具，将减少管理工作，加快数据处理速度，减少错误数据并减少数据键入。

EDI 研究表明，标准化是 AEC 单位在成功采纳和传播 EDI 系统中的主要障碍[59]。与计划相比，EDMS 系统的使用率低于预期。Kähkönen 和 Rannisto（2015）发现 EDMS 中的许多文件夹被很少使用或完全未使用[58]。除此之外，一些用户还创建了额外的文件夹来满足他们自己的需求，这使 EDMS 变得更加复杂且难以使用。因此，他们建议应提高灵活性，并需要为 EDMS 系统添加智能功能，以提高易用性。

2.3.1.3　建筑信息模型

作为近年来最受欢迎的技术之一，建筑信息模型（BIM）已经引发了研究人员和从业人员越来越多的关注。但是，关于 BIM 的定义尚无共识。Aranda-Mena 等（2009）声称"对于某些人来说，BIM 是一种软件应用程序；对于某些人来说，这是一个设计和记录建筑信息的过程；对于某些人来说，这是一种实践和发展专业的全新方法，需要在项目利益相关者之间制定新的规则、合同和关系[60]。"Succar（2009）将 BIM 定义为"一套相互影响的规则"，它形成的方法论可在建筑物的整个生命周期中以数字的形式管理基本建筑物设计和项目数据[61]。Zuppa 等（2009）还发现，"BIM 最经常被视为可视化和协调工作的工具。"[62]。

由于这项研究更多地关注 BIM 的技术方面，将其视为项目的各个利益相关者所使用的技术，因此采用了国家 BIM 标准（NBIMS，2007）的定义："建筑信息模型（BIM）是设施的物理和功能特征的数字表示。BIM 是基于互操作性开放标准的共享数字表示形式。"Isikdag 和 Underwood（2010）将面向对象、开放/可扩展、全面、三维、与空间相关并且具有丰富的语义确定为 BIM 的特征[63]。

BIM 充当有关设施的共享知识资源的角色，并在其生命周期的决策过程中发挥支持作用。BIM 的不同功能可以被各种利益相关者感知。例如，建筑师倾向于使用 BIM 来强化协调、生产力和业务运营，而承包商更可能在计划、估算和工程图处理中使用它[62]。Volk 等（2014）对有关 BIM 应用的最近 180 余篇论文进行综述，并总结了 BIM 在项目生命周期中的 20 种功能[64]。这些功能覆盖了各个项目阶段，包括建设前阶段、建设阶段和建设后阶段[65]。这些阶段的 BIM 的功能如下：

（1）在建设前阶段，它可以通过执行碰撞检测和碰撞分析来提高设计效率；在调度方面，它可以使施工顺序、设备和材料可视化的同时，让项目经理和承包商在根据既定的物流和时间表跟踪进度；同样，它可以通过形成一个三维项目模型来进行筛选、计数和测量，并可以进行详细的估算。

（2）在建设阶段，它可以显示包括进出道路、交通流量、工地材料和机械在内的施工过程；通过提供更准确的现金流量跟踪来强化成本控制；它可以实现实时工作跟踪、更快的资源流和更好的站点管理。

（3）在建设后阶段，它会对已建资产、设施、维护进度表进行追踪并对维护历史记录进行检查。

研究人员指出，在项目早期阶段采纳 BIM 是有益的。Arayici 等（2012）声称，在设计阶段采纳 BIM 可以缓解管理和沟通上的关键难题，例如施工质量差、材料不可利用以及计划和进度安排无效[66]。

2.3.2　ICT 采纳带来的价值

尽管软件供应商声称 ICT 将带来各种好处，但是从业人员和研究人员仍然需要评估 ICT 为企业实际带来的优势和成本。研究人员制定了不同的框架，并使用不同的方法进行评估，下面将列举一些案例。

Mooney 等（1996）提供了一个从信息技术方面定义业务价值的框架，该框架包括三类：自动化效应、信息效应和变革效应。自动化效应代表了由 ICT 替代人类劳动力所创造的价值效率[67]。可通过提高生产率、节省劳动力和降低成本来计算价值。信息效应与 ICT 的信息收集、存储、处理和传播功能有关，通过决策支持、员工授权、节省资源、提高管理效率和质量来创造价值。变革效应是指 ICT 促进和支持流程创新和变革的能力。在此范围内，可以通过流程和组织结构的重新设计来增强反馈并提高服务和产品的品质。Fox 和 Hietanen（2007）进一步声称，与实现自动化效应和信息效应相比，在实现变革效果方面需要更多的战略思维，其变革效果取决于自动化和信息效果[68]。

Duyshart 等（2003）将 ICT 的好处分为有形和无形两类[69]。有形收益包括在成本和广告/公关上的节省，而无形收益包括在时间/工程量的节省和关系的建立。Stewart 和 Mohamed（2003）提出了一种信息系统的评估方法，该方法给建设项目信息管理流程带来了诸多好处，包括增强了对进度要求的处理能力、改进了合同管理、节省了合同管理的时间、美化了企业形象、提高了客户的满意度[70]。

但是，研究人员声称的应用和实现 ICT 的价值并不容易。Van der Vlist 等（2014）表明，尽管应用 ICT 可以降低公司的成本并可以提高运营绩效，但这些改进需要大量投资[71]。研究人员发现，建筑业的 ICT 投资水平相对较低，大多数公司对 ICT 的投资太少而无法获得收益。

2.3.3　ICT 采纳的成功因素

一些实验探究了 ICT 实施的成功因素，并提出了成功实施的指南。DeLone 和 McLean（2002）最早提出了信息系统成功实施的模型[72]。DeLone 和 McLean（2002）回顾了先前的研究，介绍了一种易于理解的信息系统成功实施有关要素的分类方法，将成功的标准分为六大类：系统质量、信息质量、使用、用户满意度、个体影响和组织影响[72]。IS 成功模型如图 2-5 所示。

IS 成功模型从各个方面说明了导致 IS 模型在应用和实践时达到可观效果的影响因素。它说明了如何将信息系统的信息输入转化为可衡量的企业收益的过程。系统质量是指信息处理质量，信息质量是指系统的信息输出质量，使用的个体是接收者，信息使用是指接收者消耗系统输出的信息。用户满意度是指接收者

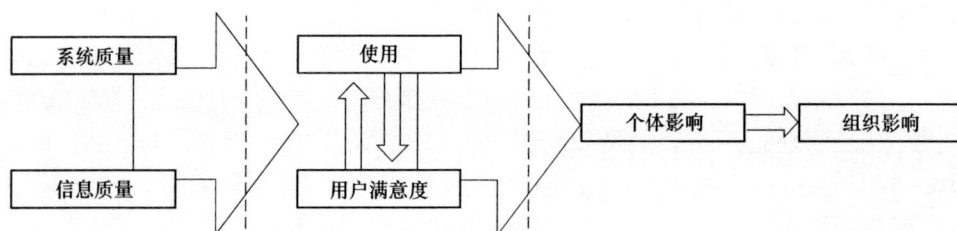

图 2-5　IS 成功模型

（该图引自 Delone and Mclean（1992））

在使用系统输出信息后作出的反馈。个体影响是指信息对接收者行为的影响。组织影响是信息对企业绩效的影响。

IS 成功模型是研究 ICT 成功使用的影响因素的基础。尽管在建筑管理领域，大多数有关 ICT 成功使用的影响因素的研究都没有应用任何特定的理论或模型，但是当他们考虑到 ICT 的成功使用时，他们通常会至少使用 IS 成功模型 6 个维度中的一个作为衡量指标。

这些成功的 ICT 采纳的影响因素主要是通过文献综述和实证研究确定的。基于以前的研究发现，研究人员开发了一些更通用的框架来分类和说明技术应用的促进和阻碍因素。

Xue 等（2012）提出了影响 IS 实施的五个问题：（1）已开发的系统或解决方案的校验；（2）技术与管理流程的整合；（3）组织和人为因素；（4）性能测量和技术接受模型；（5）应用信息技术的基础设施[73]。Bygstad 和 Lanestedt（2009）发现，服务提供商和外部服务用户的强大整合更有可能实现 ICT 在服务上的成功创新[74]。研究结果表明，对于成功实现 ICT 的创新而言，接受重新定义的角色比提供实际的服务更为重要[74]。

成功因素因 ICT 类型不同而异。Abuelmaatti 和 Ahmed（2014）提出了实现技术整合中的一些基本问题，包括确定技术整合的责任、确保高层管理人员的参与、制定共同公约并保护知识产权[75]。该研究还列出了其他不重要的要素，包括流程图、提供培训、各方认可、支持各方之间建立信任、维护技术整合的安全性以及技术支持。Ozorhon（2015）研究了 ERP 实施中的影响因素，发现高层管理人员的支持和承诺、明确的目标和目的、项目团队的能力、项目负责人的有效性以及团队成员之间的合作是成功的最重要动力[76]。Chung 等（2009）通过将技术接受模型[77]与 DeLone 和 McLean（2002）信息系统成功模型[72]相结合，并将其与关键项目管理原则相整合，提出了一个 ERP 系统成功模型[77]。Lee 和 Yu（2012）使用 DeLone 和 McLean 的信息系统成功模型来探索影响项目管理信息系统的成功因素。他们发现，用户满意度是影响 IS 在建设管理中绩效的最主要因素，而信息质量的贡献远胜于服务质量[78]。Murphy（2014）指出，寻求能够满足管理期望的 BIM 应用关系到利益相关方各个方面的能力，包括信息和沟通能力、技术知识能力、成本管理能力、计划管理能力、组织文化能力、组织战略能力、人员管理能力、计划和行政能力[79]。Ding 等（2015）将关注点放在建筑师的 BIM 应用上，经过统计发现，建筑师的积极性、BIM 的技术缺陷和性能是影响绩效的重要因素，而管理层的支持和知识结构并不是重要因素[80]。

关注 ICT 应用的研究人员已经认识到，社会因素和技术因素对过程和结果都会产生影响。Fox（2009）认为技术环境、社会环境和商业环境对于软件发挥功能并促使企业如期完成目标有着至关重要的作用[81]。Coombs（2015）将 ICT 实施的促进和阻碍因素分为两种主要类型：技术导向型和组织导向型[82]。技术促进因素包括用户对设施管理系统操作以及电子订单处理方面的培训。技术障碍因素包括系统生成的报告的可读性低以及系统本身的响应速度慢。同时，组织促进因素包括对现有流程的映射、重新设计和记录。最后，组织上阻碍因素包括员工拒绝以新的方式执行任务以及组织中的各个部门采纳该系统不一致。Lin 等（2008）声称，不能仅通过硬件开发的速度来判断 ICT 实施的进展[83]。恰好相反的是，像将信息发送给无关各方并忽视信息这种意料之外的行为，以及包括纪律、培训、支持、连接性和无法遵循计划等类似问题，通常是由非硬件问题触发的。

上述讨论涉及影响 ICT 应用的众多因素。尽管一些研究人员试图将关于社会和技术因素的一些零散的研究成果结合起来，并建立常规的研究框架，但这些框架主要建立在经验性的结果之上。社会和技术因素之间潜在的相互作用尚不清楚，这需要更多的理论解释。

2.3.4　ICT 采纳的机制

除了在探索、分类和确认 ICT 应用的成功因素或障碍的实证研究之外，一些研究人员还尝试根据现有理论探索这些因素的作用机制。以下是一些研究工作的回顾，它们从不同的理论角度解释 ICT 的应用原理。

一些研究人员将 ICT 的采纳视为战略联盟。Voordijk 等（2003）将战略匹配模型与 ERP 的成功实施调查相结合，发现 IT 战略与商业战略、IT 成熟度和 IT 战略角色之间的一致模式，实施方法和组织变革对于实施过程至关重要[84]。如果没有这种匹配，组织最终可能会以"技术仅仅是为了科技或为了将来的远景，而不是为了当前的商业需求"而告终。Hua（2007）还使用战略匹配模型得出类似的结论，即 ICT 的有效管理取决于在商业战略、ICT 战略、组织基础设施和流程以及 ICT 基础设施和流程这四个不同的领域中做出相对平衡的选择[85]。这种一致性可以从战略执行、技术潜力、竞争潜力和服务水平这四个角度来说明。

　　其他的研究人员从社会技术系统理论的角度审视了 ICT 的应用。Jacobsson 和 Linderoth（2010）研究了 ICT 的应用是如何被环境因素、参与者的表现以及 ICT 本身相互影响的，他们认为如果将关注点放在项目的周期上，会与 ICT 主导的变革流程产生潜在的冲突[86]。合同协议和工资结构等问题使得冲突加剧，因此如果应用 ICT 不能带来直接可见的收益，组织就不会使用 ICT。Linderoth（2010）还使用行动者网络理论来确定需要哪些类型的参与者，并连同他们的动机一起，登记到 BIM 网络中[87]。他们指出，如果有能力使用 BIM 的参与者没有足够的权力或资源来强制要求在项目中使用 BIM，则可能会出现问题。Sackey 等（2014）通过社会技术系统（STS）的角度探索了 BIM 的应用[88]。他们使用 Leavitt（1964）的社会技术模型[89]来检验在 BIM 支持下的组织内部利益迥异的多个群体的联合过程。研究表明，由于项目本身具有特殊性和多样性，且要求高度的协作，因此除非进行目的明确的洽商并充分考虑多个终端用户的目标，否则 BIM 的联合过程很难成功。

　　此外，一些研究人员尝试研究参与者在 ICT 应用中的角色。Hartmann（2011）使用权力理论将 4D 系统概念化为实现目标的持续沟通[90]。在项目的这些沟通过程中，将参与者技术和工作的相关知识应用于项目中，以分析、理解并影响目标和实施过程。因此，随着参与者的知识在整个实施过程中发生变化，实施的目标和过程也会频繁更改。Singh（2014）基于扎根理论，发现参与者的自由度在系统创新扩散模式中充当着一个中间角色[91]。研究表明，由于在建筑行业的参与者具有较高的自由度，能够更加轻松地离开创新网络，所以建筑行业中系统创新扩散速度相当缓慢。

　　本节未列出建设管理领域研究人员用来解释 ICT 应用的所有理论。但是上面讨论的研究已经表明，可以从各种理论角度研究 ICT 的应用。ICT 的应用是一个复杂的现象，研究人员不应局限于有限的理论领域。

2.4 小　　结

　　本章从一般管理领域和建设管理领域简要回顾了 ICT 的应用。ICT 采纳过程首先在组织层面上被概念化，它指的是发起、采纳、决策和实施。而在个体层面，它通常指个体采纳 ICT 的意图和 ICT 的实际使用情况。本章综述了三种主要的 ICT 采纳理论模型：创新扩散模型、技术接受模型和统一的技术接受和采纳模型。在概述了一般管理领域的 ICT 应用研究之后，本章进一步回顾了 ICT 在建筑业的应用，包括在建筑中推广 ICT 的背景、本研究中 ICT 的范围和 ICT 在建筑中应用的研究主题。在下一章中，本研究将以更具体的社会技术视角来检视 ICT 的应用，以展示本研究的理论视角。

参 考 文 献

[1] MacVaugh J, Schiavone F. Limits to the diffusion of innovation: A literature review and integrative model [J]. European Journal of Innovation Management, 2010, 13 (2): 197-221.

[2] Rogers E M, Shoemaker F F. Communication of Innovations: A Cross-Cultural Approach [M]. New York: Free Press, 1971.

[3] Eveland J D. Issues in using the concept of "adoption of innovations" [J]. The Journal of Technology Transfer, 1979, 4 (1): 1-13.

[4] Zaltman G, Duncan R, Holbek J. Innovations and Organizations [M]. New York; Toronto: John Wiley & Sons, 1973.

[5] Cooper R B, Zmud R W. Information technology implementation research: A technological diffusion approach [J]. Management Science, 1990, 36 (2): 123-139.

[6] Rogers E M. Diffusion of Innovations (4th edn) [M]. New York: Simon & Shuster, 1995.

[7] Damanpour F, Schneider M. Phases of the adoption of innovation in organizations: Effects of environment, organization and top managers [J]. British Journal of Management, 2006, 17 (3): 215-236.

[8] Mergel I, Bretschneider S I. A three-stage adoption process for social media use in government [J]. Public Administration Review, 2013, 73 (3): 390-400.

[9] Gallivan M J. Organizational adoption and assimilation of complex technological innovations: development and application of a new framework [J]. ACM Sigmis Database, 2001, 32 (3), 51-85.

[10] Tomatzky L G, Fleischer M. The Process of Technology Innovation [M]. Lexington: Lexington Books, 1990.

[11] Lippert S K, Govindarajulu C. Technological, organizational, and environmental antecedents to web services adoption [J]. Communications of the IIMA, 2015, 6 (1): 14.

[12] Iacovou C L, Benbasat I, Dexter A S. Electronic data interchange and small organizations: Adoption and impact of technology [J]. MIS quarterly, 1995, 465-485.

[13] Kuan K K, Chau P Y. A perception-based model for EDI adoption in small businesses using a technology-organization-environment framework [J]. Information & management, 2001, 38 (8): 507-521.

[14] Gallego J M, Gutiérrez L H, Lee S H. A firm-level analysis of ICT adoption in an emerging economy: Evidence from the Colombian manufacturing industries [J]. Industrial and Corporate Change, 2015, 24 (1): 191-221.

[15] Kwon T H, Zmud R W. Unifying the fragmented models of information systems implementation [C]//In Critical issues in information systems research. USA: John Wiley & Sons, Inc, 1987: 227-251.

[16] Rice R E, Leonardi P M. Information and communication technology use in organizations. The Sage Handbook of Organizational Communication [M]. Thousand Oaks, CA: Sage, 2013: 425-448.

[17] Davis F D. A technology acceptance model for empirically testing new end-user information systems: Theory and results [D]. Cambridge: Massachusetts Institute of Technology, 1986.

[18] Ajzen I. The theory of planned behavior [J]. Organizational behavior and human decision processes, 1991, 50 (2): 179-211.

[19] Venkatesh V, Morris M G, Davis G B, et al. A unified theory of acceptance and use of technology [J]. MIS Quarterly, 2003, 27 (3): 425-478.

[20] Triandis H C. Values, attitudes, and interpersonal behavior [C]//In Nebraska Symposium on Motivation. Lincoln, NE: University of Nebraska Press. 1979, 27: 195-259.

[21] Griffith T L. Technology features as triggers forsensemaking [J]. Academy of Management Review, 1999, 24 (3): 472-488.

[22] Burton-Jones A, Straub D W. Reconceptualizing system usage: An approach and empirical test [J]. Information Systems Research, 2006, 17 (3): 228-246.

[23] De G A O, Markus M L. Why break the habit of a lifetime? Rethinking the roles of intention, habit, and emotion in continuing information technology use [J]. MIS Quarterly, 2009: 433-444.

[24] Barki H, Titah R, Boffo C. Information system use-related activity: an expanded behavioral conceptualization of individual-level information system use [J]. Information Systems Research, 2007, 18 (2): 173-192.

[25] Saeed K A, Abdinnour S. Understanding post-adoption IS usage stages: an empirical assessment of self-service information systems [J]. Information Systems Journal, 2013, 23 (3): 219-244.

[26] Lapointe L, Rivard S. A multilevel model of resistance to information technology implementation. MIS Quarterly, 2005: 461-491.

[27] Satchell C, Dourish P. Beyond the user: use and non-use in HCI [C]//In Proceedings of the 21st Annual Conference of the Australian Computer-Human Interaction Special Interest Group, 2009.

[28] Bagayogo F, Beaudry A. Lapointe L. Impacts of IT acceptance and resistance behaviors: a novel framework [C]//Reshaping Society Through Information Systems Design. Thirty Fourth International Conference on Information Systems, Milan, 2013.

[29] Rivard S, Lapointe L. Information technology implementers' responses to user resistance: nature and effects [J]. MIS Quarterly, 2012, 36 (3): 897-920.

[30] Kane G C, Labianca G. IS avoidance in health-care groups: A multilevel investigation [J]. Information Systems Research, 2011, 22 (3): 504-522.

[31] Sun H. Understanding user revisions when using information system features: Adaptive system use and triggers [J]. MIS Quarterly, 2012, 36 (2): 453-478.

[32] Williams M D, Rana N P, Dwivedi Y K. The unified theory of acceptance and use of technology (UTAUT): a literature review [J]. Journal of Enterprise Information Management, 2015, 28 (3): 443-488.

[33] Williams M D, Dwivedi Y K, Lal B, et al. Contemporary trends and issues in IT adoption and

diffusion research [J]. Journal of Information Technology, 2009, 24 (1): 1-10.

[34] Sarker S. Toward a methodology for managing information systems implementation: A social constructivist perspective [J]. Informing Science, 2000, 3 (4): 195-206.

[35] Limayem M, Hirt S G, Cheung C M. How habit limits the predictive power of intention: The case of information systems continuance [J]. MIS Quarterly, 2007: 705-737.

[36] Ajzen I, Fishbein M. Belief, attitude, intention and behavior: An introduction to theory and research [M]. MA: Addison-Wesley Reading, 1975.

[37] Davis F D, Bagozzi R P, Warshaw P R. User acceptance of computer technology: a comparison of two theoretical models [J]. Management Science, 1989, 35: 982-1002.

[38] Kapoor K K, Dwivedi Y K, Williams M D. Rogers' innovation adoption attributes: a systematic review and synthesis of existing research [J]. Information Systems Management, 2014, 31 (1): 74-91.

[39] Barrett M I, Heracleous L, Walsham G. A rhetorical approach to IT diffusion: Reconceptualizing the Ideology-Framing Relationship in Computerization Movements [J]. MIS Quarterly, 2013, 37 (1): 201-220.

[40] Davis F D. Perceived usefulness, perceived ease of use and user acceptance of information technology [J]. MIS Quarterly, 1989, 13: 319-340.

[41] Yousafzai S Y, Foxall G R, Pallister J G. Technology acceptance: a meta-analysis of the TAM [J]. Journal of Modelling in Management, 2007, 2 (3), 251-280.

[42] Bagozzi R P. The legacy of the technology acceptance model and a proposal for a paradigm shift [J]. Journal of the association for information systems, 2007, 8 (4): 3.

[43] Benbasat I, Barki H. Quo vadis TAM? [J]. Journal of the Association for Information Systems, 2007, 8 (4): 7.

[44] Wixom B H, Todd P A. A theoretical integration of user satisfaction and technology acceptance [J]. Information Systems Research, 2005, 16 (1): 85-102.

[45] Venkatesh V, Morris M G. Why don't men ever stop to ask for directions? Gender, social influence, and their role in technology acceptance and usage behavior [J]. MIS quarterly, 2000, 115-139.

[46] Venkatesh V, Davis F. A theoretical extension of the technology acceptance model: four longitudinal studies [J]. Management Science, 2000, 46 (2): 186-204.

[47] BenMessaoud C, Kharrazi H, MacDorman K F. Facilitators and barriers to adopting robotic-assisted surgery: contextualizing the unified theory of acceptance and use of technology [J]. PloS one, 2011, 6 (1), e16395.

[48] Dulle F W, Minishi-Majanja M K. The suitability of the unified theory of acceptance and use of technology (UTAUT) model in open access adoption studies [J]. Information Development, 2011, 27 (1): 32-45.

[49] Or C K, Karsh B T, Severtson D J, et al. Factors affecting home care patients' acceptance of a web-based interactive self-management technology [J]. Journal of the American Medical Informatics Association, 2011, 18 (1): 51-59.

[50] AbuShanab E, Pearson J M, Setterstrom A J. Internet banking and customers' acceptance in Jordan: The unified model's perspective [J]. Communications of the Association for Information Systems, 2010, 26 (1): 23.

[51] Pai J C, Tu F M. The acceptance and use of customer relationship management (CRM) systems: An empirical study of distribution service industry in Taiwan [J]. Expert Systems with Applications, 2011, 38 (1): 579-584.

[52] Lu Y, Li Y, Skibniewski M, et al. Information and communication technology applications in architecture, engineering, and construction organizations: A 15-year review [J]. Journal of Management in Engineering, 2015, 31 (1).

[53] Hosseini M, Chileshe N. Emerging ICT-based Methods in the Architecture, Engineering, and Construction Context (Third Edition) [M]. USA: Encyclopedia of Information Science and Technology, 2015.

[54] Lu C Q, Wang H J, Lu J J, et al. Does work engagement increase person-job fit? The role of job crafting and job insecurity [J]. Journal of Vocational Behavior, 2014, 84 (2): 142-152.

[55] Stewart R A, Mohamed S. Evaluating web-based project information management in construction: capturing the long-term value creation process [J]. Automation in Construction, 2004, 13 (4): 469-479.

[56] Nitithamyong P, Skibniewski M J. Success factors for the implementation of web-based construction project management systems: A cross-case analysis [J]. Construction Innovation, 2011, 11 (1): 14-42.

[57] Dossick C S, Sakagami M. Implementing web-based project management systems in the United States and Japan [J]. Journal of Construction Engineering and Management, 2008, 134 (3): 189-196.

[58] Kähkönen K, Rannisto J. Understanding fundamental and practical ingredients of construction project data management [J]. Construction Innovation, 2015, 15 (1): 7-23.

[59] Agdas D, Ellis R D. The potential of XML technology as an answer to the data interchange problems of the construction industry [J]. Construction Management and Economics, 2010, 28 (7): 737-746.

[60] Aranda-Mena G, Crawford J, Chevez A, et al. Building information modelling demystified: does it make business sense to adopt BIM? [J]. International Journal of managing projects in business, 2009, 2 (3): 419-434.

[61] Succar B. Building information modelling framework: A research and delivery foundation for industry stakeholders [J]. Automation in Construction, 2009, 18 (3): 357-375.

[62] Zuppa D, Issa R R, Suermann P C. BIM's impact on the success measures of construction projects [J]. Computing in Civil Engineering, 2009: 503-512.

[63] Isikdag U, Underwood J. Two design patterns for facilitating Building Information Model-based synchronous collaboration [J]. Automation in Construction, 2010, 19 (5): 544-553.

[64] Volk R, Stengel J, Schultmann F. Building Information Modeling (BIM) for existing buildings-Literature review and future needs [J]. Automation in Construction, 2014, 38: 109-127.

[65] Latiffi A A, Mohd S, Kasim N, et al. Building information modeling (BIM) application in Malaysian construction industry [J]. International Journal of Construction Engineering and Management, 2013, 2 (A): 1-6.

[66] Arayici Y, Egbu C O, Coates P. Building information modelling (BIM) implementation and remote construction projects: issues, challenges, and critiques [J]. Journal of Information Technology in Construction, 2012, 17: 75-92.

[67] Mooney J G, Gurbaxani V, Kraemer K L. A process orientated framework for assessing the business value of information technology [J]. Advances in Information Systems, 1996, 27: 68-81.

[68] Fox S, Hietanen J. Interorganizational use of building information models: potential for automational, informational and transformational effects [J]. Construction Management and Economics, 2007, 25 (3): 289-296.

[69] Duyshart B, Walker D, Mohamed S, et al. An example of developing a business model for information and communication technologies (ICT) adoption on construction projects-the National Museum of Australia project. Engineering [J]. Construction and Architectural Management, 2003, 10 (3): 179-192.

[70] Stewart R A, Mohamed S. Evaluating the value IT adds to the process of project information management in construction [J]. Automation in Construction, 2003, 12: 407- 417.

[71] Van der Vlist A J, Vrolijk M H, Dewulf G P. On information and communication technology and production cost in construction industry: evidence from the Netherlands [J]. Construction Management and Economics, 2014, 32 (6), 641-651.

[72] DeLone W H, McLean E R. Information systems success revisited [C]// In Proceedings of the 35th Annual Hawaii International Conference on System Sciences, 2002: 2966-2976.

[73] Xue X, Shen Q, Fan H, et al. IT supported collaborative work in A/E/C projects: A ten-year review [J]. Automation in Construction, 2012, 21: 1-9.

[74] Bygstad B, Lanestedt G. ICT based service innovation—a challenge for project management [J]. International Journal of Project Management, 2009, 27 (3): 234-242.

[75] Abuelmaatti A, Ahmed V. Collaborative technologies for small and medium-sized architecture, engineering and construction enterprises: implementation survey [J]. Journal of Information Technology in Construction, 2014, 19: 210-224.

[76] Ozorhon B, Cinar E. Critical success factors of enterprise resource planning implementation in construction: Case of Turkey [J]. Journal of Management in Engineering, 2015, 31 (6): 04015014.

[77] Chung B, Skibniewski M J, Kwak Y H. Developing ERP systems success model for the construction industry [J]. Journal of Construction Engineering and Management, 2009, 135 (3): 207-216.

[78] Lee S, Yu J. Success model of project management information system in the construction development of an electronic portfolio system success model: An information systems approach [J]. Automation in Construction, 2012, 25: 82-93.

[79] Murphy M E. Implementing innovation: a stakeholder competency-based approach for BIM

[J]. Construction Innovation, 2014, 14 (4): 433-452.

[80] Ding Z, Zuo J, Wu J, et al. Key factors for the BIM adoption by architects: a China study [J]. Engineering, Construction and Architectural Management, 2015, 22 (6): 732-748.

[81] Fox S. Applying critical realism to information and communication technologies: A case study [J]. Construction Management and Economics, 2009, 27 (5): 465-472.

[82] Coombs C R. When planned IS/IT project benefits are not realized: A study of inhibitors and facilitators to benefits realization [J]. International Journal of Project Management, 2015, 33 (2): 363-379.

[83] Lin T C, Huang C C. Understanding knowledge management system usage antecedents: An integration of social cognitive theory and task technology fit [J]. Information & Management, 2008, 45 (6): 410-417.

[84] Voordijk H, Van Leuven A, Laan A. Enterprise resource planning in a large construction firm: Implementation analysis [J]. Construction Management and Economics, 2003, 21 (5): 511-521.

[85] Hua G B. Applying the strategic alignment model to business and ICT strategies of Singapore's small and medium-sized architecture, engineering and construction enterprises [J]. Construction Management and Economics, 2007, 25 (2): 157-169.

[86] Jacobsson M, Linderoth H C. The influence of contextual elements, actors' frames of reference, and technology on the adoption and use of ICT in construction projects: A Swedish case study [J]. Construction Management and Economics, 2010, 28 (1): 13-23.

[87] Linderoth H C J. Understanding adoption and use of BIM as the creation of actor networks [J]. Automation in Construction, 2010, 19 (1): 66-72.

[88] Sackey E, Tuuli M, Dainty A. Sociotechnical systems approach to BIM implementation in a multidisciplinary construction context [J]. Journal of Management in Engineering, 2014, 31 (1): A4014005.

[89] Leavitt H J. Applied Organization Change in Industry: structural, technical and human approaches. In Cooper W W, Leavitt H J, Shelly M W L (Eds.). New Perspectives in Organization Research [M]. New York: John Wiley, 1964: 55-71.

[90] Hartmann T. Goal and process alignment during the implementation of decision support systems by project teams [J]. Journal of Construction Engineering and Management, 2011, 137 (12): 1134-1141.

[91] Singh V. BIM and systemic ICT innovation in AEC: Perceived needs and actor's degrees of freedom [J]. Construction Innovation, 2014, 14 (3): 292-306.

3 ICT 采纳的社会技术视角

社会技术系统的理论将企业视为具有两个相互关联的子系统，即技术系统和社会系统。技术系统将输入（原材料等）转化为输出（产品等）的同时，还处理流程、任务和技术上的相关问题；而社会系统主要管理人际关系及其属性，例如态度、技能和价值观。本章将介绍社会技术系统方法中的相关观点及它在解释 ICT 采纳中的适用性。

3.1 社会技术视角

3.1.1 社会技术系统理论

社会技术系统包括人员、流程和技术因素。当在企业正确地配置了 ICT 之后，它们通常更有可能被终端用户应用到工作中并为企业创造价值[1]。社会技术系统组成部分的不合理搭配可能会导致系统性能不佳、使用率偏低等问题的产生，最终导致系统发生故障[2]。

"社会技术系统"一词最初旨在描述包含人、机器和工作系统的环境方面的复杂交互作用的系统。这个术语是为了理解存在于人类世界的复杂技术系统而创造的[3]。社会技术系统理论主要由 Eric Trist 等提出[4]。该理论的发源背景是为解决将机械引入煤矿的生产作业过程后机器运行的相关问题[5]。社会技术系统理论主要研究在工作场所中个体与技术之间的相互作用，或者社会中复杂的基础设施与人类行为之间的相互作用。社会技术研究的历史根源见表 3-1。

表 3-1　社会技术研究的历史根源

历史根源	研究重点	代表作品
Tavistock 传统（20世纪 50 年代）	为了使工作人性化而制定了新的工作规范和选择新的工作场所	• 基于电脑系统的技术和人员的实施（ETHICS)[6] • 社会技术系统的准则[7] • 参与式设计[8]
社会技术系统的社会学观点（20世纪 60年代）	技术相对于人类社会结构的作用（例如群体、社区、组织、社会阶层/社会以及权力和公平的变化）	• 制度理论[9] • 结构化理论[10] • 社会网络[11]

续表 3-1

历史根源	研究重点	代表作品
科学技术研究 (STS)（20 世纪 80 年代）	社会、政治、文化结构、科学/科学研究与技术创新之间的互补关系	• 技术的社会建构[12] • 行动者网络理论[13]

注：该表引自 Sawyer 和 Jarrahi（2014）。

社会技术系统理论有两个核心：（1）信息技术的特征；（2）对技术代理的关注[14]。在将社会技术系统理论应用于信息系统的研究理论中，Enid Mumford 被普遍认为是最具影响力的研究者[15]。

社会技术系统理论的目的是在设计和优化组织系统的同时保持社会系统和技术系统同步发展[16]。个体与机器之间的相互关系改善了工作的技术系统和社会系统，因此在工作系统输出的过程中，效率和人性并不会相互矛盾[17]。

社会技术系统理论认为，工作系统的输出是技术系统和社会系统之间相互作用的结果。技术系统处理与流程、任务和技术方面相关的问题，而社会系统处理与人际关系及其属性相关的问题，例如态度、技能和价值观。值得注意的是，"技术"一词不一定意味着物质技术。该术语被用于指代技术结构和更广泛意义上的技术细节。

社会技术系统理论有两个基本原则[18]。其中的一个原则是在创造条件去改善企业绩效的时候要注重社会和技术因素之间的相互作用。这种相互作用包括两种关系：线性的因果关系和非线性的因果关系。非线性的因果关系是复杂甚至是不可预测的。交互类型在社会元素和技术元素所处的环境中同时存在。另一个原则强调同时优化社会系统和技术系统存在的问题。仅优化其中的一个方面将增加不可预测和"未设计"的关系的数量，这些关系可能会损害另一系统的性能。这两个原则指导了社会技术系统理论改善整个系统性能的途径。

以上两个原则也暗示着社会技术系统理论面临的挑战。也就是说，该理论需要同时管理两种完全不同类型的系统。技术系统在输入和输出之间提供了可靠的、可预期的关系，并且这种关系是预先计划的。但是，社会系统中存在着很多无法对最终结果进行计划和控制的关系[19]。因此，社会技术体系内的变化应该被视为一种偶发事件。

社会技术系统理论被广泛应用到新技术的引入当中。ICT 将直接影响技术子系统组成部分。然而，ICT 应用的问题通常是由与社会子系统组成部分有关的组织行为问题引起的[20]。社会技术系统理论已经在技术为主导的变革和技术设计领域得到很好的应用。

　　社会技术系统方法通常用于分析企业管理过程中的变化。根据社会技术系统理论中的思想，如果社会系统和技术系统的组成要素之间的差异小、相互依存性强，系统将保持稳定。组织中某一方面的改变会在其他系统中造成计划外的改变或影响。有时，由于变化增加（例如故障、学习、更换），系统中的某些部分会变得与其他部分不兼容，因此将会观察到结构失调。由于不兼容会影响系统的行为及其响应方式，如果没有人注意到这点，它将降低系统的性能并威胁其作用机制。维持社会技术系统平衡的一种典型方法是缩小其组成要素之间的差异。技术变革增加了社会技术系统的多样性。随着新技术的引入，需要更新大量的工作设计和社会支持系统。Hester（2012）使用社会技术系统理论作为诊断工具来研究技术利用不足的问题。他提出的社会技术系统模型包括四个主要部分：结构、参与者、技术和任务[2]。结构和参与者构成社会子系统，而技术和任务构成技术子系统。社会子系统和技术子系统中任何两个组成要素之间的交互产生六个独立的关系——参与者-结构、参与者-任务、参与者-技术、任务-技术、任务-结构和技术-结构。

　　社会技术系统理论也被广泛用于研究那些更容易被终端用户接受、并为利益相关者带来更高价值的信息系统开发[1]。社会技术系统理论要求工程师能够看到技术之外的东西。它可以帮助设计人员考虑用户在引入新技术方面之后的潜在角色，以及如何将新技术与现有的社会系统实现融合。社会技术设计已经超越了社会科学的研究范围，并被 IT 研究领域的研究者作为一种研究工具而采纳，对 IT 专业人员的传统设计观念产生广泛影响[21]。社会技术系统设计的方法涉及两个设计过程：基于 IT/IS 的系统的设计和基于工作流程的设计。最初，两个系统的设计是分开的。IS 的设计遵循技术体系分析，而工作流程的设计遵循工作质量原则，例如设计旨在提高员工工作满意度的复合型工作。社会技术系统设计将这两个设计过程结合在一起以实现"社会技术优化"[22]。

　　定性方法和定量方法都可以用于社会技术系统理论的研究，用以探索人员、环境和技术之间的相互作用。社会技术系统理论丰富了复杂组织的意义。但是，如何基于社会技术思维开发和实施新的、更有效的 IT 系统的过程仍然是一个挑战[23]。

3.1.2　组织的社会技术框架

　　一些研究人员试图通过分析社会层面和技术层面之间的联系和关系来说明工作系统中相互依赖性。最初的模型由 Leavitt（1964）提出[24]。Leavitt 的钻石模型侧重于个体、任务、结构和技术之间的关系。这些系统元素是相互关联的。如图 3-1所示，这个钻石模型由四个方面组成，分别代表个体、任务、结构和技术。

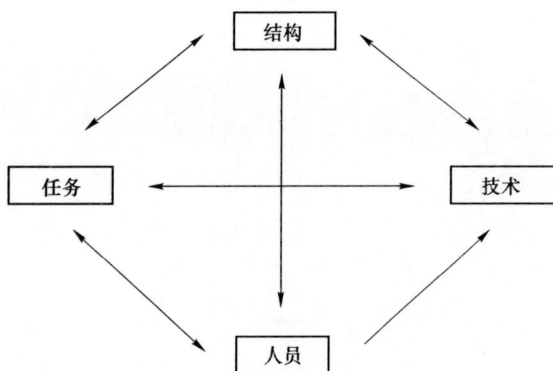

图 3-1　Leavitt 的钻石模型
（该图引自 Leavitt（1964））

  Radnor（1999）对钻石模型做了进一步的解释。箭头表明四个变量高度相关，一个变量的改变将导致另一个变量的改变[25]。无论改变是管理行为产生的结果，还是随着时间的推移而发展形成的，这种影响始终存在。由于这四个变量有着千丝万缕的联系。同时，由于组织是作为一个开放的动态系统运行，也需要考虑其运行环境。

  Leavitt 的钻石模型广泛用于将组织概念化的研究领域中。后来的研究人员用不同方式对其进行了修改。Morton（1991）扩展了 Leavitt 的钻石模型，包括五组力量的动态平衡，即结构、管理流程、技术、战略和个体角色[26]。这种新模型可以用于衡量信息技术对组织的影响。Dawson（1992）概述了组织的六个组成部分之间的相互作用：个体、策略与战术、技术、环境、结构和文化[27]。Sarker（2000）修改了 Leavitt 的模型，将组织中的主观现实和客观现实概念化[28]。在 Sarker（2000）的模型中，组织文化在客观现实和主观现实两个方面之间起着至关重要的联系作用。客观现实（包含个体、任务、技术和结构）是固定的，但是由于亚文化的不同，管理者、数据输入操作员和程序员所感知的主观现实也大不相同[28]。Davis 等（2014）丰富了 Leavitt 的框架，并通过个体、目标、过程、文化、技术和基础设施这六个相互关联的元素将组织系统表示为六边形[21]（图 3-2）。该系统运行于财务/经济状况、利益相关者和监管制度等外部环境中。

  这些框架提供了一种结构化和系统化的方法来分析复杂系统。它们对特征、元素或者事实（包括个体、结构、策略、技术和过程）的定义和描述是一致的。此外，这些模型在组织层面的分析强调组织“环境”的功能，并指出相互作用（一个要素的变化会影响另一要素）的重要性[29]。

  通过观察 Leavitt（1964）和 Davis（2014）等人提出的社会技术框架图，可

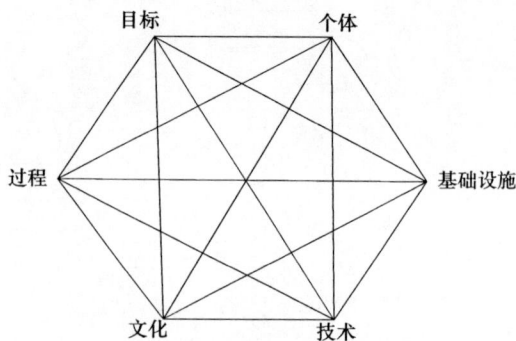

图 3-2　社会技术框架

（该图引自 Davis 等（2014））

以看到他们的模型都包括个体、技术和任务（有时分解为目标和过程）这些因素[21,24]。由于这两个模型是在不同的环境中提出的，因而具有不同的侧重点。Leavitt 的模型侧重于组织结构，而 Davis 的模型侧重于组织文化和基础设施。将所有相关元素都整合到一个框架中是没有必要的，这样可能会使框架失去其简洁性，从而不具有说服力。由于组织文化是 ICT 采纳中的一个重要因素，因此本研究将其与个体、技术和任务一起列为社会技术框架中的关键要素。组织的社会技术框架如图 3-3 所示。

图 3-3　组织的社会技术框架

3.2　技术的社会技术视角

3.2.1　技术的二元性

概念化信息系统领域中的技术实体是一项重要议题，也是一项艰巨的任务[30]。为了促进从理论上理解技术实体，社会技术观点及其潜在前提提供了一系列的概念工具。

在管理文献中，已经用多种方式对技术进行定义和概念化。Orlikowski 和 Scott（2008）认为，技术不可能由一个单一的或确定的定义来解释[31]。他们进一步指出，在理论上存在三种观点来解释技术与组织之间的关系：离散实体流派将技术视为与组织的各个方面交互的特定且相对不同的实体；相互依赖的集合体流派将技术视作为完成组织的复杂过程的一部分；社会物质的集合体流派认为技术和个体仅存在于彼此之间，社会和物质是不可分割的。基于技术与组织之间的关系，研究人员以三种方式定义了技术。

离散实体流派将技术定义为增强理性的设备[32]，其特征是信息效率和信息协同[33]。该离散实体流派将技术视为影响组织设计、情绪智力和决策制定的自变量[32]，或作为调节变量，可调节组织特征与战略结果之间的关系[33]。

相互依赖的集合体流派将技术同时定义为物理对象和社会对象[34]，包括机械（即硬件）、员工（即技能和人力资源）和知识（即含义和概念）系统[35]。采纳这个定义的研究者倾向于研究技术和组织的各种要素之间的相互作用。例如Markus（1994）研究了现有的文化规范和实践是如何影响技术的使用[36]；或是Barley（1986，1990）研究如何使用技术来重塑组织关系[37,38]。

社会物质的集合体流派进一步将技术定义为社会技术的集合。这个观点认为社会和物质是不可分割的。人和技术没有固有的属性，而是通过相互作用来获得形式、属性和功能。"社会物质性"这一术语是来自于由 Latour（1987）提出的行动者网络理论[39]。基于行动者网络理论的观点，人类和技术之间没有区别。人类和非人类代理在网络中是等同的。因此，该理论认为人类和物质代理之间的界限是模糊的。

本研究的立场是介于相互依赖的集合体流派和社会物质的集合体流派之间。这体现了技术的二元性，即技术同时具有物质性和社会性。技术与人类有一些相似之处（例如价值承载），但它并不完全等同于人类活动。

Orlikowski（1992）提出了一个广为人知的关于技术二元性的观点[40]。他认为技术不仅是一个客观的力量，也是一种社会建构产物。技术不仅是指人类在生产活动中使用的设备、机器和装置等"硬件"，同时也是任务、工艺、知识和工具的结合。这些在组成部分和人类之间的相互作用导致了对与技术有关的人类行为方面上的思考，并且认为技术是一种社会建构的产物。因此，技术的二元性认为，技术是由在特定生活背景下的行动者在物理层面上构建的，同时也是行动者通过赋予其不同的意义以及强调和使用各种特征在社会层面上构建的。

技术不是固定、给定的。相反的，由于人类和技术的相互作用，人类可以在设计、实施和使用过程中修改技术。然而，一旦技术被开发和部署，它也将被具体化和制度化。在这个过程中，技术逐渐失去了与构建它或是赋予它意义的人类主体的联系。最终，技术成为组织结构特征的一部分[40]。

一方面，仅仅把技术看作是外生的、独立的物质力量，决定某些个体和组织的行为，这将导致技术决定论。另一方面，仅仅把技术影响的原因和性质完全归因于社会因素，这将会导致社会决定论。认识技术的二元性有助于理解技术和组织之间的相互作用。

3.2.2 技术承载的价值观

技术伦理学的一个重要主题试图去回答技术是否承载着价值。一些学者认为技术是价值中立的,他们认为技术仅仅是达到目的的一种中立手段,因此可以被善意或是恶意地使用[41]。然而,其他的一些研究者认为,技术开发是一个目标导向的过程。技术实体具有一定的功能。他们可以有效地用于实现某些特定目标,但用于其他目标就会不起作用。技术实体、功能和目标之间的概念上的联系使得技术价值中立的观点无法成立。这就引出了技术是承载价值观的这一观点,该观点认为技术可以促进和限制某些人类行为以及实现人类的特定目标[42]。

许多的研究人员已经探索了技术所承载的价值观。Scholz(1990)认为公司的信息系统具有高度的象征意义,代表了一些价值观,如从属与平等、进步主义与保守主义、团结与孤立、同情与反感,还有敏感性与麻木性[43]。Robey 和 Markus(1984)认为信息系统开发和用户参与活动代表了组织仪式,象征着人类赋予信息技术潜在的理性价值观[44]。这些价值观是通过个体对技术的长期使用而建立起来的,并导致组织数据收集和处理、通信、信息和知识分配的标准化。Barrett 等(2001)识别了技术所具备的标准化、正规化、定量的信息、理性决策、对技术的信任以及对未知和缺席人员的信任等价值观[45]。Heeks(2002)发现信息系统需要稳定直接和正式的过程、正式的组织目标、理性的员工、严格的层级制度、正式和明确的组织结构[46]。Pliskin 等(1993)认为信息技术将会通过权力分配、创新变革和行动导向、风险承担、整合和横向的相互依赖、高层管理接触、决策自主性、绩效导向、奖励导向等维度来改变组织[47]。Doherty and Perry(2001)发现实施一个新的工作流程管理系统会增强与顾客导向、灵活性、质量焦点和绩效导向有关的组织文化价值[48]。Doherty and Doig(2003)认为,公司的数据存储能力的改善将会带来顾客服务、灵活性、授权和整合等价值观的变化[49]。所有的这些实证结果都说明了技术是蕴含有价值观的。

3.3 社会技术系统中的文化概念

在这一节中,将对文化在 ICT 采纳中的作用进行文献综述。首先是对文化研究的理论议题(3.3.1节)和组织文化研究的方法(3.3.2节)进行阐述,从而给出本研究的理论立场。然后对有关文化动力学的相关研究进行解释(3.3.3节),以回顾技术采纳中的与文化相关的研究(3.3.4节)。

3.3.1 文化的理论议题

首先，要明确文化的定义。在 Pettigrew（1979）开创性的著作中，文化被定义为在特定时间特定群体中公开接受和集体接受的含义[50]。这个由术语、形式、类别和形象组成的系统向这些群体解释了他们所处的环境。然而，这个定义并没有被广泛地接受，对于文化的定义也并未达成共识。在定义文化时，通常会提到以下七个特征：（1）文化是整体现象，而不是个体现象；（2）历史性关联；（3）不易改变；（4）社会建构现象；（5）模糊、虚无缥缈、难以捕捉；（6）通常以"神话""仪式""符号"等人类学名词为特征；（7）是对事物的思考方式、价值观和想法，而不是一个组织的具体、客观和可看见的部分[51]。被广泛接受的定义是由 Schein（1985）提出的，他认为文化是"给定团队已经创造、发现或形成的应对问题的外部适应和内部整合的基本假设，这些假设被证明是最有效的，因此新成员也应遵循这些假设来正确地感知、思考并感受问题"[52]。

其次是文化的研究层次问题。文化可以通过不同层次的分析来定义，从国家层面到专业和组织层面，再到群组层面。Fellows 和 Liu（2013）提出了一种文化频谱来界定组织文化中的不同层次，包括民族文化、组织文化、组织氛围、项目氛围、行为修正[53]。本研究所涉及的是组织文化。

除了需要考虑文化的研究层次之外，还需要考虑组织文化和团体文化之间的关系。Martin（2002）提出了三种组织文化视角，包括整合视角、差异化视角和碎片化视角[54]。在整合视角看，文化的解释和表现是相互一致的。从差异化视角来看，人们很少以相似的方式解释组织的一切。部门和等级划分导致了在意义、价值和符号方面差异的产生。而碎片化视角强调文化的模糊性和矛盾性。这些不一致的视角也使文化难以研究和概念化。本研究承认文化的复杂性，然而为了研究方法的可行性，本研究采纳整合的视角，认为整个组织具有一致的组织文化为视角。

最后，需要澄清文化的研究视角。文化研究者开发了不同的视角来概念化组织文化。Schein（1990）指出这些视角将会同时影响文化的定义和研究文化的方法[55]。Smircich（1983）提出了研究文化的两种视角：将组织文化视为一个变量或是将组织文化视为隐喻[56]。第一种视角假设社会具有稳定和明确的因素，并以情境化的关系来表达。第二种视角假定社会或组织世界作为一种象征关系和意义的模式而存在，这种模式通过人类互动过程而持续。本研究将组织概念化为一个社会技术系统。个体、技术、任务和文化构成了社会技术系统，需要各组成部分的相互配合才能维持系统的均衡。这个观点和 Smirch's

（1983）第一个范式是一致的，该范式认为组织是由清晰的元素组成的，并通过情境化的关系来表示。

3.3.2 组织文化研究的方法

文化的概念化存在争议，不同的范式采取了截然不同的方法。主位研究法和客位研究法是研究文化的两种基本视角。主位研究法认为，只要关注文化本身，就可以有效地研究文化。主位研究法在本质上是内向型的，因此是一种建构主义的范式。客位研究法从外部的角度来看待文化，这种方法强调跨文化调查，因此倾向于采纳实证主义的研究视角，使用调查、模型等方法[53]。

早期的研究主要集中于文化概念的社会学和人类学起源，并且主要采用主位研究法。这些研究通常利用定性和人种学的研究方法。然而，指导早期研究的认识论归避了在使用标准化调查工具来研究组织文化会减少辐性这一弊端的可能性[57]。

组织管理的研究主要采纳调查、建模等实证主义视角，因此主要基于客位研究法。研究组织文化的方法可以进一步细分为类型法（文化类型）和特质法（文化维度）[58]。类型法基于将组织划分为预先定义的特定类型。Meyer等（1993）注意到：“组织的类别的分配通常不是明确的[59]。由于类型学具有先验性，并且经常缺乏特定的经验参照”。与概念化文化的情况一样，对于文化类型的分类方法并没有达成一致。Quinn 和 McGrath（1985）绘制出组织文化的竞争性价值观框架[60]。竞争价值观是由两组具有两级维度价值观定义了四个不同的单元，名为宗族、灵活组织、市场和科层。

维度方法侧重于根据经验测量组织文化的维度[61]。可以从不同的角度去研究文化维度。合理地描述一个文化所需要的维度数量是一个长期存在争议的话题。更多的维度将会代表每个文化的丰富性和独立性，然而简约主义则有助于跨文化背景的比较[53]。

很多的研究者都尝试去描述文化的维度。Hofstede（1980）提出了一个著名的价值体系来呈现国家文化的五个独立维度，包括权力距离、不确定性规避、个体主义与集体主义、男性化与女性化、长期取向与短期取向[62]。Schein（1990）将这一国家文化模型用于描述组织文化，提出了组织文化的七个维度，包括环境与组织的关系、人类活动的本质、现实和真理的本质、时间的本质、人性的本质、人类关系的本质、同质性和多样性[55]。

使用维度方法研究的一个缺点是文化的动态性被忽视了。这些框架为理解组织内部的文化价值观提供了重要的见解；然而，它倾向于用二分法的框架将文化简单地区分为二分法的框架，比如仅仅区分员工导向和工作导向或是松散和严格的控制[63]。使用维度法的研究人员应该注意这一局限性。

在维度法的基础上，研究者进一步得出了文化调查法去衡量文化，例如Hofstede（1994）的中国价值观调查[64]，GLOBE 国家文化调查（House et al.，2001）[65]。文化调查最适合于以下两种情况：（1）研究调查的重点是可观察的和可衡量的文化现象，例如价值观念和行为规范；（2）研究的目的是使用同一套文化概念在组织之间进行比较[66]。Denison 等（2014）认为与人类学方法相比，调查法的优点为：（1）调查法成本低、耗时少；（2）调查法可以提供规范的组织文化信息并促进基准管理；（3）调查法允许直接地复制。然而，他们同样认识到调查法存在的两个主要局限性：（1）调查无法接近"更深层次"的文化元素，比如象征性意义、符号和基本假定；（2）嵌入在调查法中的先验内容可能无法捕捉到文化的其他方面[57]。

3.3.3 文化动力学

文化是一个动态现象。文化的变迁主要有两种方式："自然"和"文化管理"。文化管理假定文化是一个组织的财产，因此应该被管理层的控制。它本质上是功能主义的[53]。要理解文化动态，首先需要明确所研究的文化层次。

对于文化本身，一些研究者进一步将其概念化为一种多层次的构念，包括假定、价值观、象征、仪式和英雄等。Schein（1990）模型将文化划分了三个层级：实体、实体蕴藏的价值观以及核心的基本假定[55]。假定代表对现实和人类本性的公认理念。价值观是被认为拥有内在价值的社会准则、哲学、目标和标准。实体是基于价值观和假设的可见的、有形的结果。

Hatch（1993）在 Schein 的组织文化理论的基础上发展了一个文化动态模型，该模型更多地强调文化过程[67]。这个文化动态模型通过表现、实现、象征和解释等过程将假定、价值观、实体和符号连接起来。这些过程如图 3-4 所示，同时拥有前向和后向的运作模式。

Schein（1990）和 Hatch（1993）的模型为组织"内部环境"的研究提供了有意义的基础[55,67]。然而，高度的抽象限制了组织文化与其他组织因素之间的相互依赖性的解释力。因此，这些框架被质疑只是提供了一个简化的但有局限的组织文化视角[68]。

为了明确组织文化和组织内其他因素之间的相互依赖关系，Hatch 和Cunliffe（2006）确定了组织文化的循环：（1）价值和理念体系捕捉了组织行为的潜在假设；（2）战略代表了实现任务的总方向；（3）结构系统将价值和信仰的表现转换为规范、规则和条例；（4）行为模式、价值表现、战略和结构的因

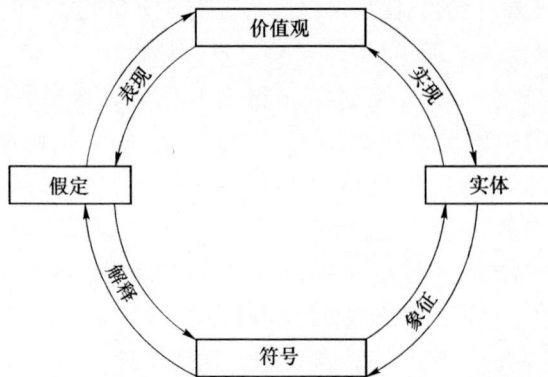

图 3-4　文化动态模型
（该图引自 Hatch（1993））

素；（5）外部环境通过评价过程来影响组织文化以及整合组织的内部环境[69]。
Dauber 等（2012）在 Hatch 和 Cunliffe（2006）模型的基础上，进一步定义了能
够反映组织内部过程的组织文化配置模型，将组织文化、战略、结构和运营模式
系统地联系在一起[68]。由于文化通常被定义为一种指导原则，战略通过结构和
运营发挥作用。这个想法产生了两个基本的结论：（1）运营必须符合企业价值
观；（2）所有领域（战略、结构和运营）都受到文化的间接影响。具体过程如
图 3-5 所示。

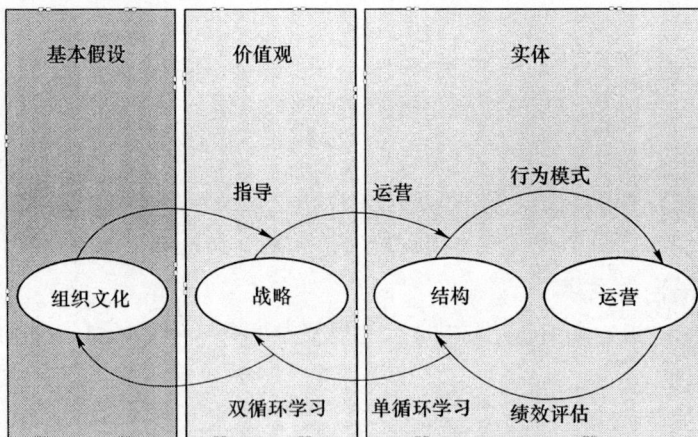

图 3-5　组织文化、战略、结构和运营模式系统
（该图引自 Dauber et al.（2012））

　　人们普遍认为，组织文化变革的压力来自于外部因素，特别是环境动荡和试
图进入新市场。然而，文化变革的主要驱动力是组织文化和组织绩效之间的因果

关系[53]。Zhang 和 Liu（2006）基于文化有效性的假设，探索了中国建筑企业组织文化与组织有效性之间的潜在关系[70]。Sackmann（2011）认为，文化—绩效的联系会被寻求绩效管理工具的管理者所强化[71]。

3.3.4 文化与技术采纳之间的关系

技术和文化方面的因素经常被用来解释 ICT 实施的失败。技术决定论认为技术是文化变革和技术变革成功的关键决定因素。该观点认为变革可以通过高级管理层以自上而下的方式规划或实施。文化决定论认为，忽略了人类和文化因素会导致技术变革的失败。这个观点认为，技术抵抗的主要原因是人和群体的内在因素[72]。本节将会回顾文化与技术采纳的双向关系的相关研究。

3.3.4.1 文化对技术采纳的影响

文化对技术采纳的影响作用研究涵盖了各个层面的文化，相关文献将被划分为国家层面、组织层面和部门层面来讨论。

国家层面的研究发现 Hofstede 的文化价值观的几个维度将会影响信息技术的使用和采纳，包括不确定性规避、权力距离、个体主义与集体主义、男性主义与女性主义。Erumban 和 De Jong（2006）发现，权力距离和不确定性规避维度是最关键的文化因素，可以解释一些国家之间的 ICT 采纳率的差异[73]。具体来说，权利距离高、不确定性规避低的国家不倾向于采纳 ICT。Lee 等（2007）比较韩国以及中国香港和台湾的用户在采纳 ICT 后的感受，并发现有四个文化维度起作用：不确定性规避、个体主义、情境性和时间感知性[74]。这四个维度对用户使用移动网络服务后的感知（感知有用性、感知愉悦性、感知易用性和感知货币价值）有显著影响。Sia 等（2009）分别在澳大利亚（个体主义文化）和中国香港（集体主义文化）进行了试验，并验证了文化背景对人们使用 ICT 的行为有影响[75]。Lee 等（2013）比较了美国文化和韩国文化的差异对手机使用模式的影响。他们发现在美国文化背景下，创新因素对采纳的影响更高，但在韩国文化背景下的模仿因素的影响更高[76]。

组织层次研究同样发现，一些特定的价值观维度更可能导致成功的技术采纳。例如 Kitchell（1995）发现具有灵活和长期导向文化的组织更倾向于采纳先进的制造业技术[77]。Ruppel 和 Harrington（2001）基于竞争价值观框架进行分析，认为为了最大限度地利用互联网并促进有效的知识共享，管理者应该构建道德文化（信任和关心他人）、发展文化（创造力和灵活性）以及等级制度（政策和信息管理）[78]。Harper 和 Utley（2001）提出，与生产导向的文化相比，人本导向的文化更有利于成功地实施技术[79]。Peansupap 和 Walker（2005）通过公开的讨论，强调了组织文化在 ICT 传播过程中的重要性[80]。总而言之，与 ICT 采纳相关的重要的价值维度包括灵活性、长期导向、人本导向、适应性学习、开放讨论。在这些组织文化价值下，人们将会更可能地去接受变革和创新，这有利于成功地采纳 ICT。

还有一些研究人员调查了特定的文化类型和技术采纳之间的关系。Kaarst-Brown（1995）[81]以及 Kaarst-Brown 和 Robey（1999）[82]发现了五种 IT 文化模式：令人恐惧的 IT 文化、受控的 IT 文化、受尊敬的 IT 文化、去神秘化的 IT 文化和整合的 IT 文化。这五种文化模式基于不同的假定，这些假定关注的是谁应该控制 IT、IT 在战略中的重要性、在组织文化框架中各个级别对 IT 技能的重视程度、IT 开支的合理性以及谁将从 IT 中收益（或是亏损）。Klepper 和 Hoffman（2000）发现在高度一致和低社交性组织文化中的人更有可能去吸收新的技术[83]。Claver et al.（2001）确定了针对信息系统的两种文化立场：情报文化和信息文化，后者更加有效的支持信息系统的采纳[84]。他们强调，为了最大化信息效率，管理者应该构建或是强化这种信息文化。Iivari 和 Huisman（2007）发现，信息系统开发的部署主要与面向安全、秩序化的文化有关[85]。Walsh（2010）在一个解释性案例中运用需求、动机和自我决定理论，开发了 IT 用户文化分类，例如感知 IT 的动机、内在 IT 动机、外部 IT 动机[86]。

除了组织文化之外，部门文化也对技术采纳有影响。Ravishankar 等人（2011）提出"亚文化联盟"，因为他们注意到在组织中分割的单个系统可能同时经历着联盟和不联盟的情况[87]。亚文化的一致性维度需要引起关注，这些维度会影响对全组织系统实施的感知和反应。Jackson（2011）发现，组织和子群体层面的文化对采纳有很强的影响。文化通过社会关系形成和改造，因而总是处于形成的过程中（而不是完成的）[63]。

文化除了对技术采纳有直接影响外，对技术采纳也有调节作用。Kappos 和 Rivard（2008）提出文化在信息系统的开发、接受和使用中扮演着重要的角色。他们发现文化将会调节：（1）信息系统的开发过程和特性之间的关系；（2）信息系统特征与采纳和抵制的关系；（3）信息系统的特征与使用过程的关系[88]。Liu 等（2010）发现，组织文化（柔性导向和控制导向）在调节制度压力的三个维度与采纳供应链管理系统之间的关系方面发挥了不同的作用[89]。

3.3.4.2　技术采纳对文化的变革效应

与文化对技术采纳影响的研究成果相比，技术采纳过程中文化变革的研究相对较少。由于观察文化转变困难，大量研究组织层面文化对技术采纳影响的文献忽略了技术可能带来的文化变革。他们含蓄地假定文化是稳定、持续的，并且难以去改变。20 世纪 80 年代，实践导向的文献开始转向提倡文化可以被管理和引导，用以支持组织的高绩效[90,91]。基于这一观点，一些研究人员认为变革和创新也可以塑造组织文化。Schein（1990）提出了两个主要的原因来解释为什么在组织中的文化是需要外部适应和内部整合的[55]。他认为组织文化是由多种因素形成的，例如外部环境、行业组织劳动力的规模和性质、技术、组织的历史和所有权。新技术可能会带来新的范例、控制系统、组织结构、权力结构等，最终导致文化变革。

在国家层面上，Madon（1992）发现农村规划系统的采纳会导致某种程度上的文化变革，包括个体对地位、等级制度和领导地位变化的看法，局部地区和州之间的权力重分配，并理性地增加使用计算机化信息的决策[92]。在组织层面上，Pliskin 等（1993）发现信息技术在权力分配、创新与行为导向、承担风险、整合与横向依赖、高层管理接触、决策自主性、绩效导向和奖励导向等维度改变了组织[47]。Doherty 和 Doig（2003）发现，企业数据仓库能力的改进导致了顾客服务、灵活性、授权和整合等方面的价值观的变化[49]。在其他的研究中，Doherty 和 Perry（2001）发现，实施新的工作流的管理系统增强了与顾客导向、灵活性、质量和绩效导向相关的组织文化价值观[48]。

总体来说，以上的研究说明了文化和技术之间的关系是双向作用的。文化影响技术采纳，同时也会被技术所改变。

3.4　文化匹配的概念

关于文化和技术采纳的文献表明了文化在技术采纳中的重要性。除了文化与技术之间的相互作用之外，社会技术框架还为文化的作用提出全新的视角。作为社会技术框架的重要组成部分，技术和个体都应该与组织文化相匹配。这就产生了两个重要的构念：技术-文化匹配和个体-文化匹配。与社会技术框架相匹配的文化如图 3-6 所示，下面的章节将会回顾这两个构念。

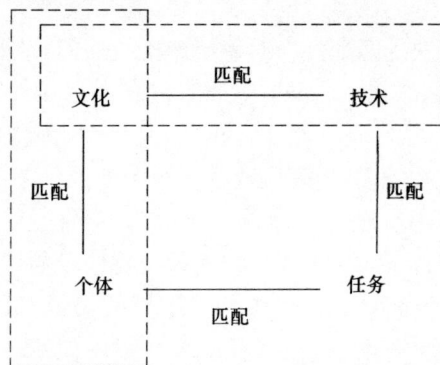

图 3-6　文化在社会技术匹配框架的角色

3.4.1 技术-文化匹配

技术-文化匹配是指特定组织的一般价值观和特定技术的嵌入价值观之间一致性的程度，这决定了社会组织群体如何感知和使用系统[93]。一个用户组织的国家价值观或是组织价值观可能会与特定信息系统的嵌入价值观相矛盾。

当组织实施技术但该技术却不是为其定制的时候，就很有可能会出现技术-文化不匹配的情况。在这种情况下，未定制的技术中嵌入了来自不同项目组、不同组织甚至是不同国家的价值[15]。当负责系统开发的团队（发起者）和预期使用该技术的团队之间存在较大的文化距离的时候，嵌入在技术和组织文化的价值观之间就会产生更大的冲突[93]。Robey 和 Rodriguez-Diaz（1989）调查了一家美国公司在巴拿马和智利这两个子公司里实施会计信息系统的情况[94]。他发现在巴拿马实施会计信息系统的成功率更高，主要是因为位于巴拿马的子公司与美国总部的文化更匹配。

Cabrera 等（2001）认为成功的技术同化要么需要技术匹配组织文化，要么需要重新塑造组织文化以匹配技术[95]。对于以技术主导的变革，他们建议组织应该关注垂直匹配和水平匹配。垂直匹配是指新技术、组织能力和组织战略之间的一致性。垂直匹配意味着技术革新只有在有助于加强组织实现其目标的能力时才能为组织增加价值。水平匹配是指组织的社会子系统和技术子系统之间的整合。水平匹配要求组织调整其结构和人力资源架构，以便在正确的时间以正确的方式使用新技术。

Strong 和 Volkoff（2010）声称，打包式的技术是用来支持通用需求而不是特定需求的，因此很可能出现不能完美地与任一特定需求相匹配的情况[96]。他们发现了企业系统领域中六个不匹配的地方（功能、数据、可用性、角色、控制和组织文化）。对于每一种不匹配的情况，缺陷和拼凑被视为两个特殊的不匹配类型。因此，组织为了促进企业系统的实施需要进行文化变革。

很多的研究表明，缺乏匹配性会对系统产生负面的影响，而严密的匹配性则会对系统产生正面影响。Dube（1998）证明，嵌入在软件开发过程中的价值观和整个组织的价值观之间的匹配性越高，系统实施效果就会越成功[97]。Davenport（1998）同样提出 ERP 高失败率的一个原因是标准化的 ERP 软件包与组织实践和文化之间的不一致[98]。Ngwenyama 和 Nielsen（2003）发现在实施过程中进行改进的困难来自于实施过程中内置的文化假设与开发人员的文化假设之间的冲突[99]。Sia 和 Soh（2007）评估了程序包的功能和组织之间不一致的现象[100]。他们认为，这些失调是由嵌入在组织和程序包的结构、外部施加的或是自愿采纳的结构与组织现实意义的不兼容所引起的。

以上的研究表明，技术-文化匹配在 ICT 采纳中具有重要的意义。然而，关于技术-文化匹配如何影响 ICT 采纳的实证研究十分有限。大多数研究者仅仅在研究中将其作为相关的理论框架加以提及。

3.4.2 个体-文化匹配

除了组织文化会影响 ICT 采纳之外，研究人员还发现，组织内个体的反应与该组织的文化价值观不一致也会影响 ICT 采纳。这意味着个体的价值观可能与组织的价值观相匹配或不匹配。

个体-文化匹配被定义为个体价值观与组织价值观之间的一致性水平[101]。个体-文化匹配的概念与 Schneider（1983）开发的吸引-选择-损耗模型（Attraction-Selection-Attrition 模型）密切相关[102]。Schneider（1983）认为组织的"个性"是建立在组成组织的个体之上的。那些与组织匹配的人会留下，而那些不匹配的人将会离开。这个过程会创建一个由一群相似的人所组成的群组，员工在这些群组里的行为、经验、取向、感受和反应都很相似。

许多研究使用个体-文化匹配来解释招聘人员和应聘人员的行为。应聘人员倾向于基于个体-文化匹配来寻求组织[103,104]。与此同时，招聘人员也倾向于以一种匹配的标准来搜寻员工[103,105]。他们倾向于招募人格特质与组织价值观一致的员工[106]。为了确定是否可以实现个体与组织的匹配，他们会经常评估员工潜在的人格特质、价值观及其需求[101]。

个体-文化匹配可以预测员工积极的工作行为和成果，例如强烈的组织承诺、较高的工作满意度和较低的离职意愿[107-109]。一些研究还表明，个体-文化匹配可以改善组织外部行为[110]和情境绩效[107]。研究表明，那些认为自己的价值观与组织价值观相一致的员工倾向于表现出有助于组织绩效的积极的行为，例如组织公民行为。

研究人员对个体-文化匹配的积极影响提供了多种解释。Van Dyne 和 Pierce（2004）指出，具有高个体-文化匹配的员工会感觉到自身的个体价值观和特质与组织的相似性[111]。因此，他们会感到归属感，并体验到组织是一个能够让他们感到舒适、有利和安全的地方。个体-文化匹配可以更紧密地协调个体价值观和组织目标，从而改善员工与组织之间的关系。员工的信任和理解可以增强个体-文化匹配。Edwards 和 Cable（2009）指出，信任是解释价值观一致性效应的关键因素，其次是沟通，最后是吸引力。这些将导致员工参与度、组织承诺和工作满意度的积极变化[112]。Sekiguchi（2007）认为，在个体-文化匹配的环境中更容易形成关系契约[113]。个体-文化匹配在组织要求员工表现出公民行为以使组织平稳运行的时候发挥着重要作用。

组织社会化会影响个体-文化匹配。组织社会化是个体开始认同作为组织成员所需要的价值、能力、预期行为和社会知识的过程[114]。Cooper-Thomas

等（2004）发现社会化策略确实会影响个体与组织匹配性的感知[115]。随着时间的流逝，经历了组织社会化过程的个体更有可能体验到更高水平的个体-文化匹配。社会化策略包括新员工导向、培训和指导。通过这些社会化策略，组织成员逐渐接受组织文化、价值观、政策和行为标准。接下来，组织成员开始使自己与组织环境相匹配。最终，成员们会感受到强烈的个体-文化匹配感[116]。

个体价值观和组织价值观之间的不匹配可能存在多种原因。Chatman（1989）认为，当个体进入一个新组织后，其价值观能否适应组织的要求，很大程度上取决于其对影响的敏感性[117]。Chatman（1991）进一步提出人格特征（例如自尊）有助于个体将其价值观与组织中的不同价值观相兼容[118]。他还提出了一些可能导致不匹配的其他因素。例如，当个体由于经验或社会化而无法从一套价值观转换为另一套价值观时，即使他们愿意转换，也可能会出现不良的个体-组织匹配。由于工作和家庭生活之间边界渗透性的个体差异，个体与组织的匹配也会下降。总而言之，导致个体价值观与组织价值观不匹配的因素包括个体对影响缺乏敏感性、高度自尊、无法因过去的经历或者工作与家庭生活之间的界限而发生改变。

3.5　个体-任务-技术互动

除了文化的作用，个体的作用对 ICT 采纳也很重要。毕竟，是由个体来使用技术完成任务，这个过程被称为个体-任务-技术交互。在此模型中，每个组成部分都有多种不同的属性。但是，此模型主要关注任务要求、人们执行任务的能力以及技术在执行任务中的功能。由于该模型旨在描述 ICT 引入如何促进任务的完成，因此它将任务要求置于中心位置。个体能力和任务功能都需要与任务要求相匹配。个体能力和任务功能相辅相成以完成任务。下面的章节将回顾有关个体-任务-技术交互的现有模型以及两个关键构念：任务-技术匹配和个体-任务匹配。社会技术框架中的个体-任务-技术的交互如图 3-7 所示。

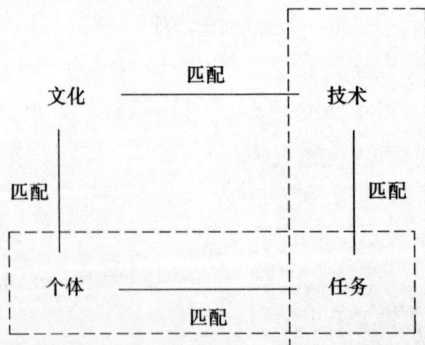

图 3-7　社会技术框架中的个体-任务-技术的交互

3.5.1 个体-任务-技术交互的现有模型

有效的技术使用包括三个要素：用户的能力和动机、技术的性质和目的以及任务的特征[119]。Goodhue 和 Thompson（1995）认为用户在任务和技术之间的匹配中起着重要的作用[120]。他们提出，任务-技术匹配的更准确定义应该是任务-个体-技术匹配，许多研究人员尝试开发个体-任务-技术交互模型。

Finneran 和 Zhang（2003）建立了个体-任务-技术模型来解释计算机辅助环境中的流体验[121]。"流"是一种最佳的体验状态，它与探索行为、重新访问和购买意愿以及对网站的积极态度正相关[122]。他们的模型由人（P）、技术（A）和任务（T）以及这些要素之间的交互组成，其中包括个体-任务交互、个体-技术交互和任务-技术交互。个体-任务交互意味着人对任务有明确的目标，具有应对任务挑战的技能，对执行任务有控制感，并且对任务有充分的反馈。个体与技术的互动是指人对技术的感知使用。任务-技术交互意味着技术的功能可以满足任务的要求。他们提出，这三个组成部分以及它们之间的交互作用会影响计算机辅助环境中的"流"体验。

Bani-Ali（2004）开发了一种所谓的任务-个体-技术匹配模型，该模型结合了项目管理软件领域的计算机的自我效能感和任务-技术匹配[123]。由于该模型的开发是为了检验计算机技能是否可以使个体获得更高的绩效，处理更复杂的系统并从事更具挑战性的任务，因此该模型包含了计算机自我效能感的构念。Liu等（2011）认为以往的任务-技术匹配模型没有涉及核心的个体差异[124]。将任务-个体-技术匹配的概念分为三个维度：任务-技术匹配、个体-技术匹配和个体-任务匹配。这三个维度的重要性取决于技术实施情况。在非结构化任务设置中，通常没有明确的任务的定义或解决问题过程的定义。个体将不得不依靠自己的经验和直觉来执行任务，因此，个体-技术匹配和个体-任务匹配对解决问题起着重要作用。相反，在结构化任务设置中，通常是明确定义了任务，并且明确规定了解决问题的过程。因此，个体没有太多的灵活性来选择如何完成任务，任务-技术匹配成为技术开发的主要考虑因素。

这些模型的共同之处在于它们都提到三种匹配类型：个体-任务匹配、任务-技术匹配和个体-技术匹配。但是，与任务-技术匹配（任务-技术匹配理论中的成熟的构念）和个体-任务匹配（个体-环境匹配理论中成熟的构念）相比，这些模型中的个体-技术匹配还没有得到很好的定义。Liu等（2011）将个体-技术匹配定义为技术特征与个体解决问题需求的匹配程度[124]。Finneran 和 Zhang（2003）将个体-技术匹配视为可感知的易用性，本质上是面对技术实体挑战所需的个体感知技能[121]。

以上两个定义突出了个体-技术匹配的两个方面：一方面，技术应与个体执行任务的需要相匹配；另一方面，个体应该具有与使用该技术相匹配的技能。第一个方面在很大程度上与任务-技术匹配重叠。第二个方面需要与技术相关的技能，例如用户的技术专长[125]、虚拟能力[126]、终端用户的计算能力[127]和计算机知识[128]以及与任务相关的技能，如专业经验[129]。与任务相关的技能和个体-任务匹配性领域重叠。此外，该技术是否易于使用也可以通过任务-技术匹配来解释[130]。因此，当用户报告某个系统难以使用时，其原因可能不是缺乏与技术相关的技能，而可能是任务-技术匹配性较差。

以上分析表明，个体-技术匹配的定义和范围不明确且不一致，并且它们与任务-技术匹配和个体-任务匹配相重叠。因此，这项研究没有将个体-技术匹配纳入个体-任务-技术交互模型中。这意味着本研究中的个体-任务-技术交互仅包含任务-技术匹配和个体-任务匹配的关键构念。接下来将对这两个构念相关的研究进行综述。

3.5.2 任务-技术匹配

在大多数情况下，实施 ICT 的主要目的是支持任务的完成，因此早期有关技术采纳的研究强调，技术的功能应适合于任务[131]。正式的任务-技术匹配理论是在 20 世纪 90 年代中期发表几篇开创性文章之后出现的[120,128,132]。

任务-技术匹配理论被广泛应用于理解技术的采纳以及在各种个体和专业背景下的后续后果。任务-技术匹配模型假设信息系统通过在某些任务或任务集合中发挥作用来产生价值，这反映在用户对系统的评估中[128]。任务技术匹配模型如图 3-8 所示。

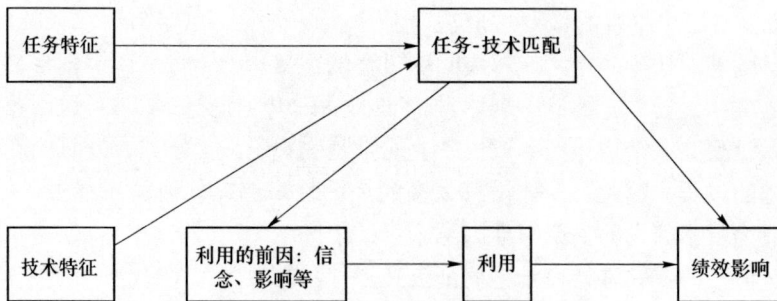

图 3-8 任务技术匹配模型

（该图引自 Goodhue and Thompson（1995））

在某些情况下，要执行的任务可能是所使用的技术内生的。一项特定任务的性质可以因为技术的出现而完全改变。此外，一项技术的功能可以通过使用进行调整，它们将影响个体和团体选择完成给定任务的方式[134]。按照这种逻辑，任务和技术在某种程度上变得有些不可分割。

任务-技术匹配有助于在特定公司中开发信息技术和服务的诊断工具。该诊断工具既包含一般构念（例如用户满意度、有用性或相对优势），也包括更详细的构念（例如数据质量、可定位性、系统可靠性等）[133]。因此，该工具对于识别系统功能和用户需求之间的差距更具指导意义。基于对已发现差距的理解，管理人员可以通过中断或重新设计系统，着手进行培训提高用户的能力或重新设计任务来干预信息系统的实施。

某些类型的任务需要某种形式的技术，并且应在特定情况下考虑它们对任务-技术匹配的影响。例如，Zigurs 等（1998）认为沟通支持、流程结构、信息处理对不同任务提供了不同水平的匹配[132]。他们发现沟通功能与简单的任务相匹配；信息处理与解决问题任务相匹配；信息处理和流程结构与决策任务相匹配；沟通支持和信息处理与判断任务相匹配。

任务-技术匹配对技术采纳具有很强的解释力，它与解释技术采纳的其他理论和构念是可以整合的。Dishaw 和 Strong（1999）将任务-技术匹配模型与技术接受模型结合在一起[135]。技术接受模型侧重于用户对特定技术的态度，该态度可以通过感知的有用性和易用性来衡量。集成模型的解释能力远远高于单个模型。Strong 等（2006）将计算机自我效能感（用户对他们使用技术能力的信念）整合到任务-技术匹配模型中[136]。Lin 和 Huang（2008）认为任务-技术匹配模型忽略了个体认知维度[137]。他们发现个体的认知会影响信息系统的使用，因此他们将任务-技术匹配模型与社会认知理论相结合，发现了影响系统使用的一些关键成功因素，例如任务的相互依赖性、感知的任务-技术匹配性、自我效能和个体成果期望。Zhou 等（2010）将任务-技术匹配（TTF）模型与技术接受与使用的统一理论（UTAUT）相结合[138]。除了适合任务-技术匹配以外，他们还发现预期的性能、社会影响力和促进条件对采纳率有显著的影响。

也有一些研究人员研究了任务-技术匹配的前因。任务特征和技术特征是影响任务-技术匹配的重要因素。一些研究者提出了任务特征、技术特征和任务-技术匹配之间的定量关系。例如把任务特征作为任务需求进行操作，当任务的复杂性或相互依赖性增加时，任务-技术的匹配就会降低。相反，当把技术特征作为技术功能进行操作时，发现它们与任务-技术的匹配正相关[128,135]。

3.5.3 个体-任务匹配

个体-任务匹配来源于组织心理学和组织行为的研究领域。本研究将个体-任务匹配定义为个体能力与工作要求之间的一致性[139]。个体-任务匹配是个体-环境匹配的另一个重要维度，它强调个体与工作的匹配性在预测个体和组织成果中的作用。个体-任务匹配研究的结果变量包括工作满意度、动机、工作压力和职业选择。

　　个体-任务匹配的构念分为两类：第一类关注供给-需求匹配，它强调工作供应是否能够满足员工的需求。供给-需求匹配的构建通常用于预测工作满意度、工作压力、职业选择和工作动机；第二类关注需求-能力匹配，强调员工的能力是否可以满足工作要求。需求-能力匹配的构建与工作压力、绩效、保留和晋升密切相关。个体-任务匹配通常通过相应的措施来进行评估。

　　在上述两类个体-任务匹配中，本研究以"需求-能力匹配"为研究重点，认为任务需求和个体能力在 ICT 采纳中起着关键作用。与任务相关的能力是指使用技术完成任务的个体能力。这些个体能力是独立于技术使用而发展起来的。很少有研究探讨与任务相关的用户能力在 ICT 采纳中的作用。

　　这一构念的度量可以用相同的内容维度表达个体和任务，确保个体和任务度量在概念上的相关性。然而，由于相同的维度将人和任务的度量减少到一个单一的指标，所以它们可能会妨碍对结果的解释[140]。招聘和选拔过程通常使用相同的维度来度量，根据组织的标准将个体与某些职位进行匹配。然而，与客观的度量相比，发现人们对个体-工作匹配的主观感知能更准确地指示员工的态度和行为。这是因为客观匹配相对稳定，而主观匹配可以更改。因此招募和选拔过程中的客观不匹配可以通过采取干预措施来影响员工对个体-工作匹配的主观感知[141]。

　　有一些因素会影响个体-任务匹配。在这些因素中，工作投入是一个被经常提及的因素。Bakker（2011）认为，敬业的员工最有可能调动他们在工作场所中的社交网络，以更好地履行其工作职责，这被称为关系型工作重塑，与此同时，敬业的员工也倾向于增加自己的工作要求[142]。由于工作重塑的作用，敬业员工的个体-任务匹配能力更有可能提高。Lu 等（2014）也发现工作投入对工作有积极的影响，通过关系工作重塑，它对需求-供应匹配和需求-能力的变化具有显著的间接影响[143]。Bakker（2010）认为，敬业的员工可以学习增强工作中所需的技能或才能，以满足工作需求[144]。此外，敬业的员工倾向于寻求上司或同事的反馈，以取得更好的表现。所有这些行为都会增加个体-工作匹配。Beer 等（2016）认为，由于工作投入会产生积极的情感状态，例如活力、奉献和专注，因此雇佣后的个体-任务匹配感知很大程度上取决于员工的工作投入水平[141]。其他一些研究人员进一步表明，适合自己工作的员工也可能积极地将自己的自我观念与工作任务和行为进行匹配，以增加他们的工作投入[145,146]。

　　除了工作投入度之外，研究人员还发现，影响型领导和变革型领导也会影响个体-任务匹配。例如，Yu（2009）发现基于工作的情感有助于更好地融入工作场所[147]。Gabriel 等（2014）调查了感知的匹配和基于情感的变量（包括工作满意度、积极影响和消极影响）之间的纵向关系[148]。他们发现感知的匹配与基于情感的变量之间存在互惠关系。Chi 和 Pan（2012）的研究表明，变革型领导与下属对工作的匹配认知正相关[149]。当领导者表现出变革型领导行为时，下属往往会对自己满足工作要求的必要能力感到自信，并认为自己的工作与需求相匹配。

3.6 小　　结

本章简要回顾了 ICT 采纳的社会技术观点。首先介绍了社会技术系统中的元素，然后解释它们是如何相互匹配的。本章的回顾可以分为三个部分：（1）组织的社会技术系统框架；（2）技术和组织文化在社会技术系统中的概念化；（3）社会技术系统中的匹配，包括技术-文化匹配、个体-文化匹配、任务-技术匹配和个体-任务匹配。在此文献综述的基础上，下一章将针对社会技术系统的匹配与 ICT 的采纳之间的关系建立研究模型。

参 考 文 献

[1] Baxter G, Sommerville I. Socio-technical systems: From design methods to systems engineering [J]. Interacting with Computers, 2011, 23（1）: 4-17.

[2] Hester A J. Measuring alignment within relationships among socio-technical system components: a study of Wiki technology use [C]// In Proceedings of the 50th annual conference on Computers and People Research, 2012: 147-154.

[3] Trist E L. The sociotechnical perspective: the evolution of sociotechnical systems as a conceptual framework and as an action research program. In Perspectives on Organization Design and Behavior [M]. New York: John Wiley and Sons, 1981: 19-75.

[4] Trist E, Bamforth K. Some social and psychological consequences of the longwall method of coal getting [J]. Human Relations, 1951, 4: 3-38.

[5] van Eijnatten F M. Developments in the Socio-Technical Systems Design (STSD) [M]. Hove: Psychology Press, 1998, 4: 61-88.

[6] Mumford E, Weir M. Computer Systems in Work Design—The ETHICS Method: Effective Technical and Human Implementation of Computer Systems. A Work Design Exercise Book for Individuals and Groups [M]. New York; Toronto: John Wiley & Sons, 1979.

[7] Cherns A. Principles of sociotechnical design revisited [J]. Human relations, 1987, 40（3）: 153-161.

[8] Land F, Mumford E, Hawgood J. Training the systems analyst for the 1980s: Four new design tools to assist the design process [C]//The information Systems Environment, North Holland, 1979.

[9] Barley S R, Tolbert P S. Institutionalization and structuration: Studying the links between action and institution [J]. Organization Studies, 1997, 18 (1): 93.

[10] Giddens A. The constitution of society: Outline of the theory of structuration [M]. CA: University of California Press, 1984.

[11] Scott J. Social network analysis: a handbook (2nd ed.) [M]. CA: Sage Publications, 2000.

[12] Bijker W E. Of Bicycles, Bakelites, and Bulbs: Toward a Theory of Sociotechnical Change [M]. MA: MIT press, 1997.

[13] Latour B. On recalling ANT [J]. The Sociological Review, 1999, 47 (S1): 15-25.

[14] Sawyer S, Jarrahi M H. Sociotechnical Approaches to the Study of Information Systems [C]// In Topi H, Tucker A (Eds.). Computing Handbook, Third Edition: Information Systems and Information Technology, Chapman and Hall/CRC, 2014: 5-1.

[15] Davenport E. Social informatics and sociotechnical research—A view from the UK [J]. Journal of Information Science, 2008, 34 (4): 519-530.

[16] Eason K. Sociotechnical systems theory in the 21st Century: another half-filled glass [C]// Sense in social science: A collection of essays in honor of Dr. Lisl Klein, 2008: 123-134.

[17] Fischer G, Herrmann T. Socio-technical systems: a meta-design perspective [M]. Hershey: IGI Global, 2011: 1-33.

[18] Ropohl G. Philosophy of socio-technical systems [J]. Society for Philosophy and Technology, 1999, 4 (3): 186-194.

[19] Luhmann N. Social systems [M]. Stanford, CA: Stanford University Press, 1995.

[20] Bostrom R P, Heinen J S. MIS problems and failures: a socio-technical perspective, part Ⅱ: the application of socio-technical theory [J]. MIS Quarterly, 1977: 11-28.

[21] Davis M C, Challenger R, Jayewardene D N, et al. Advancing socio-technical systems thinking: A call for bravery [J]. Applied Ergonomics, 2014, 45 (2): 171-180.

[22] Mumford E. The story of socio-technical design: Reflections on its successes, failures and potential [J]. Information Systems Journal, 2006, 16 (4): 317-342.

[23] Aarts J, Callen J, Coiera E, et al. Information technology in health care: socio-technical approaches [J]. International Journal of Medical Informatics, 2010, 79 (6): 389-390.

[24] Leavitt H J. Applied Organization Change in Industry: structural, technical and human approaches [C]// In Cooper W W, Leavitt H J, Shelly M W I (Eds.). New Perspectives in Organization Research. New York: John Wiley, 1964: 55-71.

[25] Radnor Z J. Lean working practices: the effect on the organization [D]. Manchester: University of Manchester, 1999.

[26] Morton M S S. The Corporation of the 1990s: Information Technology and Organizational Transformation [M]. USA: Oxford University Press, 1991.

[27] Dawson S. Analysing Organisations [M]. Berlin Heidelberg: Springer, 1992.

[28] Sarker S. Toward a methodology for managing information systems implementation: A social constructivist perspective [J]. Informing Science, 2000, 3 (4): 195-206.

[29] Radnor Z J, Boaden R. Developing an understanding of corporate anorexia. International [J]. Journal

of Operations & Production Management, 2004, 24 (4): 424-440.

[30] Orlikowski W J, Iacono C S. Research commentary: Desperately seeking the "IT" in IT research—A call to theorizing the IT artifact [J]. Information Systems Research, 2001, 12 (2): 121-134.

[31] Orlikowski W J, Scott S V. Sociomateriality: Challenging the separation of technology, work and organization [J]. The Academy of Management Annals, 2008, 2 (1): 433-474.

[32] Huber G P. A theory of the effects of advanced information technologies on organizational design, intelligence, and decision making [J]. Academy of Management Review, 1990, 15 (1): 47-71.

[33] Dewett T, Jones G R. The role of information technology in the organization: A review, model, and assessment [J]. Journal of Management, 2001, 27 (3): 313-346.

[34] Barley S R. Technology, power, and the social organization of work: Towards a pragmatic theory of skilling and deskilling [J]. Research in the Sociology of Organizations, 1988, 6: 33-80.

[35] Roberts K, Grabowski M. Organizations, technology and structuring [C]//In Clegg S, Hardy C, Nord W (eds). Handbook of Organization Studies. London: Sage Publications: 409-423.

[36] Markus M L. Electronic mail as the medium of managerial choice [J]. Organization Science, 1994, 5 (4): 502-527.

[37] Barley S R. Technology as an occasion for structuring: Evidence from observations of CT scanners and the social order of radiology departments [J]. Administrative science quarterly, 1986: 78-108.

[38] Barley S R. The alignment of technology and structure through roles and networks [J]. Administrative Science Quarterly, 1990, 35: 1-8.

[39] Latour B. Science in action: How to follow scientists and engineers through society [M]. MA: Harvard university press, 1987.

[40] Orlikowski W J. The Duality of Technology: Rethinking the Concept of Technology in Organization [J]. Organization Science, 1992, 3 (3): 398-427.

[41] Pitt J C. Thinking about technology [M]. Chappaqua, NY: Seven Bridges Press, 2000.

[42] Franssen M, Lokhorst G J, Van de Poel I. Philosophy of technology [C]//Stanford Encyclopedia of Philosophy, Stanford, 2009.

[43] Scholz C. The symbolic value of computerized information systems [M]. New York: Aldine de Gruyter, 1990: 233-254.

[44] Robey D, Markus M L. Rituals in Information Systems Design [J]. MIS Quarterly, 1984, 8 (1): 5-15.

[45] Barrett M, Sahay S, Walsham G. Information technology and social transformation: GIS for forestry management in India [J]. The Information Society, 2001, 17 (1): 5-20.

[46] Heeks R. Information systems and developing countries: Failure, success, and local improvisations [J]. The Information Society, 2002, 18 (2): 101-112.

[47] Pliskin N, Romm T, Lee A S, et al. Presumed versus actual organizational culture: managerial

implications for implementation of information systems [J]. The Computer Journal, 1993, 36 (2): 143-152.

[48] Doherty N F, Perry I. The cultural impact of workflow management systems in the financial services sector [J]. The Services Industry Journal, 2001, 21 (4): 147-166.

[49] Doherty N F, Doig G. An analysis of the anticipated cultural impacts of the implementation of data warehouses [J]. IEEE Transactions on Engineering Management, 2003, 50 (1): 78-88.

[50] Pettigrew A M. On studying organizational cultures [J]. Administrative Science Quarterly, 1979, 24 (4): 570-581.

[51] Hofstede G, Neuijen B, Ohayv D D, et al. Measuring organizational cultures: A qualitative and quantitative study across twenty cases [J]. Administrative Science Quarterly, 1990: 286-316.

[52] Schein E H. Organisational Culture and Leadership: A Dynamic View [M]. SF: San Francisco, 1985.

[53] Fellows R, Liu A M. Use and misuse of the concept of culture [J]. Construction Management and Economics, 2013, 31 (5): 401-422.

[54] Martin J. Organizational Culture: Mapping the Terrain [M]. Thousand Oaks, CA, USA: Sage, 2002.

[55] Schein E H. Organisational culture [J]. American Psychologist, 1990, 45: 109-119.

[56] Smircich L. Concepts of culture and organizational analysis [J]. Administrative Science Quarterly, 1983: 339-358.

[57] Denison D, Nieminen L, Kotrba L. Diagnosing organizational cultures: A conceptual and empirical review of culture effectiveness surveys [J]. European Journal of Work and Organizational Psychology, 2014, 23 (1): 145-161.

[58] Liu A M. Culture in the Hong Kong real-estate profession: A trait approach [J]. Habitat International, 1999, 23 (3): 413-425.

[59] Meyer A D, Tsui A S, Hinings C R. Configurational approaches to organizational analysis [J]. Academy of Management Journal, 1993, 36 (6): 1175-1195.

[60] Quinn R E, McGrath M R. The transformation of organizational cultures: A competing values perspective [J]. Organizational Culture, 1985: 315-334.

[61] Tsui A S, Nifadkar S S, Ou A Y. Cross-national, cross-cultural organizational behavior research: Advances, gaps, and recommendations [J]. Journal of Management, 2007, 33 (3): 426-478.

[62] Hofstede G. Culture and organizations [J]. International Studies of Management & Organization, 1980, 10 (4): 15-41.

[63] Jackson S. Organizational culture and information systems adoption: A three-perspective approach [J]. Information and Organization, 2011, 21 (2): 57-83.

[64] Hofstede G. Cultures and Organizations: Software of the Mind [M]. London: Harper Collins, 1994.

[65] House R, Javidan M, Dorfman P. Project GLOBE: an introduction [J]. Applied Psychology, 2001, 50 (4): 489-505.

[66] Ashkanasy N M, Wilderom C P, Peterson M F. Handbook of Organizational Culture and

Climate [M]. Thousand Oaks, CA: Sage, 2000.

[67] Hatch M J. The dynamics of organizational culture [J]. Academy of Management Review, 1993, 18 (4): 657-693.

[68] Dauber D, Fink G, Yolles M. A configuration model of organizational culture [J]. Sage Open, 2012, 2 (1): 1-16.

[69] Hatch M J, Cunliffe A L. Organization Theory (2nd edn) [M]. New York: Oxford University Press, 2006.

[70] Zhang S B, Liu A M. Organisational culture profiles of construction enterprises in China [J]. Construction Management and Economics, 2006, 24 (8): 817-828.

[71] Sackmann S A. Culture and performance [C]//The handbook of organizational culture and climate, 2011, 2: 188-224.

[72] Jackson S, Philip G. A techno-cultural emergence perspective on the management of techno-change [J]. International Journal of Information Management, 2010, 30 (5): 445-456.

[73] Erumban A A, De Jong S B. Cross-country differences in ICT adoption: A consequence of culture? [J]. Journal of World Business, 2006, 41 (4): 302-314.

[74] Lee C C, Cheng H K, Cheng H H. An empirical study of mobile commerce in insurance industry: Task-technology fit and individual differences [J]. Decision Support Systems, 2007, 43 (1): 95-110.

[75] Sia C L, Lim K H, Leung K, et al. Web strategies to promote internet shopping: Is cultural-customization needed? [J]. MIS Quarterly, 2009: 491-512.

[76] Lee S G, Trimi S, Kim C. The impact of cultural differences on technology adoption [J]. Journal of World Business, 2013, 48 (1): 20-29.

[77] Kitchell S. Corporate culture, environmental adaptation, and innovative adoption: A qualitative/quantitative approach [J]. Journal of the Academy of Marketing Science, 1995, 23 (3): 195-205.

[78] Ruppel C P, Harrington S J. Sharing knowledge through intranets: A study of organizational culture and intranet implementation [J]. IEEE Transactions on Professional Communication, 2001, 44 (1): 37-52.

[79] Harper G R, Utley D R. Organizational culture and successful information technology implementation [J]. Engineering Management Journal, 2001, 13 (2): 11-15.

[80] Peansupap V, Walker D. Factors affecting ICT diffusion: A case study of three large Australian construction contractors [J]. Engineering, Construction and Architectural Management, 2005, 12 (1): 21-37.

[81] Kaarst-Brown M L. A Theory of Information Technology Cultures: Magic Dragons. Wizards and Archetypal Patterns [D]. Toronto: York University, 1995.

[82] Kaarst-Brown M L, Robey D. More on myth, magic and metaphor: Cultural insights into the management of information technology in organizations [J]. Information Technology & People, 1999, 12 (2): 192-218.

[83] Hoffman N, Klepper R. Assimilating new technologies: The role of organizational culture

[J]. Information Systems Management, 2000, 17 (3): 36-42.

[84] Claver E, Llopis J, Reyes González M, et al. The performance of information systems through organizational culture [J]. Information Technology & People, 2001, 14 (3): 247-260.

[85] Iivari J, Huisman M. The relationship between organizational culture and the deployment of systems development methodologies [J]. MIS Quarterly, 2007: 35-58.

[86] Walsh I, Kefi H, Baskerville R. Managing culture creep: Toward a strategic model of user IT culture [J]. The Journal of Strategic Information Systems, 2010, 19 (4): 257-280.

[87] Ravishankar M N, Pan S L, Leidner D E. Examining the strategic alignment and implementation success of a KMS: A subculture-based multilevel analysis [J]. Information Systems Research, 2011, 22 (1): 39-59.

[88] Kappos A, Rivard S. A three-perspective model of culture, information systems, and their development and use [J]. MIS Quarterly, 2008: 601-634.

[89] Liu H, Ke W, Wei K K, et al. The role of institutional pressures and organizational culture in the firm's intention to adopt internet-enabled supply chain management systems [J]. Journal of Operations Management, 2010, 28 (5): 372-384.

[90] Ouchi W G. The Z organization [J]. Classics of Organization Theory, 1981: 451-460.

[91] Peters T, Waterman R. In Search of Excellence. Lessons from America's Best-run Companies [M]. London: Harper Collins Business, 2004.

[92] Madon S. Computer-based information systems for decentralized rural development administration: A case study in India [J]. Journal of Information Technology, 1992, 7 (1): 20-29.

[93] Leidner D E, Kayworth T A. Review of culture in information systems research: Toward a theory of information technology culture conflict [J]. MIS Quarterly, 2006, 30 (2): 357-399.

[94] Robey D, Rodriguez-Diaz A. The organizational and cultural context of systems implementation: Case experience from Latin America [J]. Information & Management, 1989, 17 (4): 229-239.

[95] Cabrera Á, Cabrera E F, Barajas S. The key role of organizational culture in a multi-system view of technology-driven change [J]. International Journal of Information Management, 2001, 21 (3): 245-261.

[96] Strong D M, Volkoff O. Understanding organization-enterprise system fit: A path to theorizing the information technology artifact [J]. MIS Quarterly, 2010, 34 (4): 731-756.

[97] Dube L. Teams in packaged software development: The software corp. experiencee [J]. Information Technology and People, 1998, 11 (1): 36-61.

[98] Davenport T H. Putting the enterprise into the enterprise system [J]. Harvard Business Review, 1998, 76 (4): 121-131.

[99] Ngwenyama O, Nielsen P A. Competing values in software process improvement: An assumption analysis of CMM from an organizational culture perspective [J]. IEEE Transactions on Engineering Management, 2003, 50 (1): 101-111.

[100] Sia S K, Soh C. An assessment of package-organisation misalignment: Institutional and onto-logical structures [J]. European Journal of Information Systems, 2007, 16 (5): 568-583.

[101] O'Reilly C A, Chatman J, Caldwell D F. People and organizational culture: A profile com-parisons approach to assessing person-organization fit [J]. Academy of Management Journal, 1991, 34 (3): 487-516.

[102] Schneider B. The attraction-selection-attrition framework [J]. Organisational Effectiveness: A Comparison of Multiple Models, 1983: 27-54.

[103] Cable D M, Judge T A. Interviewers' perceptions of person-organization fit and organizational selection decisions [J]. Journal of Applied psychology, 1997, 82 (4): 546.

[104] Saks A M, Ashforth B E. A longitudinal investigation of the relationships between job informa-tion sources, applicant perceptions of fit, and work outcomes [J]. Personnel Psychology, 1997, 50 (2): 395-426.

[105] Kristof-Brown A L. Perceived applicant fit: Distinguishing between recruiters' perceptions of person-job and person-organization fit [J]. Personnel Psychology, 2000, 53 (3): 643-671.

[106] Morley M J. Person-organization fit [J]. Journal of Managerial Psychology, 2007, 22 (2): 109-117.

[107] Ambrose M L, Arnaud A, Schminke M. Individual moral development and ethical climate: The influence of person-organization fit on job attitudes [J]. Journal of Business Ethics, 2008, 77 (3): 323-333.

[108] Kristof-Brown A L, Zimmerman R D, Johnson E C. Consequences of individual's fit at work: A meta-analysis of person-job, person-organization, person-group and person-supervisor fit [J]. Personnel psychology, 2005, 58 (2): 281-342.

[109] Meyer J P, Hecht T D, Gill H, et al. Person-organization (culture) fit and employee commit-ment under conditions of organizational change: A longitudinal study [J]. Journal of Vocational Behavior, 2010, 76 (3): 458-473.

[110] Lauver K J, Kristof-Brown A. Distinguishing between employees' perceptions of person-job and person-organization fit [J]. Journal of Vocational Behavior, 2001, 59 (3): 454-470.

[111] Van Dyne L, Pierce J L. Psychological ownership and feelings of possession: Three field stud-ies predicting employee attitudes and organizational citizenship behavior [J]. Journal of Organi-zational Behavior, 2004, 25 (4): 439-459.

[112] Edwards J R, Cable D M. The value of value congruence [J]. Journal of Applied Psychology, 2009, 94 (3): 654.

[113] Sekiguchi T. A contingency perspective of the importance of PJ fit and PO fit in employee selec-tion [J]. Journal of Managerial Psychology, 2007, 22 (2): 118-131.

[114] Louis M R. Surprise and sense making: What newcomers experience in entering unfamiliar or-ganizational settings [J]. Administrative Science Quarterly, 1980: 226-251.

[115] Cooper-Thomas H D, Van Vianen A, Anderson N. Changes in person-organization fit: The impact of socialization tactics on perceived and actual P-O fit [J]. European Journal of Work and Organizational Psychology, 2004, 13 (1): 52-78.

[116] Saks A M, Uggerslev K L, Fassina N E. Socialization tactics and newcomer adjustment: A meta-analytic review and test of a model [J]. Journal of Vocational Behavior, 2007, 70 (3): 413-446.

[117] Chatman J A. Matching people and organizations: Selection and socialization in public accounting firms [J]. Academy of Management Proceedings, 1989, 1: 199-203.

[118] Chatman J A. Matching people and organizations: Selection and socialization in public accounting firms [J]. Administrative Science Quarterly, 1991, 36 (3): 459-484.

[119] Burton-Jones A, Grange C. From use to effective use: A representation theory perspective [J]. Information Systems Research, 2012, 24 (3): 632-658.

[120] Goodhue D L, Thompson R L. Task-technology fit and individual performance [J]. MIS Quarterly, 1995, 19 (2): 213-236.

[121] Finneran C M, Zhang P. A person-artefact-task (PAT) model of flow antecedents in computer-mediated environments [J]. International Journal of Human-Computer Studies, 2003, 59 (4): 475-496.

[122] Guo Y M, Poole M S. Antecedents of flow in online shopping: A test of alternative models [J]. Information Systems Journal, 2009, 19 (4): 369-390.

[123] Bani-Ali A. Project Management Software Effectiveness Study [D]. George Washington University, Washington, DC, 2004.

[124] Liu Y, Lee Y, Chen A N. Evaluating the effects of task-individual-technology fit in multi-DSS models context: A two-phase view [J]. Decision Support Systems, 2011, 51 (3): 688-700.

[125] Marcolin B L, Compeau D R, Munro M C, et al. Assessing user competence: Conceptualization and measurement [J]. Information Systems Research, 2000, 11 (1): 37-60.

[126] Wang Y, Haggerty N. Individual virtual competence and its influence on work outcomes [J]. Journal of Management Information Systems, 2011, 27 (4): 299-334.

[127] Yoon C Y. Measures of perceived end-user computing competency in an organizational computing environment [J]. Knowledge-Based Systems, 2009, 22 (6): 471-476.

[128] Goodhue D L. Understanding user evaluations of information systems [J]. Management science, 1995, 41 (12): 1827-1844.

[129] Mennecke B E, Valacich J S, Wheeler B C. The effects of media and task on user performance: A test of the task-media fit hypothesis [J]. Group Decision and Negotiation, 2000, 9 (6): 507-529.

[130] Mathieson K, Keil M. Beyond the interface: Ease of use and task/technology fit [J]. Information & Management, 1998, 34 (4): 221-230.

[131] Thompson R L, Higgins C A, Howell J M. Personal computing: Toward a conceptual model of utilization [J]. MIS Quarterly, 1991, 15 (1): 125-143.

[132] Zigurs I, Buckland B K. A theory of task/technology fit and group support systems effectiveness [J]. MIS Quarterly, 1998, 22 (3): 313-334.

[133] Goodhue D L. Development and measurement validity of a task-technology fit instrument for user evaluations of information system [J]. Decision Sciences, 1998, 29 (1): 105-138.

[134] Fuller R M, Dennis A R. Does fit matter? The impact of task-technology fit and appropriation on team performance in repeated tasks [J]. Information Systems Research, 2009, 20 (1): 2-17.

[135] Dishaw M T, Strong D M. Extending the technology acceptance model with task-technology fit constructs [J]. Information & Management, 1999, 36 (1): 9-21.

[136] Strong D M, Dishaw M T, Bandy D B. Extending task technology fit with computer self-efficacy [J]. ACM SIGMIS Database, 2006, 37 (2-3): 96-107.

[137] Lin T C, Huang C C. Understanding knowledge management system usage antecedents: An integration of social cognitive theory and task technology fit [J]. Information & Management, 2008, 45 (6): 410-417.

[138] Zhou T, Lu Y, Wang B. Integrating TTF and UTAUT to explain mobile banking user adoption [J]. Computers in Human Behavior, 2010, 26 (4): 760-767.

[139] Caldwell D F, O'Reilly C A. Measuring person-job fit with a profile-comparison process [J]. Journal of Applied Psychology, 1990, 75 (6): 648-657.

[140] Caplan R D. Person-environment fit theory and organizations: Commensurate dimensions, time perspectives, and mechanisms [J]. Journal of Vocational Behavior, 1987, 31 (3): 248-267.

[141] Beer L T, Rothmann S, Mostert K. The bidirectional relationship between person-job fit and work engagement [J]. Journal of Personnel Psychology, 2016, 15 (1): 4-14.

[142] Bakker A B. An evidence-based model of work engagement [J]. Current Directions in Psychological Science, 2011, 20 (4): 265-269.

[143] Lu C Q, Wang H J, Lu J J, et al. Does work engagement increase person-job fit? The role of job crafting and job insecurity [J]. Journal of Vocational Behavior, 2014, 84 (2): 142-152.

[144] Bakker A B. Engagement and job crafting: Engaged employees create their own great place to work [C]//In Albrecht S (Ed.). Handbook of Engagement: Perspectives, Issues, Research and Practice. Northampton, MA: Edwin Elgar, 2010: 229-244.

[145] Hamid S N A, Yahya K K. Relationship between person-job fit and person-organization fit on employees' work engagement: A study among engineers in semiconductor companies in Malaysia [C]//In Annual Conference on Innovations in Business & Management London, UK, 2011: 1-30.

[146] Scroggins W A. The relationship between employee fit perceptions, job performance, and retention: Implications of perceived fit [J]. Employee Responsibilities and Rights Journal, 2008, 20 (1): 57-71.

[147] Yu K Y T. Affective influences in person-environment fit theory: Exploring the role of affect as both cause and outcome of P-E fit [J]. Journal of Applied Psychology, 2009, 94: 1210-1226.

[148] Gabriel A S, Diefendorff J M, Chandler M M, et al. The dynamic relationships of work affect

and job satisfaction with perceptions of fit ［J］. Personnel Psychology, 2014, 67 （2）: 389-420.

［149］ Chi N W, Pan S Y. A multilevel investigation of missing links between transformational leadership and task performance: The mediating roles of perceived person-job fit and person-organization fit ［J］. Journal of Business and Psychology, 2012, 27 （1）: 43-56.

4 研 究 模 型

4.1 文化、个体、任务和技术之间的匹配

在社会技术系统的相关研究中将任何组织都视为两个相互关联的子系统：技术系统和社会系统。技术系统关注流程、任务和技术。社会系统则关注个体之间的关系以及这些个体之间的属性，例如态度、技能和价值观。在这里提到的技术不一定就是指实体技术，而是广义上的技术方案。工作系统的输出是技术系统和社会系统之间共同作用的结果。在本研究中，为了更加全面地看待 ICT 采纳，组织被概念化为一个由个体、组织文化、技术和任务组成的模型。该组织具有特定文化价值，由使用 ICT 并完成特定任务的个体（其态度、要求和能力各不相同）组成。

为了使系统保持平衡，任何一个要素的改变都会导致其他要素的补偿性（或者反应性）变化[1]。实施过程的结果不仅涉及技术的变化，还涉及任务、个体甚至组织文化的变化。因此，仅关注钻石结构的一个部分不够的，例如重新设计工作/任务的管理策略、通过培训或教育的方式来重新配置员工的组成结构或改变组织文化，这些组成部分的改变应保持系统的平衡。

研究人员在社会技术系统理论的基础上，发现社会技术系统各组成部分之间的"匹配"将影响个体 ICT 采纳。在技术方面，有关 ICT 采纳的文献中已经提到了任务-技术匹配和技术-文化匹配。Goodhue（1998）发现，任务需求和系统功能（任务-技术匹配）之间的对应关系将影响个体对技术的采纳和技术的实施绩效[2]。Leidner 和 Kayworth（2006）认识到，技术-文化匹配即特定群体的一般价值与特定技术中所包含的价值之间的一致性将决定社会群体如何看待以及是否使用该技术[3]。技术-文化匹配对 ICT 采纳的影响更加模糊。技术实体所承载的价值观来源于技术工程师对潜在用户和使用环境的假设[4]，它能够并且限制某些行为的发生和某些目标的实现[5]。为了能够同时理解这两个概念，首先应认识到技术的二元性。从二元性的角度来看，技术不仅被视为一种客观性工具，而且还被视为一种社会建构的产物[6]。先前的研究表明，信息技术不是价值中性的；相反，它本质上是具有价值和象征性的。因此，作为一种客观性工具，技术要与任务要求相匹配，而作为具有一定价值观的社会建构实体，技术则必须与组织的文化价值相匹配。

从社会系统来看，将技术引入组织内部之后，将造成组织文化和任务设计的变化；因此，个体需要为了适应新的组织文化和任务设计而改变技术的价值和功能。个体特征与组织环境（这里主要是指组织文化和任务设计）之间的匹配，是个体行为的自发事件。虽然相关研究中并没有直接提到个体-文化匹配和个体-任务匹配与技术采纳有关，但已有学者发现它们与组织变革的承诺[7]和创造力[8]有关，这些发现对技术采纳起着关键作用。

因此，包含文化、技术、个体和任务之间匹配的社会技术框架是基于先前的社会技术框架与匹配理论相结合而产生的，该框架如图 4-1 所示。个体-技术匹配和任务-文化匹配缺乏理论基础，并不是成熟的概念，因此个体与技术没有联系，文化与任务也没有联系。社会技术框架中四种类型的匹配是相互排斥，因此可以全面地表示出社会技术系统的匹配。

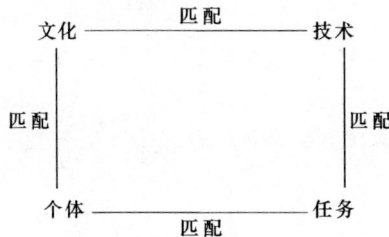

图 4-1　文化、技术、个体和任务之间匹配

实证研究表明，社会子系统和技术子系统中的元素将影响 ICT 采纳。社会因素的影响是由个体、社会、文化和战略问题所主导的。Sacks 等（2010）发现基于 BIM 精益生产管理系统的实施需要团队之间的协商和承诺、精益生产计划以及有效的沟通[9]。Peansupap 和 Walker（2006）还发现分包商和小规模供应商在与承包商合作的过程中很难适应 ICT 创新，因此许多供应链项目参与者的承诺很难实现[10]。在个体层面，Peansupap 等（2003）指出，个体通过三种方式影响 ICT 的传播：使用 ICT 所产生的明显收益、个体对 ICT 特征的理解以及个体对 ICT 积极的认知[11]。Adriaanse 等（2010）提出了在实施项目中影响 ICT 采纳的四个主要因素，其中包括个体动机、外在动力、知识和技能以及产生作用的机会[12]。Jacobsson 和 Linderoth（2012）发现用户对 ICT 的认知会影响采纳后阶段的实施效果[13]。Peansupap 和 Walker（2006）研究了影响 ICT 实施效果的制约因素，包含其他项目参与者的承诺、个体接触水平的高低、互联网技术以及可学习的时间[14]。

同时，针对建筑领域 ICT 采纳的相关问题研究表明技术因素的影响也很明显。Anumba（1998）将问题归结为用户界面设计不良、系统功能与最终用户期望的不匹配以及规划不良[15]。Samuelson（2002）认为承包商对 ICT 的低使用率可能是由于对 ICT 的核心功能缺乏有效的应用[16]。建设项目具有分散性和临时性，参与组织在具有不同的工作惯例、资源和目标，还可能具有自己的文档处理标准，这些都给组织间 ICT 预期的使用造成了障碍[12]。建筑公司所需的 ICT 解决方案必须取决于工作环境[17]。Hartmann 等（2009）认为造成系统失败的主要原因是超出了实际的管理需求[18]。

基于对社会因素和技术因素的研究发现，研究人员已经逐步建立了用于理解 ICT 应用的总体框架。Zhu 和 Augenbroe（2006）发现技术与管理流程的整合非常重要[19]。Gajendran 和 Brewer（2007）提出了在 ICT 采纳时所产生的技术整合和组织整合的概念[20]。Fox（2009）认为有三个因素对 ICT 实施非常重要，包括技术环境、社会环境和商业环境[21]。技术环境使软件能够按计划运行，社会环境使软件能够按计划使用。Coombs（2015）通过检测表现不佳的信息系统/信息技术项目，发现这些系统/项目中所包含的促进性因素和抑制性因素，其中包括以技术为导向的因素（技术产生的报告设计不佳、功能响应时间的系统性能低下等）以及以组织为导向的因素（对订单的使用和电子处理方式的培训、对现有流程进行匹配和重新设计等）[22]。

这些实证研究表明，社会技术框架适用于解释建筑行业中 ICT 采纳过程中的障碍和问题。但是，这些实证研究很少考虑社会因素和技术因素之间的匹配。因此需要对社会技术框架中的"匹配"进行进一步的研究。

4.2 社会技术系统中的匹配

社会技术系统理论仅提供了一种将不同类型的匹配整合到组织中的视角，因此应该通过与之相关的特定理论来解释这些匹配性如何影响组织层面和个体层面的 ICT 采纳。社会技术系统匹配概念的背后含有不同的理论。技术-文化匹配是从技术的社会建构理论发展而来的。个体-文化匹配和个体-任务匹配是从个体-环境匹配理论中获得的。任务-技术匹配是从认知匹配理论中获得的。在介绍研究模型之前，将对这些理论进行以下的解释。

4.2.1 技术的社会建构理论

技术-文化匹配的理论基础是技术的社会建构理论。技术的社会建构理论（SCOT）最初是被 Pinch 和 Bijker（1984）提出来的[23]。SCOT 理论认为在技术开发和部署的时候，必须要考虑到社会构建因素的影响。SCOT 的支持者（通常是社会建构主义者）认为技术并不能控制人类行为，而是人类行为决定了技术。

社会建构理论和技术决定论是涉及技术发展的两个相反的观点。Carlisle 和 Manning（1999）在技术决定论中强调了以下观点[24]：

（1）技术的发展是渐进、可预测、可追溯的，并在很大程度上不受社会因素的影响；

（2）技术具有内在效应，自然规律决定了它所能达到的上限。

与技术决定论相反，社会建构主义者认为技术的使用只能通过其社会情境来理解。Elle 等（2010）把 SCOT 的关键思想概括如下[25]：

（1）人类一直在创造技术，而相关的社会群体则决定技术是否"可行"；

（2）人类一直都在对当前和未来将会产生的技术做出选择。

在理解技术的社会建构之前，首先需要澄清两个概念。第一个概念是诠释灵活性。诠释灵活性是指技术使用者在开发或使用技术过程中的灵活性程度[6]。人们认识到在技术的设计、使用和解释方面均存在灵活性。技术实体、人类主体和环境都将会影响诠释灵活性。

另一个概念是嵌入，是指个体可以将其社会意义嵌入到技术实体中的过程。正如 Latour（1991）表示的那样，所有开发人员把让某技术实现的想法称为"程序"[26]。一旦通过商议将该程序"翻译"为一系列能够使想法实现的行为，他们便将社会意义纳入技术之中。通过定义用户和技术所扮演的角色，并对使用该系统所需的能力做出假设，使得技术本身就成为参与者，并将其行动纲领强加给用户[27]。

Orlikowski（1992）提出由于个体与技术的相互作用，所以人们可以在设计、实施和使用的过程中修改技术[6]。在第一阶段，设计人员根据优先级和期望来构建系统。然后，各种利益相关者（例如用户和管理者）对接受、拒绝或适应该技术做出不同方式的回应。如此一来，他们的反应就可能成为系统的特征。换句话说，他们社会性地构建了技术。随着这种交互作用的继续，最终的技术形式将不同于最初的预期。

技术设计和技术使用分别属于两个独立的阶段，Jackson 等（2002）为进一步解释这个过程提出了两个猜想[28]。第一个猜想主要是技术的使用不以自然的技术演变为导向，而是由社会惯例和文化习俗所决定。因此，技术设计过程应被视为积极追求某些利益的行为。第二个猜想主要是技术运行是不稳定的，并且永远不会完成。尽管技术实体是为实现特定目的而制造的，但各方对其用途的构想仍在影响其进一步发展。因此，技术发展过程中的变化永远都不会停止。为了理解技术的使用方式需要强调技术所嵌入的社会环境。

4.2.2　个体与环境的适应理论

个体-文化匹配和个体-任务匹配的构建来自于个体-环境匹配理论。个体-环境匹配理论起源于 Lewin 的心理行为方程，B=ƒ(P,E)。它指出行为是人在其所处环境中的一种功能。个体在不同的情况下的行为可能会有所不同，因为他或她的部分行为是对这些不同的驱动力和因素的反应。

人们在组织环境中的行为方式可以用不同的方法来研究：情境法、个体差异法和互动法。情境法提出个体的行为取决于他或她处境的特征。与此相反，个体差异法则提出个体的行为可以通过其性格特征、价值、动机、能力和影响力来进行预测，因为这些因素既稳定又反映在行为中[29]。但是，无论是个体差异法还是情境法都不能完全解释行为的差异。大多数行为科学家都认为，个体的行为取决于个体特征和环境的相互作用。

Kristof（1996）对个体-环境匹配的定义如下："……匹配被定义为个体与组织之间的兼容性，发生于以下情况：（1）至少一个实体提供了另一实体的需求；（2）他们具有相似的基本特征；（3）两者都有。"[30]这个定义提到了两种类型的个体-环境匹配，即相似性匹配和互补性匹配。互补性匹配是指一个实体提供了另一实体的需求，即组织（个体）的需求被个体（组织）的供给满足。例如，组织提供了个体所需的财务、身体和心理资源，同时，个体还提供了组织所需的时间、精力、投入、经验、知识、技能和能力。相似性匹配意味着个体与环境具有相似的基本特征。例如，组织具有自己的文化/氛围、价值观、目标和规范，而个体也具有人格、价值、目标和态度。这些特性可以兼容或不兼容。

所有 P-E 匹配理论都具有以下假设：（1）人们寻找并创造出使其能够表现自己特征的环境；（2）人们与工作环境匹配会产生有益的结果，即匹配越高结果越好；（3）P-E 匹配是一个相互作用和持续发生的过程，人们在此过程中塑造自己所处的环境，而环境又在塑造人[31]。

P-E 匹配是一个多维概念。最常被学者研究的匹配类型包括个体-职业匹配（PV 匹配）、个体-组织匹配（PO 匹配）和个体-工作匹配（PJ 匹配），而个体-群体匹配（PG 匹配）或个体-主管匹配（PS 匹配）较少受人关注[32]。Werbel 和 Gilliland（1999）采纳了一种多层次的方法来概念化 P-E 匹配，即以 P-J 匹配、P-O 匹配和 P-G 匹配的角度来描述录用选择过程[33]。

本研究关注个体 P-E 匹配的两个维度，即个体能力与工作要求相匹配的程度（个体-任务匹配）和个体价值观与组织价值观相匹配的程度（个体-文化匹配）。另外，这两种不同形式的匹配可能会相互影响，相关文献中已经证实了不同形式的匹配之间具有较大程度的相关性[34,35]。

个体-环境匹配被证明是能够有效解释各种员工绩效和组织产出的概念[36,37]。尽管已经有多种实证研究结果表明，个体-环境匹配可能会带来积极的结果，但个体-环境匹配背后的作用机制以及所带来的积极结果仍不十分清楚，因此需要进一步的研究[38]。Yu（2013）提出了实现与 PE 匹配的 5 个重要的动机驱动力：（1）追求一致性：个体寻求自身价值的各个方面（例如态度、信念和行为）上的一致性；（2）追求享乐主义：享乐主义动机能够使人们改变自己和周围环境，以达到 PE 匹配和产生积极的状态；（3）减少不确定性的动机：对可预测性、结构化的追求；（4）追求控制：人们寻求 PE 匹配对其工作角色和职责施加更多控制，这种控制感将最大限度地提高工作绩效和满意度；（5）推动归属感：从属关系和归属感驱使个体追求与组织具有一致性的愿景[39]。

4.2.3　认知匹配理论

任务-技术匹配理论起源于认知匹配理论中[40]。考虑到采纳不匹配的解决方式来解决问题往往会增加认知需求，进而会削弱解决问题的能力，因此必须对任务特征和信息系统的功能进行调整以促进 ICT 的采纳。

认知匹配理论由 Vessey（1991）提出[41]。图 4-2 给出了认知匹配观点下的问题解决模型。该模型将解决问题视为问题表征与问题解决技能共同作用的结果。心智表征是在人类工作记忆中表示问题的方式，是由问题表征和问题解决技能来决定的。

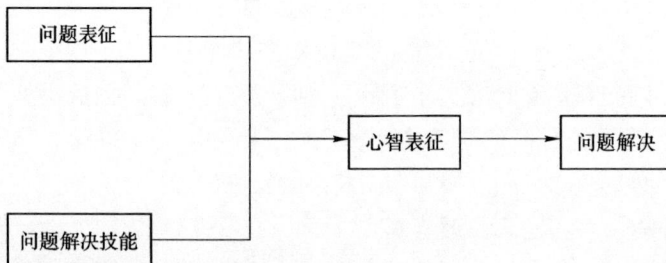

图 4-2　认知匹配理论

（该图引自 Vessey（1991））

以认知匹配的方式解决问题可以高效解决问题。当问题表征和任务类型之间发生不匹配时，人们要么根据问题表征来制定心智表征，要么根据问题解决技能来制定心智表征。

该理论提出，任务和信息表征格式之间的对应关系可为单个用户带来优越的任务绩效。在几项研究中，认知匹配理论解释了不同表现形式（例如表格、图表和示意图）的用户行为差异[42]。Hong 等（2004）进行了一项实验，以考察两种信息格式（列表与矩阵）在两种类型的购物任务（搜索与浏览）背景下的效果[43]。结果表明，当信息格式与购物任务匹配时，消费者可以更有效地搜索信息并更好地回忆产品信息。Huang 等（2006）应用认知匹配理论分析专业可视化工具，实验结果表明，使用专业可视化工具比使用表格进行关联、比较、区分和聚类的任务更有效[44]。Goswami 等 （2008） 使用认知匹配理论来检查能够支持链接的可视化工具对电子表格纠错性能的影响[45]。

4.3 研究模型的推演——ICT 采纳的社会技术视角

这项研究旨在调查社会技术系统中社会因素（文化和个体）与技术因素（技术和任务）之间的匹配如何影响 ICT 在建筑行业的采纳。在本研究中，文化和个体构成了社会子系统，因此本节将按文化的作用和个体的作用的顺序来介绍研究模型，最后把这两个层面结合起来以说明跨层次的 ICT 采纳。

4.3.1 文化在采纳 ICT 中的作用

技术-文化匹配解释文化在 ICT 应用中发挥作用的关键构念。技术的社会建构理论表明，技术是价值观载体。该理论提出了技术实体的行动程序源自于技术设计师对潜在用户和使用环境的假设[4]。一些研究人员认为，技术能够促进或限制某些人类行为以及某些人类目标的实现，因此在某种程度上讲技术是蕴含有价值观的[5,46]。

技术开发是一个以目标为导向的过程。因此，它们可以在某些特定的目标中得到有效的运用，但对于特定目标以外的其他目标则效率较低或难度较大。通过定义用户和技术所扮演的角色，并对使用该系统所需的能力做出假设，使技术本身成为参与者，并将其行动纲领强加于用户[27]。

尽管开发人员在技术开发前期和开发期间会对应用程序的潜在企业进行一些调查，但由于文化价值的无形性和企业间迥然不同的文化背景，开发人员可能仍无法完全理解企业实际的文化环境。应用技术的企业也无法向供应商描述其公司中所有的情况，因而导致供应商无法准确评估其企业文化。与此同时，设计师对潜在用户和使用环境的构想也受其自身文化背景的影响，于是，企业的价值观取向与技术中承载的价值观之间存在的差距会产生价值冲突。

在本研究中，企业文化主要指的是一种共享的价值观体系。价值观是可以指导行为的内在规范性信念，企业中的个体可以通过企业价值观意识到什么被认为是有价值的，以及他们在工作场所中应该如何表现。企业文化中的价值观从根本上与身份建构的心路历程有关。在这种心路历程中，个体寻求一种能够提供自身存在的意义和与企业建立联系的社会身份[47]。与此同时，在使用技术时，个体还必须按照技术所承载的价值观行事，这就定义了个体的另一种角色和身份。Pratt （2000） 将这种情况描述为 "有两种思想" 的人[48]。在这种情况下，由于对身份的要求不兼容，人们对角色的期望也会发生冲突。具有矛盾身份的个体可能会被矛盾的思想、感觉和行为所折磨，然后远离或反对自己的角色[49]。这两套价值观之间的高度匹配能够促进角色认同，并且更快适应新的技术。

这些微观的心路历程将反映到组织的实际运作中。Leidner 和 Kayworth（2006）提出，当某一特定技术中所承载的价值观与企业成员所持有的价值观发生冲突时，该企业就会尽可能地抵制采纳新的技术[3]。即使他们采纳了技术，也将是技术上的落后者。他们还提出，尽管在采纳过程中存在价值观冲突，但用户会在使用时对系统做出更改以支持其价值观。这与 Orlikowski（1992）提出的论点是一致的，即由于个体与技术之间存在相互作用，技术不是固定不变的，它会在人们设计、实施和使用过程中得到修改[6]。

图 4-3 显示了文化在 ICT 采纳中的作用。设计过程将价值观融合到 ICT 中，在此称为技术在组织外部的社会构建。ICT 中所承载的价值观可能与企业的文化价值观相匹配或相抵触，ICT 的实施又可能会对 ICT 的使用做出进一步修改，最终在该技术中树立新的价值观，在此称为技术在组织内部的社会建构。这项研究并非试图解释整个过程，而仅仅探讨技术-文化匹配如何影响 ICT 的实施。

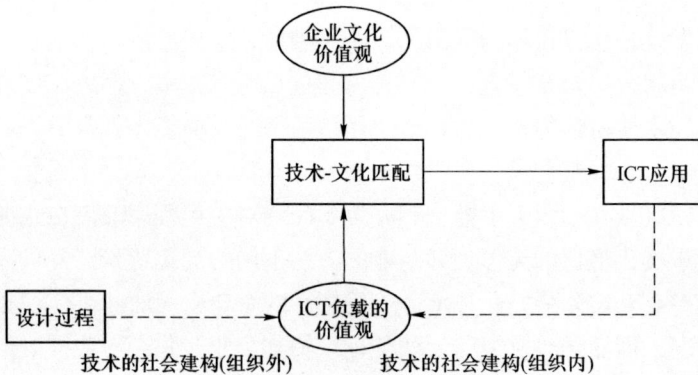

图 4-3　文化在 ICT 采纳中的作用

4.3.2　个体在采纳 ICT 中的作用

ICT 的采纳是由个体执行的，因此不应忽略人的角色。目前已经有多种模型可以解释个体特征将如何影响 ICT 的采纳，但主要是从心理学角度出发，因为这些模型的起源并非专门针对发生在组织环境中的技术采纳。因此，目前尚不清楚组织环境如何限制个体在 ICT 采纳中的作用。根据社会技术系统的框架，个体需要与组织文化和任务要求相匹配。与此同时，技术也应适合个体的任务要求。因此，这些匹配因素如何决定 ICT 的采纳非常值得研究。

个体-文化匹配被定义为个体价值观与组织价值观之间的一致性[36]。早期关于个体-文化匹配的研究主要是用它来预测员工加入组织的决定[50]，组织的招聘决定、早期的社会化进程、员工留职或离职的决定都会基于候选个体与组织匹配程度[51]。后来，人们发现个体-文化匹配能够预测许多重要的工作结果，例如工作满意度、情感上的组织承诺、工作绩效和公民行为[52]。

个体-任务匹配是个体-环境匹配的另一个重要维度，在预测个体绩效和组织产出时，强调个体与工作的匹配和一致性。供应-需求匹配和需求-能力匹配是两个不同的结构，本研究更多地侧重于需求-能力匹配。到目前为止，最受关注的结果是工作满意度。但是，相关研究还重点关注了主要与员工相关的结果，例如适应性、心理和身体健康，以及与员工在组织中的角色相关的结果，例如动机、绩效、组织承诺、旷工、离职和职业选择。尽管已有研究没有直接提到个体-文化匹配和个体-任务匹配与技术采纳有关，但相关研究发现它们与对组织变革的承诺[7]和创造力[8]有关，而对组织变革的承诺和创造力在技术采纳中发挥着关键作用。

个体在 ICT 采纳中的作用应与任务特征和技术特征相结合。有效的系统使用包括三个要素：用户的能力和动机、系统的性质和目的以及任务的特征[53]。任务-技术匹配理论讨论了个体、任务和技术之间特征的匹配对预测信息系统绩效的重要性[40]。任务-技术匹配更准确的定义是任务-个体-技术匹配，因为个体在影响任务绩效方面发挥着重要作用[53]。因此，一些研究人员尝试开发各种定义的个体-任务-技术交互模型[54~56]。在这些模型中，任务-技术匹配与个体-任务的匹配将影响技术的采纳。

从以上分析可以看出，个体-文化匹配、个体-任务匹配和任务-技术匹配将影响个体的 ICT 采纳行为。而且，个体-文化匹配可能和个体-任务匹配相关，个体-任务匹配也可能和任务-技术匹配相关，图 4-4 展示了个体在 ICT 采纳中的作用。

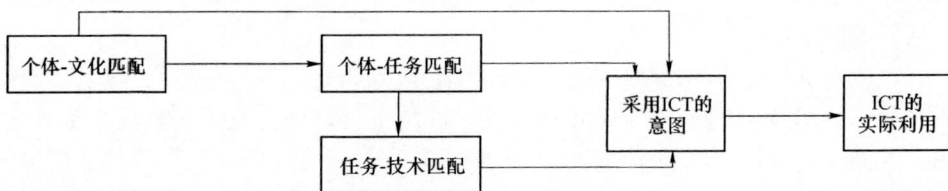

图 4-4　个体在 ICT 采纳中的作用

4.4 研 究 假 设

4.4.1 个体-文化匹配→采纳 ICT 的意图

个体-文化匹配已被证明与多种行为和工作成果有关，因此在研究 ICT 的采纳行为时，也应考虑个体是否与组织文化相匹配，只有那些认为自身与组织文化相匹配的员工才可能会与组织建立联系，并接受组织的使命[57]。当组织采纳 ICT 时，组织的使命将变为成功地实施 ICT。因此，具有较高个体-文化匹配的个体会将这项任务视为自己的义务，并且更有可能采纳 ICT。

同时，个体-文化匹配会影响个体的情境绩效[58]。情境绩效包括诸如自愿执行不属于正式工作之类的活动；帮助他人；即使是在非自愿的情况下，也要遵循组织规则/程序；支持组织目标；为成功完成任务活动付出额外的努力。与以传统方式执行任务相比，使用 ICT 来执行任务时必须遵循一些非自愿且需要额外努力的程序。与此同时，有时使用 ICT 不会为自己的工作带来直接收益，但会为其他同事提供便利或为组织带来收益。从这个角度来看，在自己的工作中采纳 ICT 可以看作是情境绩效的一部分，因此它可能与个体-文化匹配有关。因此，第一个假设提出如下：

H1：个体与组织文化的匹配程度越高，他采纳 ICT 的可能性就越大。

4.4.2 个体-任务匹配→采纳 ICT 的意图

Ammenwerth 等（2006）提出，在许多情况下，用户满意度低下甚至用户抵制的问题通常都归因于 ICT 系统本身。但实际上，这些问题主要是由于用户从根本上不接受要完成的新任务[59]。因为将 ICT 应用于员工的工作中会涉及获得新的知识和技能，所以如果在引入 ICT 之前，个体与任务之间的匹配已经成为问题，那么在引入 ICT 之后，情况会进一步恶化。Liu 等（2011）发现高个体-任务匹配与对决策支持系统的态度有关[56]。当决策者的个体特征（例如认知风格）与完成任务的需求相匹配时，他们可能对可用于提供决策辅助的技术不感兴趣。但是，当个体-任务匹配较低时，他们会倾向于使用该技术来促进他们的决策。以上研究结果表明，已有研究对个体-任务匹配与采纳 ICT 的意图之间的关系并没有一致的结论。

尽管在 ICT 的采纳领域中较少讨论个体-任务匹配，但一些研究人员已经探索了个体-任务匹配在组织变革中的作用。在组织变革的背景下，研究人员首先发现在组织内进行变革会影响个体-任务匹配[60,61]。在研究组织变革与个体-任务匹配的观念变化的文章中，研究人员还对改变后的个体-任务匹配的感知如何影响员工对组织变革的态度展开研究。Zatzick 和 Zatzick（2013）发现，当实施组织变革后，企业内员工的个体-工作匹配会影响对特定组织变革的态度[62]。研究人员发现，缺乏感知的个体-任务匹配会给个体带来压力[63]，而更大程度的压力会导致人们对变革持更加消极的态度[64]。因此，第二个假设提出如下：

H2：个体与任务要求的匹配程度越高，他采纳 ICT 的可能性就越大。

4.4.3 任务-技术匹配→采纳 ICT 的意图

在大多数情况下，实施 ICT 的目的是为了支持任务的完成，因此研究人员强调需要使技术能力与任务需求相匹配。任务-技术匹配理论被广泛地应用于理解技术在不同的环境下使用的效果。任务-技术匹配理论是基于认知匹配理论。Vessey（1991）提出，以不匹配的方式来解决问题往往会增加认知需求并破坏解决问题的能力[41]。因此，必须在任务特征和信息技术的功能之间进行匹配或调整，以增强 ICT 的采纳。任务需求和技术功能之间的对应关系与技术的使用和性能密切相关[2]。因此，假设任务-技术匹配会对 ICT 的采纳产生积极影响。因此，提出了第三个假设：

H3：ICT 与任务要求的匹配程度越高，个体采纳 ICT 的可能性就越大。

4.4.4 采纳 ICT 的意图→ICT 的实际使用情况

行为意图是人们做出特定动作的决定。在心理学上，行为意图会表明个体执行某些行为的动机。根据理性行为理论，意图是最接近行为的预测因素，并对预测变量（态度和主观规范）和外部变量（例如人格）对行为的影响起中介作用。计划行为理论还假设意图是行为的最重要预测因子，但也认为人们可能不会一直充分控制行为的执行，从而实现他们的意图[65,66]。同样地，Triandis（1979）提出"低便利条件"可能会阻止预期行为的执行[67]。

但是，实证研究表明，意图和行为之间存在差距。Sheeran（2002）总结了一些会影响意图和行为之间关系的因素[68]。决定意图能否很好地预测行为的一个因素是：被预测的行为是单一行为还是一个目标（可以通过执行多种单一行为来实现的结果）。这是因为单一行为在个体的控制之下，而实现目标却不是。

在这项研究中，个体的 ICT 采纳行为是一个单一行为，而不是一个目标。单一行为受个体的控制，因此可以通过个体的行为意图对其进行预测。鉴于本研究的主体内容与意图的属性无关，因此我们不区分个体采纳 ICT 的意图的强度、意图形成的程度以及个体采纳 ICT 的意图是主观的还是被外界强制的。尽管这些属性将在很大程度上影响意图和行为之间的关系，但它们不会逆转这种关系的方向。因此，第四个假设如下所示：

H4：人们越倾向于采纳 ICT，他在工作中实际使用 ICT 的可能性就越大。

4.4.5 个体-文化匹配→个体-任务匹配

组织文化价值观体现在组织规范、目标和规则中。具有高个体-文化匹配的员工也可能拥有较高水平的关于其任务和组织的信息、知识和技能。这将指导他们为了更好地执行任务而获得有用的知识和技能。同时，员工对个体-文化匹配的高度认同感知使他们在工作中体验到积极的感觉，并形成积极的工作态度。有了这些积极的感觉和态度，员工更有可能被激励而产生更好的行为表现，从而增加个体的个体-任务匹配。

与此同时，与相似的人相处可以更好地预测和了解同事和组织的动机与行为[69]。相似性能够促进信任和人际沟通，从而减少社交互动中的不确定性[70]。这些软技能将有助于个体完成任务。因此，适合组织文化的人也将表现出更高水平的个体-任务匹配。因此，提出了第五个假设：

H5：个体适应组织文化的程度越高，他就越有可能与任务要求相匹配。

4.4.6 个体-任务匹配→任务-技术匹配

研究发现个体差异会对任务-技术匹配产生影响。关于个体差异的影响，Lee 等（2007）发现，职位经验、认知风格和计算机自我效能感是可以预测技术-任务匹配性的主要因素[71]。在工作中采纳 ICT 不仅需要与技术相关的能力，例如计算机效能，还需要具备熟练的工作技能，因此个体能否满足其任务的要求也决定了个体对任务-技术匹配的感知。

与此同时，任务特征也会影响任务-技术匹配。任务的不确定性将对任务-技术匹配产生负面影响。由于技术具有固定的结构，所以几乎无法处理任务中的这些不确定性。当人们具有满足工作需求的能力时，员工自身所具有的知识、技能和能力可以帮助处理工作中遇到的模糊性和复杂性，进而减小工作中的不确定性[69]。与任务要求相匹配的人员在工作中的不确定性会降低，并会对任务-技术匹配有更高的评价。因此，最后一个假设提出如下：

H6：个体越适合任务要求，他对 ICT 与他的工作之间的匹配程度的评价就越高。

本节提出了六个假设，这些假设阐释了图 4-4 中构念的联系，这些构念说明了个体在 ICT 采纳中的作用。在这六个假设中，H1、H2、H3 和 H4 与个体层面的匹配和个体 ICT 采纳行为之间的关系有关，而 H5 和 H6 与个体匹配之间的关系有关。

4.5　最终研究模型

ICT 的采纳过程通常包括两个阶段——企业层面采纳的决定和实际的实施。一旦做出采纳的决策，管理人员可以沿着三种根本不同的途径进行操作，以确保组织中的个体最终采纳。从组织层面 ICT 采纳到个体层面 ICT 采纳包括几种途径：（1）组织要求个体采纳 ICT；（2）组织为个体采纳 ICT 提供必要的基础设施和支持；（3）组织在特定项目中试用 ICT[72]。

组织采纳的决定仅仅是实施的开始，必须把技术整合到组织的工作流程中。ICT 的最终成功更多地取决于用户对 ICT 的持续使用，而不是其最初的采纳。只有目标用户接受创新，才能实现预期的收益。因此，有关个体层面 ICT 采纳的研究集中于个体的行为意图和技术的实际使用情况。

Samuelson 和 Björk（2013）还描述了建筑业采纳过程的两个主要场景。在自上而下的采纳方案中，主要决策是在组织管理层面上完成的，这会影响每个个体做出的决策[73]。在这种情况下，管理层将会推动实施。同时，在自下而上的情况中，决策是个体自愿而不是组织管理层做出的。各个层次之间的整合是由个体的自愿程度决定的，但自愿程度仍然是由管理层来决定。

信息系统研究的一个重要假设是用户最大限度地利用系统[74]。此外，系统使用是 IT 投资与实施效果之间的关键联系[75]。尽管在 ICT 上进行了巨额的投资，但如果用户限制自己只使用系统的基本功能，系统将未能得到充分利用[76]。在这种情况下，了解和预测员工的系统使用行为就非常重要。

因此，本研究进行两个层次的研究主要有两个原因。首先，在实施的组织中，个体并不是自愿使用 ICT。在大多数情况下，组织的管理层出于战略原因决定采纳 ICT，然后要求个体在其工作中采纳 ICT，因此使用方向是从组织层面采纳到个体层面采纳。这一自上而下的过程不应分开，应同时进行研究。另一个原因是，这种自上而下的过程解释了 ICT 投资如何转化为 ICT 绩效。在组织的管理层决定采纳 ICT 之后，组织将增加硬件投资、强化 ICT 的培训甚至提高维护成本。投资额的多少取决于管理层的支持程度，也为个体采纳 ICT 创造了条件。但是，这些投资能否为组织带来利益，最终取决于个体对 ICT 的实际使用情况。只有在目标用户接受 ICT 之后才能实现预期的收益。新 ICT 的最终成功取决于组织层面 ICT 的采纳和个体层面 ICT 的采纳。组织层面 ICT 采纳引发了 ICT 的投资，而个体层面的 ICT 采纳又将 ICT 投资转化为 ICT 效益。在以上两个层次分析的基础上，整个研究模型如图 4-5 所示。

在这个研究模型中，技术-文化匹配、任务-技术匹配、个体-任务匹配和个体-文化匹配都被联系在一起，为进一步研究这些因素之间的匹配关系奠定了基础。这些匹配还将社会技术系统理论中文化、技术、任务和个体之间的关系细化到可操作层面，从而使该理论可以进行实证检验。

在本研究中，ICT 的采纳过程被视为跨层次的技术、文化、任务和个体之间的交互作用，而不是像传统的 ICT 采纳研究方法中那种逐阶段递进的线性过程。

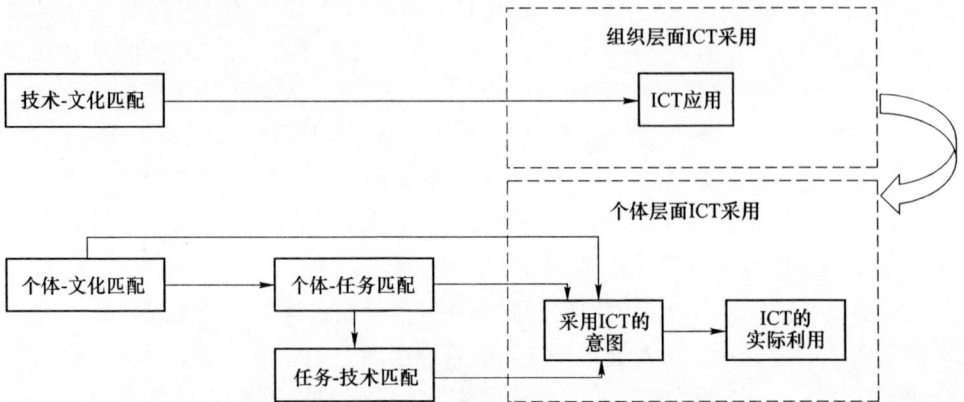

图 4-5　多层次 ICT 采纳的社会技术视角的研究模型

社会技术方法为研究文化、技术、任务和个体提供了新的视角，并为它们的关系提供了更为详尽的解释。

4.6　小　　结

本章从社会技术系统的角度展示了研究模型的全过程，并将社会技术系统中的要素匹配与组织层面 ICT 采纳和个体层面 ICT 采纳联系起来。社会技术系统理论仅提供了将不同类型的匹配整合到组织中的视角，本章进一步介绍了在社会技术系统中"匹配"构念背后的理论，包括技术的社会建构理论（技术-文化匹配）、个体-环境匹配理论（个体-文化匹配和个体-任务匹配）和认知匹配理论（任务-技术匹配）。

研究模型包含两个层面的研究。组织层面的模型解释了技术如何匹配组织文化，但是没有提出任何假设，因为技术-文化匹配的含义依然十分模糊，需要进行更多的探索。而个体层面的模型则解释了个体匹配将如何影响个体采纳 ICT 的意图以及 ICT 的实际使用，并提出了六个假设。下一章将对如何在建筑业情境下检验这些假设展开论述。

参 考 文 献

[1] Lyytinen K, Newman M. Explaining information systems change: A punctuated socio-technical change model [J]. European Journal of Information Systems, 2008, 17 (6): 589-613.

[2] Goodhue D L. Development and measurement validity of a task-technology fit instrument for user evaluations of information system [J]. Decision Sciences, 1998, 29 (1): 105-138.

[3] Leidner D E, Kayworth T A. Review of culture in information systems research: Toward a theory of information technology culture conflict [J]. MIS Quarterly, 2006, 30 (2): 357-399.

[4] Akrich M. The description of technical objects [C]//In Shaping technology/building society: studies in sociotechnical change, edited by Bijker W, Law J. Cambridge, MA: MIT Press, 1992: 205-224.

[5] Peterson M, Spahn A. Can technological artefacts be moral agents? [J]. Science and Engineering Ethics, 2011, 17: 411-424.

[6] Orlikowski W J. The duality of technology: Rethinking the concept of technology in organization [J]. Organization Science, 1992, 3 (3): 398-427.

[7] Meyer J P, Hecht T D, Gill H, et al. Person-organization (culture) fit and employee commitment under conditions of organizational change: A longitudinal study [J]. Journal of Vocational Behavior, 2010, 76 (3): 458-473.

[8] Livingstone L P, Nelson D L, Barr S H. Person-environment fit and creativity: An examination of supply-value and demand-ability versions of fit [J]. Journal of Management, 1997, 23 (2): 119-146.

[9] Sacks R, Radosavljevic M, Barak R. Requirements for building information modeling based lean production management systems for construction [J]. Automation in Construction, 2010, 19: 641-655.

[10] Peansupap V, Walker D H T. Information communication technology (ICT) implementation constraints-A construction industry perspective. Engineering [J]. Construction and Architectural Management, 2006, 13 (4): 364-379.

[11] Peansupap V, Walker D H T, Goldsmith P W, et al. Factors influencing information communication technology diffusion: An Australian study [C]//Joint International Symposium of CIB Working Commissions W55, W65 and W107 Knowledge Construction, Singapore, 22-24 October, 2003 (2): 415-426.

[12] Adriaanse A, Voordijk H, Dewulf G. The use of interorganizational ICT in United States construction projects [J]. Automation in Construction, 2010, 19 (1): 73-83.

[13] Jacobsson M, Linderoth H C. User perceptions of ICT impacts in Swedish construction companies: "It's fine, just as it is" [J]. Construction Management and Economics, 2012, 30 (5): 339-357.

[14] Peansupap V, Walker D H T. Innovation diffusion at the implementation stage of a construction project: A case study of information communication technology [J]. Construction Management and Economics, 2006, 24 (3): 321-322.

[15] Anumba C J. Industry uptake of construction innovations-key elements of a proactive strategy [J]. CIB Report, 1998: 77-84.

[16] Samuelson O. IT-Barometer 2000-the use of IT in the Nordic construction industry [J]. Electronic Journal of Information Technology in Construction (ITcon), 2002, 7: 1-26.

[17] Egbu C O, Botterill K. Information technologies for knowledge management: their use and effectiveness [J]. Electronic Journal of Information Technology in Construction (ITcon), 2002,

7 (8): 125-137.

[18] Hartmann T, Fischer M, Haymaker J. Implementing information systems with project teams using ethnographic-action research [J]. Advanced Engineering Informatics, 2009, 23 (1): 57-67.

[19] Zhu Y M, Augenbroe G. A conceptual model for supporting the integration of inter-organizational information processes of AEC projects [J]. Automation in Construction, 2006, 15 (2): 200-211.

[20] Gajendran T, Brewer G. Integration of information and communication technology [J]. Engineering, Construction and Architectural Management, 2007, 14 (6): 532-549.

[21] Fox S. Applying critical realism to information and communication technologies: A case study [J]. Construction Management and Economics, 2009, 27 (5): 465-472.

[22] Coombs C R. When planned IS/IT project benefits are not realized: A study of inhibitors and facilitators to benefits realization [J]. International Journal of Project Management, 2015, 33 (2): 363-379.

[23] Pinch T J, Bijker W E. The social construction of facts and artifacts: Or how the sociology of Technology might Benefit Each Other [J]. Social Studies of Science, 1984, 14 (3): 399-441.

[24] Carlisle Y M, Manning D J. Ideological persuasion and technological determinism [J]. Technology in Society, 1999, 21 (1): 81-102.

[25] Elle M, Dammann S, Lentsch J, et al. Learning from the social construction of environmental indicators: From the retrospective to the pro-active use of SCOT in technology development [J]. Building and Environment, 2010, 45 (1): 135-142.

[26] Latour B. Technology is society made durable [C]// In Law J (Ed.). A Sociology of Monsters: Essays on Power, Technology and Domination. London: Routledge, 1991: 103-131.

[27] Holstrom J, Robey D. Inscribing organizational change with information technology [C]//In Czarniawka B, Hernes T (Eds.). Actor-network Theory and Organizing. Malmo: Liber, 2005: 165-187.

[28] Jackson M H, Poole M S, Kuhn T. The social construction of technology in studies of the workplace [C] //Handbook of New Media: Social Shaping and Consequences of ICTs, 2002: 236-253.

[29] Chatman J A. Matching people and organizations: Selection and socialization in public accounting firms [J]. Academy of Management Proceedings, 1989, 1: 199-203.

[30] Kristof A L. Person-organization fit: An integrative review of its conceptualizations, measurement, and implications [J]. Personnel psychology, 1996, 49 (1): 1-49.

[31] Rounds J B, Tracey T J. From trait-and-factor to person-environment fit counseling: Theory and process [C]// In Walsh W B, Osipow S H (Eds.). Career Counseling: Contemporary Topics in Vocational Psychology, Lawrence Erlbaum Associates, Inc. 1990: 1-44.

[32] Greguras G J, Diefendorff J M. Different fits satisfy different needs: linking person-environment

fit to employee commitment and performance using self-determination theory [J]. Journal of Applied Psychology, 2009, 94 (2): 465-477.

[33] Werbel J D, Gilliland S W. Person-environment fit in the selection process [C]//In Ferris, Gerald R (Ed). Research in Human Resources Management, 1999, 17: 209-243.

[34] Hoffman B J, Bynum B H, Piccolo R F, et al. Person-organization value congruence: How transformational leaders influence work group effectiveness [J]. Academy of Management Journal, 2011, 54 (4): 779-796.

[35] Tak J. Relationships between various person-environment fit types and employee withdrawal behavior: A longitudinal study [J]. Journal of Vocational Behavior, 2011, 78 (2): 315-320.

[36] O'Reilly C A, Chatman J, Caldwell D F. People and organizational culture: A profile comparisons approach to assessing person-organization fit [J]. Academy of Management Journal, 1991, 34 (3): 487-516.

[37] Vandenberghe C. Organizational culture, person-culture fit, and turnover: A replication in the health care industry [J]. Journal of Organizational Behavior, 1999: 175-184.

[38] Su R, Murdock C D, Rounds J. Person-environment fit [C] //APA Handbook of Career Intervention, 2015: 81-98.

[39] Yu K Y T. Affective influences in person-environment fit theory: Exploring the role of affect as both cause and outcome of P-E fit [J]. Journal of Applied Psychology, 2009, 94: 1210-1226.

[40] Goodhue D L, Thompson R L. Task-technology fit and individual performance [J]. MIS Quarterly, 1995, 19 (2): 213-236.

[41] Vessey I. Cognitive fit: A theory-based analysis of the graphs versus tables literature [J]. Decision Sciences, 1991, 22 (2): 219-240.

[42] Shaft T M, Vessey I. The role of cognitive fit in the relationship between software comprehension and modification [J]. MIS Quarterly, 2006: 29-55.

[43] Hong W, Thong J Y, Tam K Y. The effects of information format and shopping task on consumers' online shopping behavior: A cognitive fit perspective [J]. Journal of Management Information Systems, 2004, 21 (3): 149-184.

[44] Huang Z, Chen H, Guo F, et al. Expertise visualization: An implementation and study based on cognitive fit theory [J]. Decision Support Systems, 2006, 42 (3): 1539-1557.

[45] Goswami S, Chan H C, Kim H W. The role of visualization tools in spreadsheet error correction from a cognitive fit perspective [J]. Journal of the Association for Information Systems, 2008, 9 (6): 321.

[46] Illies C, Meijers A. Artefacts without agency [J]. The Monist, 2009, 92: 420-440.

[47] Ashforth B E, Mael F. Social identity theory and the organization [J]. Academy of Management Review, 1989, 14 (1): 20-39.

[48] Pratt M G. The good, the bad, and the ambivalent: Managing identification among Amway distributors [J]. Administrative Science Quarterly, 2000, 45 (3): 456-493.

[49] Nach H, Lejeune A. Coping with information technology challenges to identity: A theoretical framework [J]. Computers in Human Behavior, 2010, 26 (4): 618-629.

[50] Cable D M, Judge T A. Person-organization fit, job choice decisions, and organizational entry [J]. Organizational Behavior and Human Decision Processes, 1996, 67 (3): 294-311.

[51] Kristof-Brown A L. Perceived applicant fit: distinguishing between recruiters' perceptions of person-job and person-organization fit [J]. Personnel Psychology, 2000, 53 (3): 643-671.

[52] Kim T Y, Aryee S, Loi R, et al. Person-organization fit and employee outcomes: test of a social exchange model [J]. The International Journal of Human Resource Management, 2013, 24 (19): 3719-3737.

[53] Burton-Jones A, Grange C. From use to effective use: A representation theory perspective [J]. Information Systems Research, 2012, 24 (3): 632-658.

[54] Finneran C M, Zhang P. A person-artefact-task (PAT) model of flow antecedents in computer-mediated environments [J]. International Journal of Human-Computer Studies, 2003, 59 (4): 475-496.

[55] Bani-Ali, A. Project Management Software Effectiveness Study [D]. George Washington University, Washington, DC, 2004.

[56] Liu Y, Lee Y, Chen A N. Evaluating the effects of task-individual-technology fit in multi-DSS models context: A two-phase view [J]. Decision Support Systems, 2011, 51 (3): 688-700.

[57] Cable D M, DeRue D S. The convergent and discriminant validity of subjective fit perceptions [J]. Journal of Applied Psychology, 2002, 87 (5): 875.

[58] Goodman S A, Svyantek D J. Person-organization fit and contextual performance: Do shared values matter [J]. Journal of Vocational Behavior, 1999, 55 (2): 254-275.

[59] Ammenwerth E, Iller C, Mahler C. IT-adoption and the interaction of task, technology and individuals: A fit framework and a case study [J]. BMC Medical Informatics and Decision Making, 2006, 6 (1): 1-13.

[60] Caldwell S D, Herold D M, Fedor D B. Toward an understanding of the relationships among organizational change, individual differences, and changes in person-environment fit: A cross-level study [J]. Journal of Applied Psychology, 2004, 89 (5): 868.

[61] Niessen C, Swarowsky C, Leiz M. Age and adaptation to changes in the workplace [J]. Journal of Managerial Psychology, 2010, 25 (4): 356-383.

[62] Zatzick C D, Zatzick D F. The effect of perceived person-job fit on employee attitudes towards change in trauma centers [J]. Health Care Management Review, 2013, 8 (2): 115.

[63] Yang L Q, Che H, Spector P E. Job stress and well-being: An examination from the view of person-environment fit [J]. Journal of Occupational and Organizational Psychology, 2008, 81 (3): 567-587.

[64] Vakola M, Nikolaou I. Attitudes towards organizational change: What is the role of employees' stress and commitment? [J]. Employee Relations, 2005, 27 (2): 160-174.

[65] Ajzen I. From Intentions to Actions: A Theory of Planned Behavior [M]. Berlin Heidelberg: Springer, 1985: 11-39.

[66] Ajzen I. The theory of planned behavior [J]. Organizational Behavior and Human Decision Processes, 1991, 50 (2): 179-211.

[67] Triandis H C. Values, attitudes, and interpersonal behavior [M]. In Nebraska symposium on motivation. Lincoln, NE: University of Nebraska Press, 1979.

[68] Sheeran P. Intention—behavior relations: A conceptual and empirical review [J]. European Review of Social Psychology, 2002, 12 (1): 1-36.

[69] Edwards I R, Shipp A I. The relationship between person-environment fit and outcomes: An integrative [J]. Perspectives on organizational fit, 2007.

[70] Edwards J R, Cable D M. The value of value congruence [J]. Journal of Applied Psychology, 2009, 94 (3): 654.

[71] Lee C C, Cheng H K, Cheng H H. An empirical study of mobile commerce in insurance industry: Task-technology fit and individual differences [J]. Decision Support Systems, 2007, 43 (1): 95-110.

[72] Gallivan M J. Organizational adoption and assimilation of complex technological innovations: Development and application of a new framework [J]. ACM Sigmis Database, 2001, 32 (3): 51-85.

[73] Samuelson O, Björk B C. Adoption processes for EDM, EDI and BIM technologies in the construction industry [J]. Journal of Civil Engineering and Management, 2013, 19 (supl): 172-187.

[74] Venkatesh V, Morris M G, Davis G B, et al. A unified theory of acceptance and use of technology [J]. MIS Quarterly, 2003, 27 (3): 425-478.

[75] Devaraj S, Kohli R. Performance impacts of information technology: Is actual usage the missing link? [J]. Management science, 2003, 49 (3): 273-289.

[76] Jasperson J S, Carter P E, Zmud R W. A comprehensive conceptualization of post-adoptive behaviors associated with information technology enabled work systems [J]. MIS quarterly, 2005, 29 (3): 525-557.

5 研 究 设 计

5.1 研 究 思 路

由于组织层面和个体层面的研究问题的性质不同，因此采纳不同的研究方法进行两个层次的分析。研究目标 1 和目标 2 是为了研究个体在文化、任务和技术之间的匹配中的作用，并探讨这些个体层面的匹配如何影响 ICT 的采纳，这两个研究目标背后的构念非常清晰，因此采纳定量分析方法。

调查、观察和访谈都是组织行为研究中常用的研究方法。观察法的优势在于直接观察的行为，但是观察法很少能够发现行为背后的意图。有时，当被观察者的意图受到关注时，它们会被观察者隐藏起来[1]。在本研究中，人们采纳 ICT 的意图是值得关注的，他们不容易被观察到，因此观察法不是一种合适的方法。访谈具有社会倾向效应的弱点，一些受访者对问题的回答与他们对这些答案的社会认可度的看法有关，因此获得的回答更有可能是回答者认为社会认可的答案[1]。在这项研究中，较高的个体与文化匹配和个体与任务匹配是组织中员工的社会认可答案，因此，当受访者被问及这些问题时，他们倾向于给出较高水平的个体-文化匹配和个体-任务匹配。

考虑到个体与文化的匹配、个体与任务的匹配以及人们采纳 ICT 的意图是技术采纳研究领域和人力资源管理研究领域中的成熟构念，并且它们的测量结果具有较高的有效性和可靠性，因此本研究采纳问卷调查的方法。

定量研究的程序是相对程序化的。前两个目标的关键构念包括：个体与文化的匹配、个体与任务的匹配、任务与技术的匹配、个体采纳 ICT 的意图和个体实际使用 ICT 的情况。首先，测量量表是根据现有文献制定的，因为这些构念在技术采纳研究领域和人力资源管理研究领域中是成熟的理论构念；其次，根据这些测量量表制定了问卷；然后，确定研究样本，发放问卷。研究的目标样本是在中国香港和内地的建筑业组织已经采纳 ICT 的专业人员。在进行大规模调查之前，先进行了试点研究，以测试问卷和研究框架的适用性，然后才进行了大规模调研。当调查结果出来后，首先进行探索性因素分析以确定某些构念的子维度，然后进行结构方程分析以检验个体与文化的匹配、个体与任务的匹配、任务与技术的匹配与个体对 ICT 的使用意图和实际使用之间的关系。

至于研究目标 3——研究技术与文化的匹配如何影响技术的采纳，由于建筑行业中 ICT 所承载的价值观还不明确，同时技术与文化匹配的结果也还需要探索，那么就应该采纳定性方法[2]。

与定量研究相比，定性研究可以制定灵活的研究计划，其研究过程是即兴的。但是，当研究者表明他或她已经努力理解参与者的解释和含义的本质时，定性研究显然是值得信赖和严格的。定性数据分析的质量还取决于是否遵循深思熟虑的程序，以及是否确保这些程序能够揭示参与者的真实想法。虽然遵循正确的程序并不一定能产生值得信赖的定性研究，但是定性数据分析仍然应是系统的[3]。

进行定性研究有不同的研究方法。从演绎法和归纳法的角度来看，有以下三种代表性的方法。Yin（1994）提出，进行案例研究可以被视为"准实验"，与实验有许多相似的原则[4]。虽然实验者无法在这种情况下进行操纵，但是实验设计的逻辑仍然适用[4]。因此，Yin（1994）的案例研究方法被视为演绎导向的实证主义/后实证主义范式。Yin（1994）的案例研究设计包括五个组成部分：研究问题、命题（如果有的话）、分析单位、连接数据和命题的逻辑以及解释研究结果的标准[4]。

与 Yin（1994）提出的演绎方法相反，最初由 Glaser 和 Strauss（1967）提出的扎根理论方法是以归纳法为导向的[5]。简而言之，扎根理论并非旨在验证现有的理论框架，而是要生成一个新的理论框架。通过扎根的理论方法，概念是在经验数据收集和数据分析之间不断循环的基础上发展起来的，这个编码过程就产生了理论。

Eisenhardt（1989）提供了一种介于 Yin（1994）的方法和扎根理论方法之间的方法[6]。Eisenhardt（1989）的方法是归纳式的，这与扎根理论的方法保持一致。但是，它遵循的是一种更有计划的程序。Eisenhardt（1989）提出定性研究包括八个步骤：启动、选择案例、制定研究工具和方法、进入研究领域、分析数据、形成假设、充实文献、结束[6]。这些过程一般是连续的，但有时可能会反复进行，直到边际改进变小为止。

由于本研究中定性研究的目的是理论检验而不是理论构建，因此本研究采纳了 Yin（1994）的方法。现有研究已经提出了技术-文化匹配与技术采纳之间的关系。本研究旨在检验 BIM 中所蕴含的价值观与建筑业中组织文化的匹配是否会影响 ICT 在建筑中的采纳。

在这项研究中，第一步是制定采访指南。然后，联系目标受访者并进行半结构化访谈。为了便于理解访谈内容，我们还考虑了其他数据来源，如观察和文档分析。最后，根据编码框架对访谈记录进行内容分析。有时后续数据收集的重点可能会随着初始的数据分析而转移，所研究的个体和所访问的地点可能会被修改[2]。

从上面的描述可以看出，本项研究采纳了混合研究方法。这种混合方法具有许多优点，它兼顾了定量和定性数据的优势。基于混合研究方法，在数据收集阶段，研究人员可以同时收集两种类型的数据。此外，通过使用两种不同的方法，研究人员可以从不同类型的数据或研究的不同层次获得观点。在选择此种方法时也要考虑其局限性。定性数据和定量数据之间难以转换并同时整合到研究框架中。这种方法还会导致研究中的证据不平等，在解释最终结果时需要注意[2]。

整体研究设计如图 5-1 所示，以下将对此进行详细说明。本研究采纳的是多层次研究模型。Rousseau（1985）提出了一个指导多层次研究的有用框架，建议学者在调查中考虑构架的理论单位、测量单位和分析单位[7]。理论单位指的是理论应用的对象；测量单位是指获得数据的来源；分析单位指的是为假设检验和统计分析分配数据的单位。关键的一点是这三个方面必须保持一致，以最大程度地减少谬误。

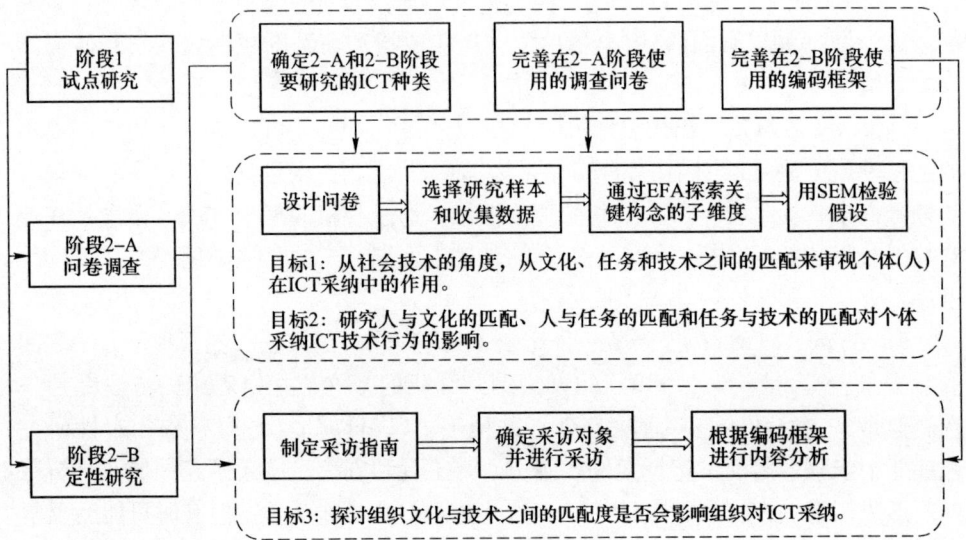

图 5-1　研究思路设计

在这项研究中，个体层面的分析单位是个体对 ICT 的采纳行为，而组织层面的分析单位是组织对 ICT 的实施情况。在个体层面，从个体收集到的数据用于解释组织中的个体匹配与 ICT 采纳行为的关系问题。测量单位和分析单位是一致的。在组织层面，个体会被问及有关组织实施 ICT 的问题，这些访谈也被用于探讨技术与文化的匹配如何影响 ICT 在组织中的实施。这两个层次的分析是分别进行的，不会造成跨层次的谬误。

5.2 试点研究

试点研究的目标包括：
（1）确定在问卷调查和访谈中要研究的 ICT 类型；
（2）完善用于问卷调查的问卷；
（3）完善用于内容分析的编码框架。

5.2.1 确定在问卷调查和访谈中要研究的 ICT 类型

在采纳 ICT 的企业中进行了试点访谈，包括客户、承包商、设计公司和顾问。根据住房和城乡建设部正式发布的《特级建筑企业名录》（2012 年），经正式批准的特级建筑企业有 228 家，这些建筑企业都采纳了 ICT 技术。受访者是以方便抽样的方式从这些公司的员工中选取的。而在香港，房屋署近年来大力推广 ICT 的应用，尤其是建筑信息模型（BIM）。因此，参加房屋署 BIM 项目的员工都是目标受访者。

访谈包括几个基本问题：
（1）您所在的组织使用了哪种 ICT？
（2）您在工作中如何使用 ICT？
（3）您在使用 ICT 时是否存在任何问题？
（4）为什么会出现这些问题？

在受访者回答之后，还提出了一些即兴的问题，并鼓励受访者提出他们认为对进一步理解 ICT 应用至关重要的问题。

5.2.2 完善用于问卷调查的问卷

问卷至少分发给 30 位潜在的受访者，以评估问题陈述的清晰度和在建筑行业情境下的适用性。并请上述试点访谈中的受访者将调查问卷分发给他们的同事和同行来接触更多潜在的受访者，根据受访者的意见对问卷进行修改。

5.2.3 完善内容分析中使用的编码框架

内容分析中使用的编码框架是从理论推导而来的，必须进一步改进以适应建筑业使用 ICT 的情况。在本研究中，BIM 研讨会中的讨论材料用于完善编码框架。BIM 研讨会由香港大学房地产与建筑系举办。BIM 研讨会的目的是邀请业内专业人士探讨 BIM 在项目工作流程中的有效应用。BIM 研讨会的参与者来自建筑、土木工程和物业管理领域的专业人士，包括业主、顾问、承包商、供应商和设施管理人员。BIM 研讨会讨论了以下问题：

（1）您的组织中是否存在 BIM 的商业案例？

（2）哪些因素对 BIM 实施很重要？

（3）有哪些障碍和风险？

虽然讨论材料与 BIM 中承载的价值观或组织文化都没有直接关系，但它提供了对 BIM 应用背景的理解，这将指导编码过程。更多关于 BIM 研讨会的详细说明，请参见第 6.3 节。

5.3 定量研究设计

研究目标 1 和目标 2 采用定量研究方法来实现。本节将介绍量表选择、问卷设计、抽样、调研步骤和分析方法。

5.3.1 量表选择

出于节省时间和成本以及在既定框架内积累知识的原因，这些量表是从现有量表中借鉴的。Cherry（2000）提出了选择现有量表的五个标准[8]：（1）这些工具已在类似的研究中使用过；（2）在期刊论文或书籍中曾经报告了这些工具的可靠性和有效性；（3）测量工具的可靠性系数必须等于 0.7 或以上；（4）为方便受访者，测量工具的篇幅应合理缩短；（5）测量工具必须可用。本研究中的测量是根据上述标准从现有文献中选取的。

这些量表的原始尺度并不一致，包括 5 分制、7 分制和 9 分制的 Likert 量表。为了保持统计分析的统一格式，这些测量的量表全部转换为 7 分制量表。个体与文化的匹配、个体与任务的匹配、任务与技术的匹配和采纳 ICT 的意图等 Likert 量表的条目分别为：1＝非常不同意，4＝中立，7＝非常同意。实际使用 ICT 的 Likert 量表的条目是：1＝从未，4＝有时，7＝每次。完整的问卷表见附录 Ⅰ 和 Ⅱ。

5.3.1.1 个体-文化匹配的量表

个体与文化匹配研究的一个重要问题是所评估的匹配是实际的[9]还是感知的[10]。实际匹配需要对环境和人进行客观测量。然后通过比较每项客观因素差值的大小来衡量个体与文化的匹配程度。感知的匹配是人或观察者的主观评估。实际匹配可以影响感知匹配。然而，研究一直表明这两种构念是截然不同的，感知匹配能比实际匹配更好地预测人们的态度和行为[11]。

O'Reilly（1991）开发了一个经典的评估个体与文化匹配的客观工具[9]，称为组织文化剖面图（OCP），它按照创新、稳定性、对人的尊重、结果导向、关注细节、团队定位和进取心这七类进行区分。OCP 包含 54 条价值观陈述，可以概括地反映个体和组织的价值观，这些陈述见表 5-1。个体与文化的匹配可以通过将组织价值观与个体喜好的概况联系起来计算。

表 5-1　组织文化量表条目

No.	量表条目	No.	量表条目
1	灵活性	28	行动导向
2	适应性	29	主动出击
3	稳定性	30	反思
4	可预见性	31	成就导向
5	勇于创新	32	苛刻
6	迅速抓住机会	33	承担个体责任
7	愿意进行试验	34	对业绩抱有很高的期望
8	承担风险	35	专业成长的机会
9	细心	36	高薪换取好业绩
10	自治	37	就业保障
11	以规则为导向	38	对良好的表现给予表扬
12	分析性强	39	冲突程度低
13	注重细节	40	直接控制冲突
14	准确	41	发展工作中的朋友
15	以团队为导向	42	适应组织
16	自由分享信息	43	与他人合作
17	强调整个组织的单一文化	44	对工作的热情
18	以人为本	45	工作时间长
19	公平性	46	不受许多规则的限制
20	尊重个体的权利	47	强调质量
21	宽容度	48	与众不同——与他人不同
22	非正式性	49	拥有良好的声誉
23	平易近人	50	承担社会责任
24	冷静	51	注重结果
25	支持性	52	有明确的指导思想
26	咄咄逼人	53	具有竞争力
27	果断性	54	组织性强

　　Schneider 等（1995）指出，人们对特定组织的偏好是基于对他们自己的个体特征和潜在工作组织属性的一致性的隐形评估[12]。影响个体是否在某一组织中工作的是主观匹配，而不是客观匹配。与客观匹配相比，主观匹配可以更好地预测求职者的态度和雇佣结果[13]。

　　Cable 和 Judge（1996）开发了包含三个条目的量表来评估员工的个体与文化匹配[14]。主观匹配在预测人们的态度和行为方面更有效，该主观测量工具比 OCP 短得多。为了简化问卷并保证答卷率，采纳了此量表。量表项目见表 5-2。

表 5-2　个体与文化匹配量表条目

项目	量 表 条 目
PC1	我的价值观与这家公司的价值观相匹配
PC2	我能够在这家公司保持我的价值观
PC3	我的价值观使我无法融入这家公司，因为它们与公司的价值观不同

5.3.1.2　个体-任务匹配的量表

　　个体与工作的匹配也有主观和客观的衡量标准。Caldwell 和 O'Reilly（1990）通过个体能力与能力列表相比较客观地测量了个体与工作的匹配[15]，该过程对工作要求和个体能力进行相同维度的评估。比较的维度有七个，包括优先级设定、会计知识、反应能力、事实调查、目标导向、时间价值和输入技能。能力列表将从事该岗位所需的全部知识、技能和能力进行优先排序，这些条目见表 5-3。

表 5-3　能力列表

项目	能力	陈　述
1	确定优先次序	能够分离和确定那些更重要的任务——明确的优先意识
2	会计知识	了解会计和记账的主要原则，以及它们在公司中是如何完成的
3	响应能力	能够以建设性和非辩解的方式回应他人的想法、建议和异议，与下属建立公开的沟通渠道，以建立信任
4	事实调查	有能力提出问题并进行后续研究，保证在做出决定前考虑到现有的相关事实
5	目标导向	为年、月、周、日设定具有挑战性的个体目标。确保要实现的目标在任何时候都得到明确的定义和理解
6	时间价值	高度重视个体的时间的重要性和不浪费时间的必要性，希望在尽可能短的时间内完成尽可能多的工作
7	输入技能	与输入技术术语、方程式、数学符号等相关的知识和技能

个体能力列表通过个体自身能力与所要求能力的一致程度来描述个体。个体特征与工作要求的总体匹配是通过将两份列表中各项目的评分进行相关联计算得出的。这种相关性代表了个体与工作需求相符程度的总体衡量。

至于对个体与任务匹配的主观评估，Saks 和 Ashforth（1997）开发了一个 5 个条目的量表来对其进行评估[16]，量表条目见表 5-4。考虑到上述主观测量匹配的好处（更好地预测个体的态度和行为，且受访者更容易回答），本研究也选择了这个个体与任务匹配的主观测量量表。

表 5-4　个体与任务匹配量表条目

项目	量 表 条 目
PT1	我的能力符合这份工作的要求
PT2	我的技能和能力适合做这份工作
PT3	这份工作的要求和我的技能很匹配
PT4	我的性格与这份工作很匹配
PT5	我是适合从事这类工作的人

5.3.1.3　任务-技术匹配的量表

有三种被广泛认可的方法来衡量任务-技术的匹配，包括用户评价、理想列表以及技术功能与任务要求之间的交互。Goodhue 的任务-技术匹配工具被用作用户评价工具[17]，旨在对信息系统和服务进行组织评估。它衡量信息系统和服务满足用户任务需求的程度，其中包括八个因素：质量、可定位性、授权、兼容性、生产及时性、系统的可靠性、使用/培训的便捷性以及与用户的关系。

Zigurs 和 Buckland（1998）将任务-技术匹配定义为由一组内部一致的任务情境和技术要素组成的理想列表[18]。理想列表可作为任务和技术的可行组合。理想列表由任务类别和技术类型组成。任务类别包括简单任务、问题任务、决策任务、判断任务和模糊任务。技术类型包括通信支持、流程结构和信息处理维度。每种任务都有特定的技术类型与之相适应。任务所采纳的技术与列表中给出技术类型越接近，任务与技术的匹配度越高。

Dishaw 和 Strong（1999）认为任务-技术匹配是技术功能与任务需求之间的交互作用[19]。在 Strong 等（2006）开发的任务-技术匹配模型中[20]，匹配也没有直接测量，而是把技术功能作为任务特征与技术利用之间关系的调节变量。

与用户评估方法相比，交互作用法和列表偏差法是从技术功能和任务特征两个方面来评估匹配。如果任务-技术匹配的评估可以得到一个独立的分数，效果会更好。因此，本研究采纳了 Goodhue 的任务-技术匹配工具[17]。量表项目见表 5-5。

表5-5 任务技术匹配的量表条目

项目	量 表 条 目
LD1	公司或部门保存了足够详细的数据
LD2	该公司维护了适当详细程度的数据
AC1	我使用或想使用的数据足够准确
AC2	我使用或需要的数据存在准确性问题
CP1	当需要比较或汇总来自两个或更多不同来源的数据时，可能会出现意想不到或难以解决的不一致问题
CP2	有时来自两个不同来源的本应等同的数据却不一致
CP3	有时由于数据的定义不同，很难或不可能比较或汇总两个不同来源的数据
LC1	很容易找到关于某个问题的公司或部门数据，即使我以前没有使用过该数据
LC2	很容易找到公司在某一主题上的数据
AS1	当我需要数据时，我可以快速、轻松地获得数据
AS2	很容易获得我需要的数据
MN1	很容易找到与我的任务相关的数据字段的确切定义
AT1	我在访问和理解数据时得到了所需的帮助
AT2	当我在查找或使用数据方面遇到困难时，很容易得到帮助
EU1	让我能够访问数据的计算机系统很容易学习如何使用
EU2	让我访问数据的计算机系统很方便，很容易使用
SR1	数据会经常出现系统问题和崩溃
SR2	我可以指望系统在我需要时"启动"并可用
CR1	我无法获得足够时效性的数据来满足我的需求
CR2	数据是最新的，足以满足我的目的
PR1	我所需要的数据以合理和易懂的形式显示
PR2	数据以可读和有用的格式呈现
CF1	有许多不同的系统或文件，每个系统或文件的数据都略有不同，因此很难理解在特定情况下使用哪一个
CF2	数据储存在许多不同的地方，形式也多种多样，很难知道如何有效地使用数据

5.3.1.4 个体采纳 ICT 意图的量表

技术接受模型是一个成熟的模型，其中已包含了关于技术采纳意图的量表条目，被研究人员广泛地使用。本研究中使用信息系统的行为意图是通过Davis（1989）的量表来测量的[21]，该量表在以前的许多个体技术采纳研究中被广泛应用，这些条目见表5-6。

表 5-6 采纳 ICT 的意图量表条目

项目	量 表 条 目
IT1	我会使用这项技术，而不是以传统的方式完成任务
IT2	我愿意使用该技术
IT3	为了完成任务，将使用该技术

5.3.1.5 个体实际使用 ICT 的测量

Burton-Jones 和 Straub（2006）阐明了技术使用是一个内涵丰富的构念，并展示了如何将技术使用的不同方面进行集成以得出更完整、情景化的构念[22]（见表 5-7），人们可以使用精简或丰富的度量标准来测量这些内容。精简测量法试图以简单指标来捕获活动的全部内容，如使用/不使用、使用时间或使用程度（请参阅表 5-7，第 1，2 列）。例如，Dishaw 和 Strong（1999）通过评估使用工具的时长来操作化技术使用这一构念[19]。尽管这种精简测量可能很方便，但不幸的是它们并不精确，因为它们没有提到在特定情况下的使用，并且被调查者可能不清楚实际测量了使用活动的哪一部分。DeLone 和 McLean（2002）提出，技术使用的性质、质量和适当性也很重要，而不仅仅是简单地衡量系统使用的时间[23]。与精益测量相反，复杂测量包含了使用活动的性质。因此，本研究采取了 ICT 实际使用情况的复杂测量法。

表 5-7 ICT 使用行为的量表

措施的丰富性	非常精简	精简	稍微复杂	复杂	复杂	非常丰富
类型	使用与否	使用范围	技术的使用程度	用户使用该技术的程度	该技术用于完成任务的范围	用户使用技术执行任务的程度
测度的内容领域	使用	使用方法	ICT、使用方法	使用方法、ICT 及用户	使用方法、ICT 和任务	使用情况、ICT、用户和任务
举例	使用/不使用	使用时长；使用范围	使用的广度（功能的数量）	认知理解	使用种类（子任务数）	无（难以通过指标捕获）

注：本表改编自 Burton-Jones 和 Straub（2006）[22]。

Doll 和 Torkzadeh（1998）指出，更多的使用并不总是代表着更好[24]，他们开发了一个基于使用效果而不是频率或持续时间来衡量使用情况的量表。它们确定了 ICT 利用的 3 种功能：（1）决策支持；（2）客户服务；（3）工作整合。他们生成了一个 30 个条目的量表，用于测量技术使用的 3 个维度。Doll 和 Torkzadeh（1998）编制的技术使用的 30 个量表项目见表 5-8。

表 5-8 ICT 实际使用的量表条目

项目	量 表 条 目
SD1	决定如何最好地解决问题
SD2	帮助我思考问题
SD3	确保数据符合我对问题的分析
SD4	根据数据核对我的想法
SD5	找出数据的含义
SD6	分析问题发生的原因
SD7	帮助我解释我的决定
SD8	帮助我证明我的决定
SD9	帮助我明确我做出决定的原因
SD10	使我的决定合理化
SD11	控制或影响决策过程
SD12	提高决策过程的有效性和效率
SD13	使决策过程更加合理
IW1	与我工作组中的其他人交流
IW2	协调我们的活动
IW3	与我的工作组中的其他人协调活动
IW4	与我的工作组中的人交换信息
IW5	帮我管理工作
IW6	监督我自己的表现
IW7	计划我的工作
IW8	与向我报告的人沟通
IW9	与我报告的人沟通
IW10	通知我的主管
IW11	与向我报告的人交换信息
IW12	获得有关工作表现的反馈
SC1	与内部和/或外部客户进行更具策略性的交易
SC2	服务内部和/或外部客户
SC3	提高客户服务质量
SC4	更有创意地为客户服务
SC5	与内部和/或外部客户交换信息

5.3.2　问卷设计

本研究根据第 5.3.1 节中列出的量表设计了标准问卷，以测量个体与文化的匹配、个体与任务的匹配、任务与技术的匹配、采纳 ICT 技术的意图和 ICT 技术的实际使用情况。完成问卷的大概时间是 10~15min。问卷调查表的英文版本和中文版本见附录。

问卷的主体包括五个部分。A 部分是询问受访者的背景资料，这些背景资料将提供定量研究结果的背景（如第 7.2 节所示），也可以进行方差分析来探索研究模型的潜在控制变量（如第 7.3 节所示）。

Q1~Q7 是关于受访者的个体资料，包括年龄、性别、教育程度、雇员职位、部门和工作经验。

Q8~Q10 是关于受访者所在组织的信息，包括地点、组织类型和组织所有权。

Q12~Q16 是关于他们在工作中使用的 ICT 技术，包括 ICT 的类型、采纳时间以及使用 ICT 的依赖性和频率。

以下 4 个部分旨在衡量研究模型中的关键构念。

B 部分有 8 个问题来描述个体与文化的匹配和个体与任务的匹配。这些问题来自 Cable 和 Judge（1996）开发的个体与文化匹配的量表条目[14]（见表 5-2）和 Saks 和 Ashforth（1997）开发的个体与任务匹配的量表条目[16]。（见表 5-4）。

C 包括 30 个问题，根据 Doll 和 Torkzadeh（1998）制定的量表条目[24]（见表 5-8），来描述受访者 ICT 的使用情况。

D 部分包括 3 个问题，根据 Dishaw 和 Strong（1999）制定的量表条目来描述受访者使用 ICT 的意图[19]（见表 5-6）。

E 部分包括 22 个问题，根据 Goodhue（1998）制定的量表条目来描述任务-技术的匹配[17]（见表 5-5）。

在调查的主体部分结束之后，问卷的最后部分对问卷的评论有开放性问题，一个问题是询问被调查者是否愿意接收研究报告；另一个问题是询问被调查者是否愿意参加 30min 的访谈。

5.3.3　抽样

该问卷在内地和香港同时发放。由于内地和香港的文化不同，抽样策略也有所不同。在内地，中国建筑企业分为四类：特级、一级、二级、三级。根据《建筑企业资质等级标准》（中华人民共和国住房和城乡建设部，2007 年），有资格成为特级施工企业资质的标准之一是：企业已建立内部局域网或管理信息平台；建立了外部网站；使用了综合项目管理信息系统和人事管理系统、工程设计相关软件。根据住房和城乡建设部正式发布的《特级建筑企业名录》（2012 年），正式批准的特级建筑企业有 228 家。在这 228 家建筑企业中，只选择了北京、上海、广州和深圳的企业，因为这四个城市是经济发达地区，与香港的样本相当。在内地，人们不愿意回答陌生人的问题。因此，我们采纳了滚雪球式的抽样策略。首先将问卷分发给这些企业的一些熟人，然后鼓励他们将问卷传递给其他企业的同事和同行。

在香港，一些专业机构有年册及其成员的完整联系清单，并且这些年册每年都会更新，例如香港工程师学会（HKIE）、香港测量师学会（HKIS）和香港建筑师学会（HKIA）。由于业主、承包商、设计公司和顾问都在其组织中聘用工程师，因此 HKIE 的年册中的成员可以涵盖所有这些类型的组织。因此，选择了 HKIE 的成员作为调查对象。被调研的 HKIE 成员是从 HKIE 年册目录中随机抽取的。

5.3.4　问卷调查

问卷的发放于 2015 年 2 月至 2015 年 7 月逐步进行。邀请函是通过电子邮件发送的。电子邮件简要介绍了研究目的以及完成调查所需的大概时间，同时提供了在线调查的链接以访问问卷。研究人员还请这些潜在的受访者帮助将调查问卷传递给他们认为合适参与的其他任何人。在第一轮分发一个月后，还发出了一份提醒函，以提高答复率。

5.3.5　数据分析

对于问卷回收的数据展开分析的方法包括方差分析、量表可靠性分析、探索性因素分析、SEM 分析、被调查者特征描述性分析和正态性评估。本节将简要介绍这些分析方法。有关如何使用这些方法的详情，请参考第 7 章。

首先，对数据进行了方差分析，以检验不同类别的背景因素下采纳 ICT 的意图和实际使用情况的差异，并根据方差分析的结果确定采纳 ICT 意图和 ICT 的实际使用情况的控制变量。

然后采纳量表信度分析对个体与文化的匹配、个体与任务的匹配和采纳 ICT 的意图等量表的信度进行检验，并剔除不合适的量表条目。量表的信度由三个指标评估，包括克朗巴哈系数、题间相关系数和题总相关系数。这些指标的阈值如下：克朗巴哈系数应该大于 0.7、题间相关系数为 0.4~0.5、题总相关系数应大于 0.4[25]。

此外，本研究还进行了探索性因子分析，以调查任务-技术匹配和 ICT 实际使用情况的子维度。任务-技术匹配的测量量表有 22 个条目，采纳行为的量表有 30 个条目。从条目的描述中可以看出，部分条目之间存在相关性。因此，需要对这两个构念的子维度进行探讨。探索性因子分析将变量归纳为因子，以便用于进行更清晰的结构方程建模。用于评估数据适用性的统计量是 KMO 值和 Bartlett 的球形检验。KMO 值通常要求大于 0.7，对于 Bartlett 的球形检验，显著性结果小于 0.05 表明变量之间确实存在足够的关联，可以运行有意义的探索性因子分析。收敛效度是指单个因子内的变量高度相关，它可以由因子载荷证明，因子载荷需要超过 0.40。

最后，进行 SEM 分析以检验假设 1~6。SEM 擅长处理潜在变量，如图 4-4 中个体层面的模型所示，本研究的几个主要构念都是潜在变量，每个构念都由多个指标衡量（也称为观察变量）。SEM 既适合处理每个潜在变量的多个指标，也适合检验模型中的复杂关系。对于同时估算一系列独立的多元回归方程而言，SEM 是最有效的统计方法。

结构方程模型的拟合度可以通过计算出具体的衡量标准来确定。卡方自由度比（CMIN/DF）表示隐含和观察到的协方差矩阵之间的拟合度。CFI 值、GFI 值和 AGFI 值表示协方差矩阵中的方差被考虑的程度。RMSEA 值着眼于观察到的协方差与预测协方差之间的差异。下面列出了应该报告的指标及其可接受的阈值，见表 5-9。

表 5-9 SEM 的测量阈值

测量值	阈 值
Chi-square/df（cmin/df）	<3 好；<5 有时允许
CFI	>0.95 大；>0.90 传统；>0.80 有时允许
GFI	>0.95
AGFI	>0.80
RMSEA	<0.05 好；0.5~0.10 中等；>0.10 坏

除上述四种主要分析技术外，还采用了描述性分析来介绍被调查者的概况。受访者的概况表明了 SEM 结果产生的背景。此外，还评估了 SEM 中所有变量的正态性，以确保数据符合 SEM 分析所基于的假设，即该数据应满足多元正态性的要求[26]。

5.4 定性研究设计

定性研究的目的是探索技术-文化的匹配如何影响 ICT 的应用。本节将对如何识别 ICT 蕴含的价值观的访谈指南、目标受访者、编码框架和内容分析法做出介绍。

5.4.1　采访指南

访谈提纲中的问题旨在最大限度地引出重要的研究概念。由于受访者很难直接描述技术和企业文化中承载的价值观，因此问题主要是关于 BIM 的实践，包括 BIM 的启动、BIM 的实施和 BIM 的评价。访谈指南见表 5-10。此外，访谈中还鼓励受访者提出他们认为有利于进一步了解 BIM 所蕴含的价值观的相关问题。

表 5-10　访谈提纲

BIM 的启动	
1	组织实施 BIM 的愿景是什么？
2	如何将 BIM 引入贵单位？
3	贵单位是否有关于 BIM 的培训？BIM 培训的情况如何？
BIM 的实施	
4	贵单位目前的 BIM 项目是什么？
5	谁参与了这个 BIM 的项目？
6	使用了哪些软件？
7	能否描述使用 BIM 的工作流程？
8	BIM 在你们的日常工作中是如何被应用的？
9	BIM 有没有给企业带来一些变化？员工对这些变化感受如何？
10	BIM 被应用时有任何的创新吗？
BIM 的评价	
11	使用 BIM 的好处是什么？
12	使用 BIM 的障碍是什么？
13	如何评估 BIM 的效果？

定性研究中的数据收集与数据分析密切相关，难以分离。基于这种解释，研究人员可以选择要问什么、追问什么和忽略什么。本研究同时进行了数据收集和数据分析。访谈指南也会根据数据分析中产生的问题进行修改。

获得定性数据还有其他重要来源，即文档、档案记录、直接观察、参与观察和实物[27]。在初始阶段，还通过收集文档以促进对 BIM 应用背景的理解。该文档主要由公开整理资料组成，包括目标企业编写的官方报告、利益关联企业创建的案例研究和报告、学术报告和文章等。

5.4.2　目标受访者

建筑行业实施的 ICT 有很多种，比如 BIM、ERP、项目管理系统、合同管理系统等。近年来，BIM 技术发展迅速，越来越多的建筑企业开始了对 BIM 的应用。因此 BIM 被作为定性研究的对象。

定性研究中使用的抽样技术是有目的的抽样。有目的的抽样要为选择与研究问题有关的参与者、观察地点或事件提供明确的标准或理由[3]。以下是目标受访者的选择标准：首先，为了探讨企业在应用 BIM 的过程中可能遇到的各种技术文化不匹配的情况，不同类型的组织，包括客户、承包商、设计公司和使用 BIM 的咨询公司都被考虑在内。其次，为了将文化差异最大化，香港和内地的企业也都被包括在内。第三，虽然许多建筑公司都声称他们已经应用了 BIM，但其实操作水平却参差不齐（仅将 BIM 用于 3D 制图与将 BIM 作为综合信息管理平台）。本研究的目的是针对已经成熟实施 BIM 的企业，以广泛揭示实施中的问题。内地和香港都有一些 BIM 的比赛，这些比赛基于一套全面的标准来评估企业的 BIM 应用情况。在内地，每年都会举办"BIM 创新杯"，香港每年也会颁发"Autodesk BIM 奖项"。为了确保选定的企业是行业中 BIM 应用的优秀代表，入选的企业都是这些比赛中最佳实施企业的获奖者。被联系的受访者均来自这些企业。根据理论抽样停止的标准，如果访谈一直持续直到没有新的情况出现时，研究者就会认为研究已经到达饱和[3]。

5.4.3 内容分析

内容分析是确认或测试现有理论的一种较为可行的方法。如果研究问题被明确定义了并且基于现有研究已经很好地确定了分析框架，那么内容分析可能是一种非常有效的数据分析方法。内容分析从预定义的分析框架开始。分析框架是通过对现有理论进行逻辑推导得出的。这样，就可以根据经验数据对现有理论进行检验。数据分析时需要查看每个分析单元，并根据预定义的框架对其进行分类。然后通常使用统计或定量方法对出现的情况进行统计和比较。内容分析的最后阶段是对结果的解释，将结果与现有理论的预测进行比较，并得出该理论的结论[3]。

Hsieh 和 Shannon（2005）总结了三种内容分析方法，即传统内容分析、定向内容分析和总结性内容分析[28]。这些内容分析方法的主要编码差异见表 5-11。

表 5-11　三种内容分析方法之间的主要编码差异

内容分析的类型	研究起点	定义编码或关键字的时间	编码或关键字的来源
传统内容分析	观察	编码在数据分析时被定义	编码来源于数据
定向内容分析	理论	编码在数据分析前或数据分析时被定义	编码来源于理论或相关的研究发现
总结性内容分析	关键词	关键词在数据分析前或数据分析时被定义	关键字来源于研究者的兴趣或文献综述

注：该表引自 Hsieh 和 Shannon（2005）[28]。

本研究采纳传统内容分析和定向内容分析相结合的方法，从有关企业文化和技术中蕴含的价值观的理论入手。首先是从理论和相关研究成果中得出了编码，然后在试验小组讨论和随后的访谈中，对代码进行了提炼，使之更适合建筑业BIM 实施的情境。下面将介绍本研究中内容分析的详细过程，包括定义编码单位、编码框架、编码技术和结果解释。

5.4.3.1 定义编码单位

在内容分析之前定义编码单位是十分必要的。编码单位是指对文本进行分类的基本单位。编码单位可以分为六类：单词、词义、句子、主题、段落和全文[29]。编码单位将影响编码程序，以及与同类研究结果的可比性[30]。Minichiello 等（1990）声称，当研究人员试图确定一个想法的表达时，基于主题的编码才是有效的[31]。考虑到语言（词、句子、段落）的自然边界可能无法正确反映单个文化维度，因此本研究的编码是基于主题的。

5.4.3.2 定义编码框架

一些研究人员已经进行了实证研究来调查技术中承载的价值观，但是他们使用不同的文化维度作为编码框架。Pliskin 等（1993）发现信息技术将通过权力分配、创新、行动导向、风险承担、整合和横向相互依赖、接触高层管理者，决策自主权、绩效导向和报酬导向等维度来改变企业[32]。这些维度全面地体现了技术中所承载的价值，但是它对于技术环境而言有特殊性，不易推广。Heeks（2002）也认为信息系统需要一个稳定正式的流程、理性的员工、严格的等级、正式和明确的结构，但这些维度某些方面是重叠的[33]。

Detert 等（2000）对现存文献进行了定性内容分析[34]，以确定研究者实际用于挖掘"组织文化"这个概念的具体维度，确定了代表现有文化研究的关键文化维度。Jones 等人（2006）已经使用这些维度来分析与 ERP 实施相关的文化问题[35]。因此，本研究也使用此框架来识别 BIM 中的价值观，这些维度见表 5-12。

表 5-12 企业文化维度

价值维度	重 点	描 述
硬数据与个体经验	真理和合理性的基础	企业使用硬数据通过系统的科学研究寻求真理或通过个体经验和直觉寻求真理
短期与长期	时间的本质	企业关注的重点是长期的还是短期的
外在动机与内部动机	动机	企业认为个体受渴望表现良好的内部动机或外部奖励和鼓励所激励

续表 5-12

价值维度	重　点	描　　述
稳定与变化	变革导向	企业在多大程度上倾向于保持"足够好"的稳定绩效水平，或者倾向于通过创新和变革来寻求更好的表现
流程与结果	工作导向	企业中的个体在多大程度上以工作为目的（结果），或者把工作过程作为实现其他目的的手段
独立与协作	协作导向	企业在多大程度上鼓励个体之间以及跨任务协作，或者鼓励个体努力而不是团队努力
集体决策与自主决策	控制、协调和责任	企业在多大程度上以少数人为决策中心，或者决策结构以整个组织的决策为中心
内部重点与外部重点	关注的导向和重点	注重内部流程改进或外部利益相关者的需求

　　注：该表引自 Detert 等（2000）[34]。

　　这些价值观维度是内容分析编码框架的基础，但是由于它并不完全适用于 BIM 的应用环境中，因此将在试点研究中细化，并在开展内容分析时提出了最终的编码框架。

5.4.3.3　编码技术

　　编码过程可以手动或通过计算机进行。计算机辅助定性数据分析（CAQDAS）可以追踪文本中使用的索引类别之间或"基础数据"和索引类别之间关系，为建立索引类别的树或层次结构提供便利，以得出对类别之间关系的解释。当样本量很大并且还需要一个清晰的编码框架时，CAQDAS 会非常有用。然而，CAQDAS 也常受到研究人员的质疑，即他们实际上是在处理已经包装完毕的变量，但却没有清楚地显示具体的认识、分析和解释策略[36]。考虑到 CAQDAS 的这种局限性以及本研究中访谈样本较少和编码框架模糊不清的问题，编码过程采纳人工方式完成。

　　可靠性是编码过程的关键问题。Krippendorff（2004）建议，当不同编码员重复编码不影响结果时，就可以认为编码过程具有可靠性[37]。他进一步提出，排除不可靠的分类、重新编码或丢弃不符合标准的变量可以提高可靠性。在本研究中，研究人员编码后，将由另一个独立的编码员进行检查以确保可靠性。

5.4.3.4　结果解释

　　定性数据分析的解释过程包括团队会议、同行汇报、与参与者一起核对解释等。进行数据分析后，将形成构念和命题。通过将研究结果与以前的文献进行比较，锐化构念定义、建立内部有效性、增强泛化性并提高理论水平。

5.5 小　结

　　本章讨论了研究设计中的关键问题。为了实现组织层面 ICT 应用和个体层面
ICT 应用的不同研究目标，研究设计包括定量研究（问卷调查）和定性研究（访
谈）。在组织层面，由于技术-文化匹配是一个抽象的现象，无法直接用测量工具
进行评估，因此采纳定性研究的方式分析技术-文化匹配与 ICT 实施之间的关系。
但是在个体层面，个体匹配和个体的 ICT 采纳行为更具有可观察性，因此采用定
量方法对其关系进行了分析。根据此研究设计，第 7 章将介绍进行问卷调查和数
据分析的程序，第 8 章将介绍访谈的程序和访谈的内容分析。

参 考 文 献

[1] Bryman A. Social Research Methods ［M］. Oxford ： Oxford university press，2012.

[2] Creswell，John W. Research design：Qualitative，quantitative，and mixed methods approaches ［M］. Calif ：Sage，2013.

[3] Rice P L，Ezzy D. Qualitative Research Methods：A Health Focus ［M］. South Melbourne（Australia）：Oxford University Press，1999.

[4] Yin R K. Case Study Research，Design and Methods ［M］. 2nd edition. Sage Publications：Thousand Oaks，1994.

[5] Glaser B，Strauss A. The Discovery of Grounded Theory ［M］. London：Weidenfield & Nicolson，1967：1-19.

[6] Eisenhardt K M. Building theories from case study research ［J］. Academy of Management Review，1989，14（4）：532-550.

[7] Rousseau D M. Issues of level in organizational research：Multi-level and cross-level perspectives ［J］. Research in organizational behavior，1985，7（1）：1-37.

[8] Cherry A L. A research primer for the helping professions：Methods，statistics，and writing ［M］. Belmont，Calif.：Wadsworth/Thomson Learning，2000.

[9] O'Reilly CA，Chatman J，Caldwell D F. People and organizational culture：A profile comparisons approach to assessing person-organization fit ［J］. Academy of Management Journal，1991，34（3）：487-516.

[10] Cable，D M，Judge T A. Interviewers' perceptions of person- organization fit and organizational selection decisions ［J］. Journal of Applied Psychology，1997，82：546-561.

[11] Cable D M，DeRue D S. The convergent and discriminant validity of subjective fit perceptions ［J］. Journal of Applied Psychology，2002，87（5）：875.

[12] Schneider B，Goldstiein H W，Smith D B. The ASA framework：An update ［J］. Personnel psychology，1995，48（4）：747-773.

[13] Cable D M, Judge T A. Interviewers' perceptions of person-organization fit and organizational se-
lection decisions [J]. Journal of Applied psychology, 1997, 82 (4): 546.

[14] Cable D M, Judge T A. Person-organization fit, job choice decisions, and organizational entry
[J]. Organizational Behavior and Human Decision Processes, 1996, 67 (3): 294-311.

[15] Caldwell D F, O'Reilly C A. Measuring person-job fit with a profile-comparison process
[J]. Journal of Applied Psychology, 1990, 75 (6): 648-657.

[16] Saks A M, Ashforth B E. A longitudinal investigation of the relationships between job
information sources, applicant perceptions of fit, and work outcomes [J] . Personnel
Psychology, 1997, 50 (2): 395-426.

[17] Goodhue D L. Development and measurement validity of a task-technology fit instrument for user
evaluations of information system [J]. Decision Sciences, 1998, 29 (1): 105-138.

[18] Zigurs I, Buckland B K. A theory of task/technology fit and group support systems effectiveness
[J]. MIS Quarterly, 1998, 22 (3): 313-334

[19] Dishaw M T, Strong D M. Extending the technology acceptance model with task-technology fit
constructs [J]. Information & Management, 1999, 36 (1): 9-21.

[20] Strong D M, Dishaw M T, Bandy D B. Extending task technology fit with computer self-efficacy
[J]. ACM SIGMIS Database, 2006, 37 (2-3): 96-107.

[21] Davis F D. Perceived use-fulness, perceived ease of use, and user acceptance [J]. MIS Quar-
terly, 1989, 13 (3): 319-340.

[22] Burton-Jones A, Straub D W. Reconceptualizing system usage: An approach and empirical test
[J]. Information Systems Research, 2006, 17 (3): 228-246.

[23] DeLone W H, McLean E R. Information systems success revisited [C]// HICSS. Proceedings
of the 35th Annual Hawaii International Conference on IEEE. 2002: 2966-2976.

[24] Doll W J, Torkzadeh G. Developing a multidimensional measure of system-use in an organiza-
tional context [J]. Information & Management, 1998, 33 (4): 171-185.

[25] Spector P E. Summated Rating Scale Construction: An Introduction [M]. Calif: Sage Publica-
tions, 1992.

[26] Byrne B M. Structural Equation Modeling with AMOS: Basic Concepts, Applications, and Pro-
gramming [M]. (2nd ed.) London: Rougledge, 2009.

[27] Robert K. Yin. Case Study Research Design and Methods [M]. (5th ed.) . Thousand Oaks,
CA: Sage, 2014.

[28] Hsieh H F, Shannon S E. Three approaches to qualitative content analysis [J]. Qualitative
Health Research, 2005, 15 (9): 1277-1288.

[29] Weber R P. Basic Content Analysis [M]. Calif: Sage, 1990.

[30] De Wever, Schellens T, Valcke M, et al. Content analysis schemes to analyze transcripts of
online asynchronous discussion groups: A review [J] . Computers & Education, 2006,
46 (1): 6-28.

[31] Minichiello V, Aroni R, Timewell E, et al. Indepth Interviewing: Researching People [M].
South Melbourne: Longman Cheshire, 1990.

[32] Pliskin N, Romm T, Lee A S, et al. Presumed versus actual organizational culture: Managerial implications for implementation of information systems [J]. The Computer Journal, 1993, 6 (2): 143-152.

[33] Heeks R. Information systems and developing countries: Failure, success, and local improvisations [J]. The Information Society, 2002, 18 (2): 101-112.

[34] Detert J R, Schroeder R G, Mauriel J J. A framework for linking culture and improvement initiatives in organizations [J]. Academy of Management Review, 2000, 25 (4): 850-863.

[35] Jones M C, Cline M, Ryan S. Exploring knowledge sharing in ERP implementation: An organizational culture framework [J]. Decision Support Systems, 2006, 41 (2): 411-434.

[36] Mason J. Qualitative Researching [M]. Calif: Sage, 2002.

[37] Krippendorff K. Reliability in content analysis [J]. Human Communication Research, 2004, 30 (3): 411-433.

6 试 点 研 究

本章的试点研究包含三个部分。第一部分是试点采访，以识别建筑中使用的ICT 类型并验证理论模型的现实意义。第二部分是问卷调查预测试，以消除问卷陈述中的歧义，并修改或删除在建筑业环境下不适合的问题。第三部分基于 BIM研讨会完善了内容分析的编码框架。这三个部分不是依次进行的，而是并行开展的。

6.1 试 点 采 访

试点访谈的公司包括业主、承包商、设计公司和咨询公司，受访者在这些组织的不同部门工作。访谈是半开放式访谈，结构化面试包括几个基本问题：
（1）您的组织使用哪种 ICT？
（2）您如何在工作中使用 ICT？
（3）ICT 的使用是否有问题？
（4）为什么会发生这些问题？
受访者的回答后面有一些即兴问题，并且还鼓励受访者提出任何他们认为对进一步理解 ICT 的应用很重要的问题。
试点访谈共有 8 名受访者。受访者的资料见表 6-1。

表 6-1　受访者的资料

编号	组织所处的位置	组织类型	性别	工作经验	地位	ICT 的类型
1	香港	咨询公司	男	20 年	高级顾问	建筑信息模型
2	香港	承包商	男	6 年	造价师	文件管理系统
3	北京	业主	女	3 年	采购部经理	采购信息系统
4	广州	设计公司	女	3 年	管理部职员	文件管理系统
5	潍坊	咨询公司	男	6 年	项目管理部职员	企业资源计划系统
6	成都	设计公司	男	2 年	管理部职员	决策制定系统
7	南宁	业主	女	2 年	金融部职员	金融信息系统
8	杭州	承包商	男	6 年	项目经理	项目管理系统

访谈的结果提供了有关香港和内陆建筑行业使用的 ICT 类型，包括项目管理

系统、文件管理系统、决策系统、财务信息系统、采购信息系统、建筑信息模型（BIM）和企业资源计划（ERP）系统。这些类型的技术被设置为问卷调查 A 部分中问题 11 和问题 12 的答案选项。

　　问题 11：请选择组织中已采纳的信息技术的类型（可多选）。

　　问题 12：请从以下技术类型中选择您最常使用或与您的工作最相关的技术。

　　受访者的反馈表明，业主、承包商、设计公司和咨询公司都采纳了特定类型的 ICT，尽管某些 ICT 的利用率较低。因此，分发问卷的目标对象涵盖了所有这四种类型的组织的员工。

　　ICT 的采纳产生的问题包括：

　　（1）工作过程不符合技术要求；

　　（2）数据没有准时输入系统；

　　（3）该技术增加了工作量，因为仍然需要将数据离线保存在纸上；

　　（4）该技术不符合某些技术标准的要求；

　　（5）组织文化保守；

　　（6）购买信息系统时没有明确的实施计划；

　　（7）信息系统开发过度，某些功能无用；

　　（8）组织为不同部门安装了不同的信息系统，但是它们彼此不兼容；

　　（9）员工主要受到领导者的支持和激励；

　　（10）如果输入数据仅是为了他人的利益，则员工将不愿意使用它；

　　（11）用户的能力和公司的管理水平与新技术不兼容。

　　这些采访中并未明确说明技术、任务、个体和文化是如何相互作用的，但提到了社会技术系统的这四个要素之间的"匹配"及其对 ICT 采纳的影响。为了证实这一命题，必须进行更详细的调查和访谈。

6.2　问卷预调查

　　如第 4 章所述，问卷的设计旨在评估个体-文化匹配、个体-任务匹配、任务-技术匹配和技术采纳行为。量表的原始版本是英文，但潜在的受访者可能对英语了解不多，因此需要将这些量表翻译成中文。然后，由香港大学的一名博士生和一家香港建筑公司的高级员工将中文译成英文，并根据两个英文版本之间的比较对中文版本进行了修改。

　　然后将问卷分发给 43 位受访者，以评估题目陈述的清晰度及其在建筑行业中的适用性。根据 43 位受访者的回复对中文版本进行了少量修改，以使调查表与中文表达形式更加一致。问卷保留了初始量表的所有题目。

6.3 完善编码框架

BIM 研讨会中讨论的材料也用于完善内容分析的编码框架。BIM 研讨会是由香港大学房地产及建设系、香港建筑信息模型研究所以及 BIM 学院联合举办的。BIM 学院是 2010 年创立的，作为 BIM 的尖端技术中心，自成立以来一直非常有效地为建筑行业提供研究和咨询服务，并对大学的多门课程给予了支持。

BIM 研讨会的目的是增进行业专业人员对 BIM 应用于项目工作流程的理解。BIM 研讨会的参会者来自建筑、土木工程和房地产领域的香港行业专家，包括业主、咨询公司、承包商、供应商和物业经理。研讨会持续 3 天，从上午 9：00 到下午 5：00。BIM 研讨会将听众分成 3 组，讨论有关 BIM 的 3 个问题：

（1）您的企业中是否存在 BIM 的业务案例？

（2）哪些因素对 BIM 的应用很重要？

（3）有哪些障碍和风险？

在讨论小组中安排了 3 名学生作为观察员，并记录了讨论过程。参会者的概况见表 6-2。来自不同背景的参会者们代表包括学术界、咨询公司、承包商、建筑师和物业管理的观点，研讨会鼓励参与者就每个问题提出自己的观点并列举实践中的例子。尽管讨论材料与 BIM 中承载的价值观或企业文化都没有直接关系，但它对 BIM 的应用背景做出了一些解释，这将对编码过程有指导意义。

表 6-2　BIM 研讨会的参与人员

组序	参会者姓名	企　业	代表角色
第 1 组	JLR	BIM 学院有限公司	咨询公司
	RC	Intelibuild	咨询公司
	JL	赛马会	物业管理
	MK	香港大学	学术界
第 2 组	PB	BIM 学院有限公司	咨询公司
	SR	香港大学	学术界
	BL	友利建筑有限公司	承包商
	JZ	Intelibuild	BIM 咨询公司
	KC	阿特金斯集团	咨询公司

续表6-2

组序	参会者姓名	企　业	代表角色
第3组	SM	贝诺	建筑师
	IC	香港大学	学术界
	TC	BYME Engineering (HK) Ltd.	建筑服务承包商
	SCW	Aktin	建筑师

　　原始的编码框架是基于 Detert 等人开发的文化框架（2000）[1]。根据对讨论材料的分析，其中六个价值维度与 BIM 的应用非常相关，包括硬数据与个体经验、短期与长期、稳定与变化、独立与协作、流程与结果以及内部关注与外部关注。

　　为了得出 BIM 中承载的价值观，需要将这些描述转换为 BIM 强调哪种文化特征的描述。基于人们描述 BIM 强调的文化特征的讨论材料，表6-3第二栏中提供了对编码更精准的描述，第三栏中还提供了引文。引文中与价值观维度有关的关键字也将突出显示。这个编码框架用作进行初始内容分析的指南，最终编码框架将在编码过程中构建。

表 6-3　修正的编码框架

价值维度	编码指南	引　　文
硬数据与个体经验	关于使用 BIM 或个体经验产生的数据进行项目决策的所有陈述	"当项目很复杂时，3D 会很有帮助。例如，在我们的一个钢结构非常复杂的项目中，在协调和施工过程中使用 2D 工程图可能非常困难。"
短期与长期	关于投资 BIM 所带来的长期、短期利益的所有陈述	" BIM 的成本是有形的，但使用 BIM 的好处却不可见。这可能会阻碍促进 BIM 的实施。" "作为建筑师，我们没有发现使用 BIM 的强烈动机，因为很难衡量使用 BIM 的好处。" "培训之后进行实践对于 BIM 应用非常重要。一些员工想提高自己。有形的结果可能不是主要问题，但声誉和发展更为重要。" "实施 BIM 的一个障碍是项目工期短。该项目需要快速完成，但是建立 BIM 模型需要较长的准备时间。"

续表 6-3

价值维度	编码指南	引　文
稳定与变化	有关 BIM 带来的改变或者人们对这种改变的态度的所有陈述	"目前的 BIM 团队大部分都是兼职，团队成员需要花费自己的额外时间来处理 BIM，使他们<u>担心这种变化</u>，因此，在公司中建立合适的 BIM 团队非常重要。" "我们讨论了交付 BIM 模型的两种方法。第一个是'设计建造'模式，该模式遵循<u>传统的</u>交付过程。当前的方法是：建筑师和工程师应在完全交互的同时并行构建自己的模型，并将组合的模型交付给造价师和承包商等。" "我们为来自 Gammon 的员工提供培训，年轻的工程师很愿意参加这些培训课程，但是 50 岁以上的员工<u>不愿意这样做</u>，因为他们认为这是浪费时间。"
独立与协作	关于 BIM 合作的所有陈述	"在项目中，顾问和分包商试图<u>避免涉及</u> BIM 相关问题。" "不同的项目团队应该建立自己的 BIM 团队，并建立他们的模型，而总承包商应该扮演<u>协调</u>他们的模型的角色，而不是为他们建立这些模型。" "BIM 在准备阶段增加了时间，但在后期阶段增加了<u>协调</u>。"
流程与结果	有关使用 BIM 结果的所有描述	"它提高了工作<u>效率</u>，例如，可以快速构建剖面图。"
内部关注与外部关注	BIM 为企业内部和业主创造利益的所有描述	"我们之所以使用 BIM，是因为 MTRC（<u>业主</u>）需要它。"

6.4 小　　结

本章的试点访谈证明社会技术系统各要素之间的匹配及其对采纳 ICT 的影响这一理论框架与实践相符。问卷的预测方式确保了问卷中题目的明确性及其在建筑行业中的适用性，该问卷将用于第 7 章定量研究。本章还基于 BIM 研讨会的讨论材料对编码框架进行了改进，以适应第 8 章的定性研究。

参 考 文 献

[1] Detert J R, Schroeder R G, Mauriel J J. A framework for linking culture and improvement initia-tives in organizations [J]. Academy of Management Review, 2000, 25 (4): 850-863.

7 定 量 研 究

<<<<<<<<<<<<<<<<<<<<<<<<<<<<<<<<<<<<<<<<<<<<<<<<<<<<<<<<<<<<<<<<<<<<<<<<

根据研究方法，采用定量研究法来实现目标1和目标2：（1）通过社会技术系统的视角，从个体与文化、任务和技术的匹配来考察个体在 ICT 采纳中的作用；（2）研究个体与文化的匹配、个体与任务的匹配和任务-技术的匹配对个体在 ICT 采纳中行为的交互影响。为实现上述两个目标，对6个假设进行了检验。

假设5和假设6属于目标1：

H5：个体适应组织文化的程度越高，他就越有可能满足任务要求。

H6：个体越符合任务要求，他对 ICT 与工作匹配评价越高。

假设1~假设4属于目标2：

H1：个体适应组织文化的程度越高，他越有可能采纳 ICT。

H2：个体满足任务要求的程度越高，他越有可能采纳 ICT。

H3：ICT 与任务要求的匹配程度越高，个体采纳 ICT 的可能性就越大。

H4：个体越倾向于采纳 ICT，他在工作中实际使用 ICT 的可能性就越大。

本章中采用的研究方法的逻辑如图 7-1 所示。

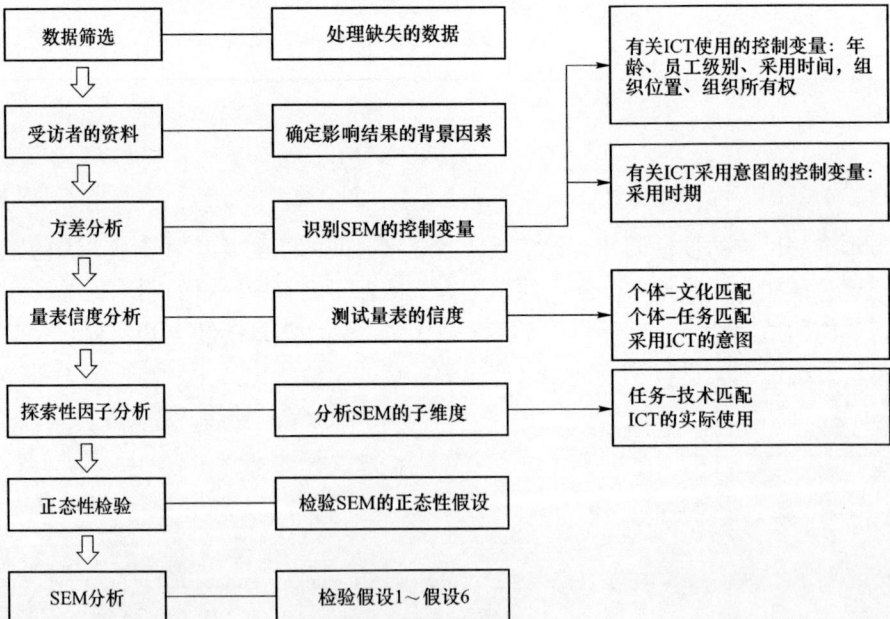

图 7-1　定性研究的方法

数据筛选是为了处理缺失的数据。受访者的资料表明了 SEM 所产生结果的背景。方差分析是为了检验采纳 ICT 的意图和实际使用 ICT 在不同背景因素下的差异。根据方差分析的结果，确定了采纳 ICT 的意图和 ICT 的实际使用行为的控制变量。量表信度分析测试了个体与文化匹配、个体与任务匹配和采纳 ICT 的意图等量表的信度，并剔除了不恰当的量表条目。探索性因子分析得出了任务-技术匹配和 ICT 实际使用行为的子维度。正态性评估表明数据没有违反 SEM 的正态性假设。所有这些步骤都是为 SEM 中使用数据和变量做准备，最后通过 SEM 分析中对假设 1~假设 6 进行了检验。

7.1 问卷调查的数据筛选

问卷调查阶段大约发出了 2400 份调查问卷，共回收问卷 256 份，答复率为 10.6%，答复率相对较低。造成答复率偏低的原因有以下几个方面：（1）一些受访者的组织未采纳任何类型的 ICT；（2）尽管某些组织机构采纳 ICT，但受访者在工作中并未使用它；（3）问卷的长度为 4 页，受访人回答所有问题较为费时。

在 256 份答复中，有 51 份答卷漏掉了问卷的一个或多个部分，因此这些答卷被删除，仅保留了其余 205 份答复。Garson（2010）建议，SEM 的最小样本量为 200，这是一个普遍的经验法则[1]。该样本量达到了探索性因子分析和 SEM 的最低要求。

问卷主要通过电子邮件发送，并附有网上问卷系统的链接。在线调查的所有问题均被设为必答题。因此，如果被调查者省略了一些问题，系统将在提交之前提醒被调查者遗漏的项目。因此，网上问卷系统的答复中几乎没有缺失值。另外一小部分的问卷也以纸质版的形式发放。尽管问卷已指示受访者完成所有问题，但仍有部分答案出现缺失的情况。

有 3 个回答在 SD10（我使用该技术使我的决定合理化）、IW12（我使用该技术使主管了解情况）和 SR2（我可以指望这些系统在需要时可以启动和使用）上有缺失值。这些条目的缺失值是可以由相关条目估计出来。例如，SD10 由 SD7（我使用该技术来帮助我解释我的决定）、SD8（我使用该技术来帮助我证明我的决定）和 SD9（我使用该技术来帮助我明确我的决定的原因）的平均值来估计。IW12 是由 IW6（我使用技术来监控自己的表现）估算出来的。SR2 是根据 SR1（该数据经常出现系统问题和崩溃）的值估算的。

7.2 受访者简介

205 位受访者的个体资料，包括性别、年龄、教育程度、雇员职位、组织位置、组织类型、组织所有权、ICT 类型和采纳时间见表 7-1。

表 7-1 受访者的背景资料

项目	分 类	频次	百分比/%
性别	女	30	14.6
	男	175	85.4
年龄	20~29	61	29.8
	30~39	49	23.9
	40~49	25	12.2
	>50	70	34.1
教育程度	本科以下	5	2.4
	学士学位	56	27.3
	硕士学位	129	62.9
	博士学位	15	7.3
雇员职位	高级管理层	61	29.8
	中级管理层	59	28.8
	一般管理人员	31	15.1
	一线工作人员	54	26.3
组织位置	香港	113	55.1
	内地	75	36.6
	其他	17	8.3
组织类型	业主	58	28.3
	承包商	66	32.2
	设计公司	28	13.7
	咨询公司	49	23.9
	其他	4	2.0
组织所有权	公有	100	48.8
	私有	105	51.2
ICT 类型	项目管理系统	60	29.3
	文件管理系统	60	29.3
	决策制定系统	4	2.0
	金融信息系统	12	5.9
	文件信息系统	17	8.3
	建筑信息系统	27	13.2
	企业资源计划	17	8.3
	其他	8	3.9

项目	分 类	频次	百分比/%
采纳时间	1 年内	38	18.5
	1~3 年	41	20.0
	3~5 年	43	20.9
	5~10 年	33	16.1
	10~20 年	34	16.6
	超过 20 年	16	7.8

在性别类别中，大多数受访者为男性（占 85.4%），相对少部分受访者为女性（占 14.6%）。这一占比是合理的，因为在建筑行业工作的男性人数更多。

年龄分布相对平衡。29.8% 的受访者年龄在 20~29 岁之间。23.9% 的受访者年龄在 30~39 岁之间，12.2% 的受访者年龄在 40~49 岁之间，而 34.1% 的受访者年龄在 50 岁以上。由此可见，年龄在 40~49 岁之间的受访者是占比最小的一类。年龄在 40~49 岁之间的人可能正处于职业生涯的关键时刻，较为忙碌，可能对作答没有兴趣。

在教育水平方面，大多数受访者具有学士学位（27.3%）和硕士学位（62.9%）。只有 2.4% 的受访者拥有学士学位以下的学历，而 7.3% 的受访者拥有博士学位。其中一个原因可能是内地和香港的样本全部来自建筑行业的龙头企业，并且这些企业的员工都受过良好的教育。另一个原因可能是本科学历以下的人不容易理解问卷调查的目的，也不会响应调查。

从雇员职位来看，高级管理人员占 29.8%，中层管理人员占 28.8%，一般管理人员占 15.1%，一线工作人员占 26.3%。来自这 4 个员工层级的受访者相对比较均衡。

地域数据显示，来自香港的受访者要比来自内地的受访者要多。55.1% 的受访者来自香港，36.6% 的受访者来自内地。这可能是由于香港工程师协会年鉴中有详细的成员名单，因此香港的样本总数大于内地。另外由于项目外派的原因，虽然问卷只在内地和香港发放，但是有 8.3% 的样本来自于其他国家和地区。

就组织类型而言，来自承包商组织的受访者所占比例最大（32.2%）。在其余的受访者中，28.3% 的受访者来自业主，13.7% 的受访者来自设计公司，23.9% 的受访者来自咨询机构，2% 的受访者来自其他类型的组织。来自承包商的受访者所占比例最高并不奇怪，因为承包商的工作相对于其他类型的组织来说是最复杂的，并且需要与各方进行沟通和协调，因此他们最需要使用 ICT 来协助他们的工作。

组织所拥有的数据显示，公营和私营机构的比例几乎相等，分别为 48.8% 和 51.2%。因此，受访者组织的资料表明，该样本包含了来自香港和内地的不同类型的组织，并且该样本的研究结果可以在不同的背景下进行归纳。

关于 ICT 的采纳类型的数据显示，最常被提及的是项目管理系统（29.3%）和文件管理系统（29.3%），然后是建筑信息模型（13.2%），其余是处理具体工作的信息系统，包括财务信息系统（5.9%）、文件信息系统（8.3%）和企业资源计划系统（8.3%）。决策系统的使用频率最低（2%）。一种可能的解释是建筑行业的决策更多依赖于经验，而不是信息系统。只有 3.9% 的受访者表示他们在工作中使用其他类型的 ICT。这说明默认的选择选项设置得很合理，这七种类型的 ICT 涵盖了建筑组织中的大多数 ICT。

在采纳时间方面，有 18.5% 的受访者采纳了该技术的时间为 1 年内，20% 的受访者采纳该技术的时间为 1~3 年，20.9% 的受访者采纳该技术的时间在 3~5 年，16.1% 受访者采纳该技术的时间为 5~10 年，16.6% 的受访者采纳该技术的时间为 10~20 年，而 7.8% 的受访者采纳该技术的时间超过 20 年。这意味着从这组数据得出的结论可以覆盖采纳 ICT 的整个生命周期。

7.3　方差分析（ANOVA）

为了检验表 7-1 中所列类别中采纳 ICT 的意图和实际使用 ICT 的差异的显著性，本部分采用了方差分析的方法。在采纳 ICT 的意图和实际使用 ICT 方面表现出显著差异的因素被视为要纳入 SEM 中的控制变量。

在进行方差分析之前，使用 ICT 的意图和实际使用情况在性别、年龄、教育程度、雇员职位、组织所在地、组织类型、组织所有权、ICT 类型和采纳时间等不同类别下的平均值和标准差的描述性统计见表 7-2，用以显示这些类别之间的差异。

表 7-2　ICT 的使用意图和实际使用情况的描述性统计

项目	分 类	使用意图的平均值	使用意图的标准差	实际使用的平均值	实际使用的标准差
性别	男	5.4590	1.12575	4.6153	1.09609
	女	5.3670	1.14225	4.2064	1.21225
年龄	20~29	5.2623	1.27514	4.2552	1.09537
	30~39	5.3949	0.98959	4.2299	1.04961
	40~49	5.5868	1.19885	4.6197	1.19498
	>50	5.5901	1.04514	5.0221	1.01270
教育程度	专科	5.2000	0.96148	4.6469	0.69800
	学士学位	5.2439	1.27670	4.4401	1.16462
	研究生学位	5.5194	1.09264	4.5867	1.12866
	博士学位	5.6447	0.78049	4.6875	1.04080

项目	分　类	使用意图的平均值	使用意图的标准差	实际使用的平均值	实际使用的标准差
雇员职位	高级管理层	5.6177	1.19041	4.9198	1.06134
	中级管理层	5.5419	0.80946	4.8148	0.96738
	一般管理人员	5.4739	1.23395	4.0829	1.12745
	一线工作人员	5.1294	1.24448	4.1319	1.12661
组织位置	香港	5.4601	1.09581	4.7545	1.09279
	内地	5.3289	1.17060	4.2923	1.10840
	其他	5.8629	1.08014	4.3938	1.15029
组织类型	业主	5.4601	0.94306	4.5201	1.11289
	承包商	5.3836	1.27846	4.4848	1.13021
	设计公司	5.1068	0.98044	4.6273	1.14777
	咨询公司	5.4631	1.15424	4.6393	1.14632
	其他	5.4175	1.34309	4.7048	0.94769
组织所有权	公有	5.3965	1.14358	4.3362	1.12029
	私有	5.4922	1.11211	4.7643	1.08443
ICT 类型	项目管理系统	5.2775	1.06504	4.5576	1.06504
	文件管理系统	5.6278	1.04865	4.4852	1.04865
	决策制定系统	5.5825	1.25853	4.3054	1.25853
	金融信息系统	5.1675	1.64234	4.7620	1.64234
	文件信息系统	5.4118	1.53894	4.5287	1.53894
	建筑信息系统	5.3581	1.04940	5.1043	1.04940
	企业资源计划	5.8041	0.77186	4.2119	0.77186
	其他	5.2913	1.13314	3.8162	1.13314
采纳时间	1 年内	4.9126	1.38734	4.2858	0.94930
	1~3 年	5.2680	1.25425	4.1311	1.21592
	3~5 年	5.8993	0.76814	4.6581	1.15694
	5~10 年	5.5555	0.95646	4.5820	1.13867
	10~20 年	5.4218	1.08322	4.7460	0.97155
	超过 20 年	5.7700	0.75759	5.5481	0.68228

这些类别之间的差异简要总结如下：

在性别类别中，男性采纳 ICT 的意图和对 ICT 的实际使用平均值均高于女性采纳 ICT 的意图和对 ICT 的实际使用平均值。

在年龄类别中，年龄在 50 岁以上的人最有意采纳 ICT 并实际使用 ICT。20~

29 岁的人使用 ICT 的意图最低, 而 30~39 岁的人实际使用 ICT 的平均值最低。

　　在教育类别中, 具有博士学位的人最有意向采纳 ICT 并实际使用 ICT。本科学历以下使用 ICT 的意图最低, 而学士学位的人实际使用 ICT 的平均值最低。

　　在雇员职位类别中, 高级管理人员最有意采纳 ICT 并实际使用 ICT。一线人员使用 ICT 的意图最低, 而一般管理人员实际使用 ICT 的平均值最低。

　　在地域类别中, 香港人比内地人有更高的意图采纳 ICT 并实际使用 ICT。

　　在组织类型类别中, 业主组织中的人采纳 ICT 的意图最高, 而设计公司的人员采纳 ICT 的意图最低。至于 ICT 的实际使用情况, 其他类型组织的员工的平均数最高, 咨询公司中的人均值次之, 而承包商组织中的人均值最低。

　　在组织所有权的类别中, 私营组织中的员工具有采纳 ICT 和实际使用 ICT 的较多。

　　在 ICT 类型类别中, 企业资源规划获得最高采纳 ICT 的意图, 而金融信息系统则在人员采纳 ICT 的意图中获得最低平均值。对于 ICT 的实际使用而言, 建筑信息模型获得的平均值是人们实际使用的最高平均值, 而其他类型的 ICT 则获得的平均值最低。

　　在采纳时间的类别中, 采纳 3~5 年的 ICT 达到人们采纳意图的平均值最高, 而采纳 1 年左右的 ICT 则使人们采纳意图的平均值最低。就实际使用情况而言, 采纳 20 年以上的 ICT 的平均值最高, 而采纳 1~3 年的 ICT 的平均值最低。

　　分析表明, 人们使用 ICT 的意图的平均值在不同类别的潜在控制变量下是不同的, 人们实际使用 ICT 的平均值在不同类别的潜在控制变量下也不同。接下来将进一步进行方差分析, 以查看这些不同类别之间的差异是否显著。

　　对于人们采纳 ICT 的意图, 方差分析结果见表 7-3, 结果表明只有不同类别的采纳时间之间的差异是显著的。各类采纳时间的差异可以从表 7-2 的采纳 ICT 意图的描述性统计中回顾。

表 7-3　ICT 采纳的方差分析结果

项　目		平方和	自由度	均方差	F 值	Sig.
性别	组间	0.217	1	0.217	0.170	0.680
	组内	258.349	203	1.273		
	全部	258.565	204			
年龄	组间	4.137	3	1.379	1.089	0.355
	组内	254.429	201	1.266		
	全部	258.565	204			
教育程度	组间	3.876	3	1.292	1.020	0.385
	组内	254.690	201	1.267		
	全部	258.565	204			

续表 7-3

项　目		平方和	自由度	均方差	F 值	Sig.
雇员职位	组间	7.776	3	2.592	2.077	0.104
	组内	250.790	201	1.248		
	全部	258.565	204			
组织位置	组间	4.006	2	2.003	1.589	0.207
	组内	254.560	202	1.260		
	全部	258.565	204			
组织类型	组间	6.317	4	1.579	1.252	0.290
	组内	252.248	200	1.261		
	全部	258.565	204			
组织所有权	组间	0.469	1	0.469	0.369	0.544
	组内	258.096	203	1.271		
	全部	258.565	204			
ICT 的类型	组间	7.293	7	1.042	0.817	0.574
	组内	251.273	197	1.275		
	全部	258.565	204			
采纳时间	组间	23.039	5	4.608	3.893	0.002
	组内	235.526	199	1.184		
	全部	258.565	204			

采纳 ICT 的 3~5 年类别的意向均值最高（5.8993），其次是 20 年以上（5.7700），5~10 年（5.5555），10~20 年（5.4218）和大约 1 年内采纳 ICT 的意向平均值最低（4.9126）。这一规律表明，人们采纳 ICT 的意图并不是简单地随着采纳期的增加而增加或减少。在最初的 5 年中，人们采纳 ICT 的意图达到了最高点。然后，在 5~20 年的时间里，人们采纳 ICT 的意图降到了最低点。最后，当采纳期超过 20 年时，人们采纳 ICT 的意图再次上升。这意味着实施 ICT 是组织的一个长期项目。在最初的几年中，由于新鲜感，人们采纳 ICT 的意图可能会增强。然后，出现了实施 ICT 的问题和障碍，人们采纳 ICT 的意图就会降低。随着工作中使用 ICT 成为组织的日常工作，人们逐渐习惯了 ICT，他们采纳 ICT 的意图再次增加。

对于人们对 ICT 的实际使用情况，方差分析结果见表 7-4，该结果表明，年龄、雇员职位、组织所在地、组织所有权和采纳时间等不同类别之间存在的差异是显著的。这些变量类别之间的差异可以从表 7-2 中 ICT 实际使用情况的描述性统计数据中得出。

表 7-4　ICT 的实际使用情况的方差分析结果

项　目		平方和	自由度	均方差	F 值	Sig.
性别	组间	4.282	1	4.282	3.454	0.065
	组内	251.661	203	1.240		
	全部	255.943	204			
年龄	组间	26.036	3	8.679	7.588	0.000
	组内	229.906	201	1.144		
	全部	255.943	204			
教育程度	组间	1.174	3	0.391	0.309	0.819
	组内	254.769	201	1.268		
	全部	255.943	204			
雇员职位	组间	28.674	3	9.558	8.453	0.000
	组内	227.268	201	1.131		
	全部	255.943	204			
组织位置	组间	10.111	2	5.056	4.154	0.017
	组内	245.832	202	1.217		
	全部	255.943	204			
组织类型	组间	0.981	4	0.245	0.192	0.942
	组内	254.962	200	1.275		
	全部	255.943	204			
组织所有权	组间	9.390	1	9.390	7.731	0.006
	组内	246.553	203	1.215		
	全部	255.943	204			
ICT 类型	组间	15.583	7	2.226	1.825	0.084
	组内	240.360	197	1.220		
	全部	255.943	204			
采纳时间	组间	27.622	5	5.524	4.815	0.000
	组内	228.321	199	1.147		
	全部	255.943	204			

　　在年龄类别中，年龄在 20~29 岁和 30~39 岁之间的人使用 ICT 的频率较低，平均得分分别为 4.2552 和 4.2299。40~49 岁年龄段人群的 ICT 实际使用率处于中等水平，平均得分为 4.6197。50 岁以上的人最常使用 ICT，平均得分为 5.0221。这与年轻人更愿意采纳新技术的普遍理解相矛盾。

　　在组织机构所在地类别中，在香港工作的人士（平均得分为 4.7545）比在内地工作的人士（4.2923）更频繁地使用 ICT。在组织所有权的类别中，在私营组织中工作的人士（平均得分为 4.7643）比在国有企业中工作的人士（4.3362）使用 ICT 的频率更高。

在雇员职位类别中，高级管理人员使用 ICT 的频率最高，平均得分为 4.9198，其次是中层管理人员，平均得分为 4.8148。一般管理人员和一线人员使用 ICT 的频率相对较低，平均得分分别为 4.0829 和 4.1319。这表明由于本研究所研究的 ICT 主要是支持管理任务的，所以高层次员工使用 ICT 的频率可能更高。

在采纳期的类别中，人们对 ICT 的实际使用情况总体上呈现出随着使用年限的累积人们对 ICT 的实际使用情况会增加的规律。采纳 1 年和 1~3 年左右的人使用 ICT 的频率最低，平均得分分别为 4.2858 和 4.1311。采纳 ICT 3~5 年、5~10 年、10~20 年的人使用 ICT 的频率更高，平均得分分别为 4.6581、4.5820 和 4.7460。采纳 20 年以上的人们使用 ICT 的频率最高，平均得分为 5.5481。

性别和教育水平对 ICT 实际使用的方差分析的不显著，这与以往的研究结果不一致。在以前的研究中，性别与人们使用 ICT 的方式以及对 ICT 的态度有关。Jackson（2001）发现，男性和女性出于不同目的的使用互联网[2]。女性使用互联网更多是出于交流的目的，而男性使用互联网更多是出于搜索的目的。女性具有更多的计算机焦虑症，较低的计算机自我效能感，较不利和较陈规的计算机态度。Broos（2005）发现，与男性相比，女性对计算机和互联网的负面态度更为普遍，男性的计算机焦虑比女性少[3]。

在以往的研究中也发现教育水平会影响 ICT 的采纳，但本研究中它对采纳 ICT 的意图或 ICT 的实际使用情况都没有影响。人们通常认为，受过高等教育的员工会提高组织采纳 ICT 的程度，因为潜在采纳者的受教育程度越高，他们的创新能力就越强[4]。ICT 产生了巨大的数据输出，员工需要足够的技能来充分利用它[5]。然而，仍然有一些研究发现，教育水平与 ICT 的采纳之间关系较为微弱[6]或根本不存在[7]。原因可能是建筑行业使用的大多数 ICT 并不十分复杂，并且不需要高学历。

简而言之，根据方差分析的结果，采纳时间可能会影响人们采纳 ICT 的意图。同时，年龄、雇员职位、组织所在地、组织所有权和采纳时间可能会影响人们对 ICT 的实际使用。因此，将采纳时间作为在 SEM 中采纳 ICT 意图的控制变量，而将年龄、雇员职位、组织所在地、组织所有权和采纳时间作为 SEM 实际使用 ICT 的控制变量。

7.4　量表的信度分析

量表信度分析旨在测试个体与文化匹配、个体与任务匹配和采纳 ICT 意图这三个构念的可靠性。量表的信度由三个指标评估,包括克朗巴哈系数、题间系数和题总系数。这些指标的阈值如下:克朗巴哈系数应该大于 0.7;题间系数为 0.4~0.5;题总系数应大于 0.4[8]。各构念的量表信度见表 7-5。

表 7-5　各构念的量表信度

构　念	题目	克朗巴哈系数	题间系数	题总系数
个体-文化匹配	PC1 ~ PC3	0.639	题目 3 不被接受	题目 3 不被接受
个体-任务匹配	PT1 ~ PT5	0.921	所有题目都被接受	所有题目都被接受
ICT 采纳的意图	IT1 ~ IT3	0.923	所有题目都被接受	所有题目都被接受

个体与任务的匹配和采纳 ICT 的意图的量表都达到了令人满意的信度,克朗巴哈系数超过 0.7,并且所有题间系数和题总系数都可以接受。因此,保留了个体与任务匹配和采纳 ICT 意图量表中的所有题目。

个体与文化匹配的量表克朗巴哈值为 0.639(见表 7-5)。如表 7-6 的第 3 行所示,如果删除了 PC3,则克朗巴哈值将增加到 0.884。因此,从量表中删除了第 3 项。个体与文化匹配的题间系数和题总系数的详细信息见表 7-6。

表 7-6　个体-文化匹配测量条目的详细信息

项目	PC1	PC2	PC3	经校正的题总相关系数	多重相关的平方	题目删减后的克朗巴哈系数
PC1	1.000	0.792	0.254	0.573	0.628	0.410
PC2	0.792	1.000	0.283	0.606	0.634	0.379
PC3	0.254	0.283	1.000	0.284	0.083	0.884

从表 7-6 中可以看出,PC3 与其他 PC1 和 PC2 之间的题目间相关性较低(0.254 和 0.283)。它的题总系数也较低(0.284)。PC3(我的价值观使我无法适应这家公司的价值观,因为我的价值观与公司的价值观不同)与 PC1(我的价值观与该公司的价值观相匹配或相适应)和 PC2(我在这家公司能够保持我的价值观)的说法相反。可信度低的原因可能是受访者没有注意到这些差异造成了打分失误。

7.5　探索性因子分析

探索性因子分析确定了任务-技术匹配和 ICT 实际使用情况这两个构念的子

维度。任务-技术匹配的测量量表有 22 个题目，采纳行为的测量量表有 30 个条目。从题目的描述中可以看出，部分题目之间存在相关性。因此，需要对这两个构念的子维度进行探索。探索性因子分析，并为结构方程模型准备了更简洁的变量。

为了更清楚地区分因子载荷，需要对数据进行旋转。因子提取方法也有几种，包括主成分分析、最大方差法、主轴因子分解和最大似然法。最大似然法使因子之间的差异最大化，这是 Amos 中用于因子分析的默认方法。在此步骤中，我们还使用最大似然法提取因子，并使用方差极大斜交旋转（Promax with Kaiser Normalization）。

任务-技术匹配项下的题目的共性见表 7-7。探索性因子分析需要所有项目的提取均达到最低要求（0.4）。在步骤 1 中，有 5 个题目被发现共性较低。这些题目包括 AC2、CP2、CP3、SR1 和 SR2。因此，这些题目被删除。在步骤 2 中，将其余的 17 个题目输入，再次进行因子分析。CR1 仍具有较低的共性，因此 CR1 也被删除。在步骤 3 中，其余 16 个题目的共性全部达到最低要求（0.4）。

表 7-7 任务-技术匹配项下的条目的共性

步骤 1			步骤 2			步骤 3		
题目	初始	提取	题目	初始	提取	题目	初始	提取
LD1	0.626	0.415	LD1	0.609	0.420	LD1	0.609	0.413
LD2	0.694	0.534	LD2	0.680	0.541	LD2	0.680	0.536
AC2	0.237	0.142	LC1	0.531	0.432	LC1	0.527	0.426
CP2	0.451	0.293	LC2	0.605	0.534	LC2	0.597	0.535
CP3	0.472	0.285	AS1	0.782	0.791	AS1	0.778	0.798
LC1	0.546	0.415	AS2	0.800	0.825	AS2	0.799	0.834
LC2	0.609	0.535	MN1	0.654	0.588	MN1	0.653	0.582
AS1	0.787	0.845	AT1	0.753	0.604	AT1	0.744	0.600
AS2	0.807	0.848	AT2	0.790	0.654	AT2	0.783	0.651
MN1	0.672	0.576	EU1	0.673	0.575	EU1	0.671	0.594
AT1	0.764	0.730	EU2	0.749	0.679	EU2	0.749	0.697
AT2	0.794	0.999	CR1	0.410	0.383	CR2	0.485	0.438
EU1	0.685	0.569	CR2	0.491	0.435	PR1	0.723	0.735
EU2	0.760	0.673	PR1	0.729	0.756	PR2	0.655	0.639
SR1	0.316	0.246	PR2	0.659	0.649	CF1	0.599	0.962
SR2	0.408	0.339	CF1	0.600	0.677	CF2	0.587	0.579

续表7-7

步骤1			步骤2			步骤3		
题目	初始	提取	题目	初始	提取	题目	初始	提取
CR1	0.465	0.401	CF2	0.649	0.796			
CR2	0.529	0.444						
PR1	0.732	0.761						
PR2	0.671	0.668						
CF1	0.668	0.717						
CF2	0.683	0.689						

这16个题目构成3个因子见表7-8。因子1表示表述、易用性、实效性和详细程度。因子2表示可访问性、可定位性、协助性和含义。因子3代表混淆性。KMO值为0.884，Bartlett球形检验的显著性是0.000，这表明进行因子分析的结果是符合要求的。

表7-8　任务-技术匹配因子分析的模式矩阵

题目编码	描　　述	荷载值		
		因素1	因素2	因素3
因素1	表述、易用性、时效性、详细程度			
PR1	数据需要用合理的和可理解的方式表示	0.896		
PR2	数据需要在可读的和可用的模式展现	0.830		
EU2	计算机系统给出的数据是方便的和易用的	0.802		
EU1	能够给出数据的计算机系统应该是容易学会的	0.799		
CR2	数据足够支撑我们的研究目的	0.585		
LD1	公司或者部门能够维护充分详细的数据	0.504		
LD2	公司能够根据我的目的保持合适的数据水平	0.437		
因素2	可访问性、可定位性、协助性、含义			
AS1	当我需要数据的时候可以快速和简单的获得		0.894	
AS2	可以方便地获得我需要的数据		0.877	
LC2	可以用简单的方式获得企业保存在给定客体中的数据		0.780	
LC1	可以简单的定位在企业或个体的某一特定问题的数据，甚至在我之前没有用过的情况下		0.697	
AT2	当我在发现和使用数据中遇到困难时，能够很容易的获得帮助		0.610	
MN1	与我任务相关数据的确切定义很容易找到		0.552	
AT1	当我在获得和理解数据时需要帮助时，能够获得帮助		0.533	

续表 7-8

题目编码	描　　述	荷载值		
		因素 1	因素 2	因素 3
因素 3	混淆性			
CF1	有很多不同的系统或文件，他们每个都拥有轻微差异的数据，因此很难在给定情况下做出选择			1.011
CF2	数据以很多形式存储在很多地方，因此很难知道如何才能够最有效地使用数据			0.744
	KMO 值			0.884
Bartlett 球形检验		近似卡方值		2415.331
		自由度		120
		Sig.		0.000

ICT 的实际使用包含 30 个题目。这 30 个题目已经被定义为 3 个类别。为了验证这些类别，进行了探索性因素分析。ICT 使用因素分析的模式矩阵见表 7-9，根据表 7-9，KMO 值（0.943）和 Bartlett 检验（Sig. 0.000）表明对 ICT 的实际使用进行探索性因素分析是合适的。

表 7-9　ICT 使用因素分析的模式矩阵

题目编号	描　　述	荷载值			
		因素 1	因素 2	因素 3	因素 4
因素 1	支持决策				
SD10	使我的决策合理化	0.914			
SD8	帮助我修正我的决策	0.906			
SD13	使决策过程更合理	0.901			
SD9	帮助我清楚地说明我所做出的决策	0.892			
SD4	通过数据检测我的设想	0.854			
SD7	帮助我解释我的决策	0.845			
SD5	搞清楚数据的意义	0.845			
SD6	分析问题发生的原因	0.839			
SD11	控制或者定义决策过程	0.804			
SD12	提供决策过程的有效性和效率性	0.769			
SD3	使数据与我分析的问题相匹配	0.764			
SD2	帮助我思考问题	0.722			
SD1	决定如何做出解决问题的最优决策	0.608			

题目编号	描　　述	荷载值			
		因素 1	因素 2	因素 3	因素 4
因素 2	促进沟通				
IW4	在我的工作小组交换信息		0.988		
IW3	在我的小组和其他人产生合作行为		0.956		
IW2	与我们的获得相配合		0.888		
IW1	与我们小组的其他人交流		0.764		
IW11	与向我汇报的其他人交换信息		0.624		
IW9	与我汇报的人交流		0.603		
IW10	保证我的上司被通知		0.600		
IW8	与向我报告的人交流		0.508		
因素 3	服务顾客				
SC2	服务内部和/或者外部顾客			0.915	
SC3	提高顾客服务的质量			0.866	
SC5	与内部和/或者外部顾客交换信息			0.801	
SC1	更有策略地应对内部和/或者外部顾客			0.775	
SC4	更灵活地服务顾客			0.752	
因素 4	管理工作				
IW6	指导监督我的工作				0.865
IW7	计划我的工作				0.838
IW12	对工作绩效进行反馈				0.677
IW5	帮助我管理工作				0.571
KMO 值					0.943
Bartlett 球形检验				近似卡方值	6821.680
				自由度	435
				Sig.	0.000

可以看出，30 个题目分别归类在支持决策、促进沟通、服务客户和管理工作这四个因子上。促进沟通和管理工作在之前的研究中被归为称为整合工作的同一因子下。但是，因子分析的结果表明，该维度被分解成两个子维度。通过研究这两个因子中归类的题目，发现它们确实代表了整合工作的不同方面。

7.6 正态性检验

SEM 分析的一个基本假设是数据应符合正态性的要求[9]。正态性可以通过偏度和峰度来评估。偏度意味着数据不属于正态分布，而是偏重于量表的一端。偏度值在-1 和 1 之间是很好的。峰度是指数据分布的峰值或平坦度。如果峰度的绝对值在 2.200 以内，则不存在峰度问题。正态性评估见表 7-10。

表 7-10 正态性检验

变量	最小值	最大值	偏度系数	偏度系数显著性检验	峰度系数	峰度系数显著性检验
IT1	2.000	7.000	-0.747	-4.366	-0.108	-0.315
IT2	2.000	7.000	-0.958	-5.600	0.527	1.541
IT3	2.000	7.000	-0.942	-5.504	0.481	1.405
MW	-3.133	1.886	-0.493	-2.883	-0.235	-0.688
SC	-2.418	1.734	-0.470	-2.746	-0.557	-1.628
FC	-2.956	1.783	-0.672	-3.928	0.200	0.584
SD	-2.572	1.819	-0.537	-3.142	-0.362	-1.058
TT1	-3.537	2.100	-0.653	-3.814	0.408	1.193
TT2	-3.158	1.832	-0.635	-3.710	0.051	0.150
TT3	-2.425	2.398	0.129	0.755	-0.498	-1.456
PT5	3.000	7.000	-0.569	-3.328	-0.346	-1.010
PT4	3.000	7.000	-0.652	-3.808	0.010	0.030
PT3	2.000	7.000	-0.966	-5.647	0.812	2.374
PT2	4.000	7.000	-0.987	-5.770	1.030	3.010
PT1	4.000	7.000	-0.762	-4.454	0.198	0.580
PC1	1.000	7.000	-0.704	-4.113	0.327	0.955
PC2	2.000	7.000	-0.925	-5.407	0.597	1.746
Multivariate					89.801	25.294

表 7-10 显示所有偏度值都在-1 和 1 之间，并且所有峰度的绝对值都在 2.200 以内，这意味着不违反正态性的假设，因此可以进行 SEM 分析。

7.7　结构方程分析

通过以上步骤，在 SEM 中使用的数据和变量准备完毕，第 7.1 节中的数据筛选处理了缺失的数据；第 7.2 节中受访者的个体资料显示了 SEM 分析结果的背景；第 7.6 节中的正态性评估表明没有违反 SEM 正态性的假设。初始结构方程模型如图 7-2 所示。

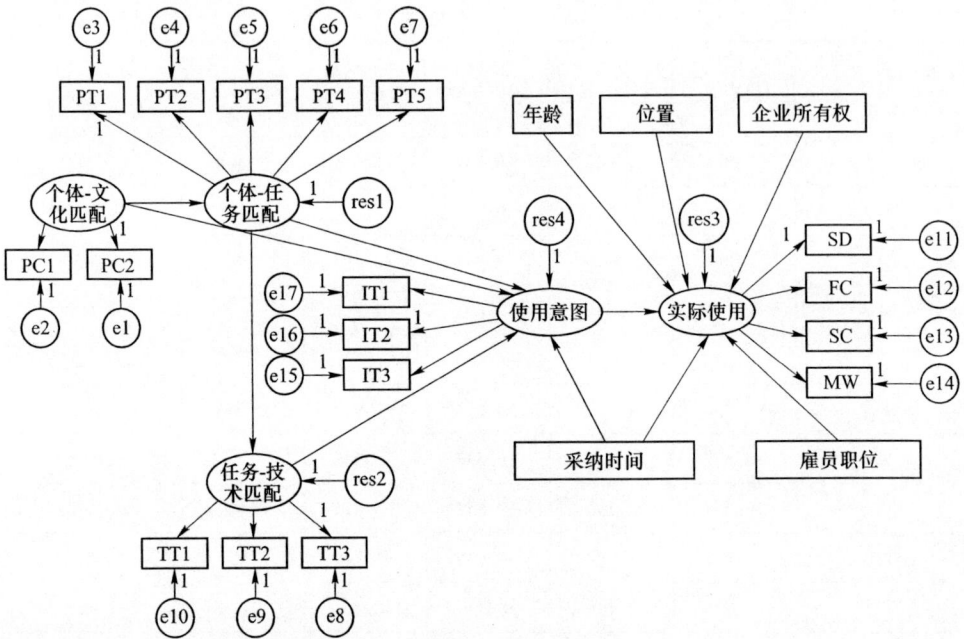

图 7-2　初始结构模型

根据第 7.3 节的方差分析结果，采纳时间被用作 SEM 采纳 ICT 意图的控制变量，而年龄、雇员职位、组织所在地、组织所有权和采纳时间被用作 SEM 实际使用 ICT 的控制变量（见图 7-2）。

第 7.4 节中的量表可靠性分析测试了个体-文化匹配、个体-任务匹配和采纳 ICT 意图等量表的可靠性，并剔除了不恰当的量表题目。如初始结构模型所示，个体-文化匹配由 PC1 和 PC2 进行测量。个体-任务匹配通过 PT1~PT5 来测量。IT1~IT3 对采纳 ICT 的意图进行了衡量（见图 7-2）。

第 7.5 节中的探索性因子分析研究了任务-技术匹配和 ICT 实际情况的子维度。任务-技术的匹配由三个因素组成，其中包括 TT1（表述、易用性、实效性、详细程度）、TT2（可访问性、可定位性、协助性、意义）和 TT3（混淆性）。ICT 的实际使用情况由四个因素组成，包括 MW（管理工作）、SC（服务客户）、

FC（促进沟通）和 SD（支持决策）（见图 7-2）。

该初始模型旨在测试个体在 ICT 的采纳研究模型中的作用（见图 4-4）。

（1）个体-文化匹配与意图的联系是为了检验假设 1：个体适应组织文化的程度越高，他越有可能采纳 ICT。

（2）个体-任务匹配与意图的联系是为了检验假设 2：个体满足任务要求的程度越高，他越有可能打算采纳 ICT。

（3）任务-技术匹配与意图的联系是为了检验假设 3：ICT 满足任务要求的程度越高，个体就越可能打算采纳 ICT。

（4）意图与实际使用的联系是为了检验假设 4：个体打算采纳 ICT 的意图越强，他在工作中实际使用 ICT 的可能性就越大。

（5）个体-文化匹配与个体-任务匹配的联系是为了检验假设 5：个体适应组织文化的程度越高，他就越有可能满足任务要求。

（6）个体-任务匹配与任务-技术匹配的联系是为了检验假设 6：个体越符合任务要求，他对 ICT 与工作匹配的评价就越高。

通过测试控制变量的影响并添加变量之间的协方差，对初始结构模型进行了进一步的修正（第 7.7.1 节）。修正后的模型也在 AMOS 中进行了测试，以检查路径的显著性。删除不显著的路径之后形成了最终模型（第 7.7.2 节）。

7.7.1 修正后的结构方程模型

7.7.1.1 测试控制变量的效果

在初始结构方程模型中，采纳时间被用作 SEM 中采纳 ICT 意图的控制变量，而年龄、雇员职位、组织所在地、组织所有权和采纳时间被用作 SEM 中实际使用 ICT 的控制变量（见图 7-2）。控制变量可能会分担解释变量的方差，以至于残余的解释变量不再有效[10]。在 AMOS 中处理控制变量的方法与其他外生变量相同，将它们与内生变量连接并进行回归。控制变量的回归权重和显著性见表 7-11。

表 7-11 控制变量的回归权重和显著性

项 目		方差估计	标准误	临界比	P 值
采纳意图	←--- 采纳时间	0.005	0.042	0.125	0.900
实际使用	←--- 雇员职位	-0.066	0.044	-1.492	0.136
实际使用	←--- 年龄	0.070	0.042	1.661	0.097
实际使用	←--- 组织所在地	-0.096	0.080	-1.192	0.233
实际使用	←--- 组织所有权	0.026	0.103	0.249	0.803
实际使用	←--- 采纳时间	0.034	0.033	1.031	0.303

从表 7-11 可以看出，所有控制变量都不显著。但需要注意的是，年龄对人们实际使用 ICT 的影响的 P 值为 0.097，接近显著。年龄是经常被提及的解释 ICT 采纳的社会人口学特征。年轻的工作人员更热衷于采纳 ICT。相反，年长或更富有经验的工人更不愿意接受创新，因为他们习惯了既定的工作惯例[4]。但是，在 Maliranta 和 Rouvinen（2004）的工作中，工人年龄与 ICT 的采纳之间的关系并不显著[6]。由于年龄对人们实际使用 ICT 的影响可能会受到其他变量的干扰，修订结构模型如图 7-3 所示，在修正后的结构方程模型中将年龄保留，作为潜在的控制变量，将在下一步进行进一步测试。

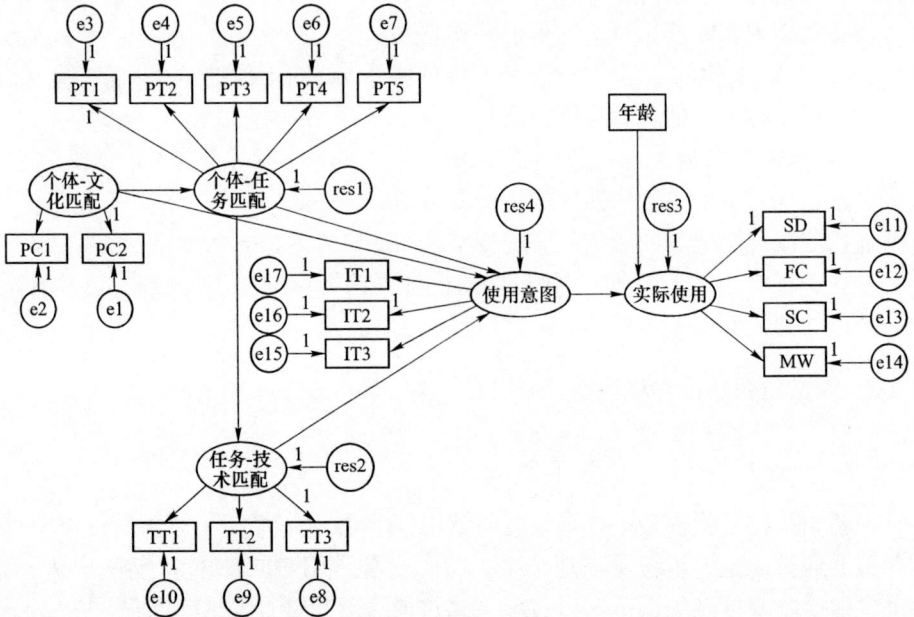

图 7-3　修正后的结构方程模型

7.7.1.2　增加变量间的协方差

最初的结构模型不包括误差之间的联系。误差之间的联系可以根据修正指数来建立。AMOS 输出中的修正指数（MI）见表 7-12。

表 7-12　AMOS 输出中的修正指数

项　　目			修正指数	参数变化
个体-文化匹配	<-->	年龄	36.732	0.511
res1	<-->	年龄	6.476	0.116
res3	<-->	个体-文化匹配	8.664	0.149

项　　目			修正指数	参数变化
res3	<-->	res2	18.182	0.062
e17	<-->	res1	4.523	0.057
e15	<-->	res2	4.060	0.024
e14	<-->	e17	6.231	0.084
e13	<-->	e17	18.745	−0.145
e12	<-->	res2	6.928	0.035
e12	**<-->**	**e14**	**8.045**	**0.088**
e10	<-->	res3	4.539	0.057
e10	<-->	e15	4.561	0.046
e8	<-->	res3	5.831	−0.114
e8	<-->	e13	7.605	−0.115
e6	**<-->**	**e7**	**15.167**	**0.087**
e5	<-->	e17	6.132	0.078
e5	<-->	e16	9.720	−0.068
e4	<-->	e7	5.316	−0.040
e4	<-->	e6	14.172	−0.073
e3	<-->	e17	4.428	0.055
e3	**<-->**	**e13**	**9.045**	**−0.070**
e3	<-->	e8	8.548	0.094
e3	<-->	e6	7.970	−0.059
e3	<-->	e4	23.562	0.080
e2	<-->	年龄	4.283	0.112
e2	<-->	res3	4.511	0.069
e2	<-->	e17	4.708	−0.070

　　M.I. 是指如果将两个变量之间的协方差视为自由参数，卡方将下降的量；参数变化是修改后参数估计值的变化。修改结构模型不仅要考虑这些指标，还要考虑理论意义。虽然有些修改会导致卡方的大幅减少，但没有理论支持。

　　根据初始结构模型的修正指数，PT1 和 PT2 具有误差协方差。PT1 的措辞是"我的能力符合这份工作的要求"，而 PT2 的措辞是"我具有从事这项工作的正确技能和能力"。这两个条目都与人们从事这项工作的能力有关，因此 PT1 和 PT2 是相互关联的。PT4 和 PT5 也具有误差协方差。PT4 的措辞是"我的性格很适合这份工作"，而 PT5 的措辞是"我是适合从事这类工作的人"。这两个条目都关注人们的个性与工作之间的匹配，因此 PT4 和 PT5 是有联系的。

在四个维度的使用中，促进沟通（FC）和管理工作（MW）具有误差协方差。这两个维度最初是从"整合工作"这个维度中拆分出来的，所有问题都放在问卷同一部分中，因此人们对于这两个维度做出的回答可能是相似的，因此 FC 和 MW 是有联系的。修正后的结构方程模型如图 7-4 所示。

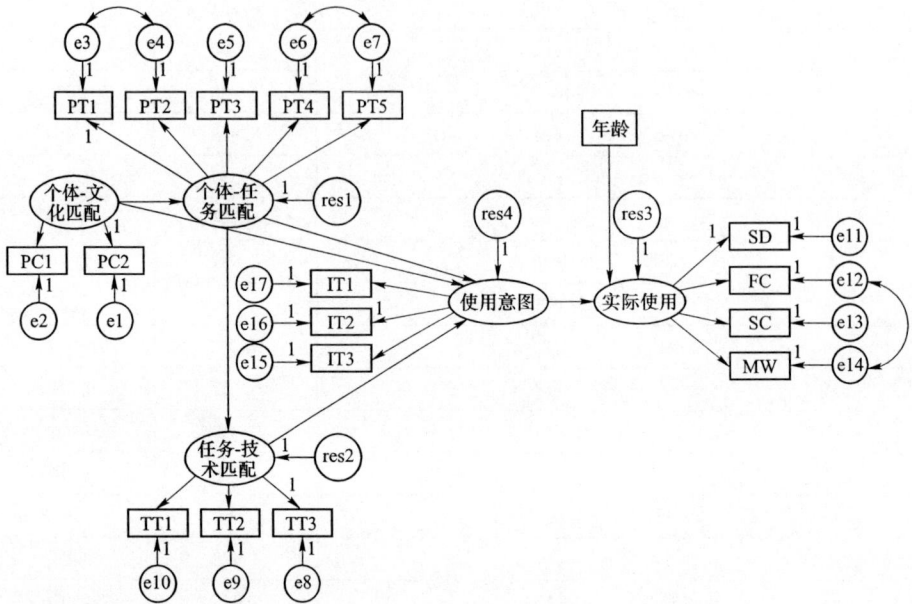

图 7-4　修正后的结构方程模型
（增加变量间的协方差）

尽管修正指数显示其他一些变量也具有协方差，但是这些联系缺乏理论支持，所以没有进一步修改。

修正后的结构方模型的回归权重见表 7-13，有一些回归权重并不显著。个体与文化的匹配与采纳 ICT 的意图之间的路径系数 P 值为 0.678，表明假设 1 被拒绝。从表 7-13 中可以看出，构念的反映指标与构念之间的路径都是显著的，这意味着这些指标可以有效地反映构念。

表 7-13　修正后结构模型的回归权重（增加变量间的协方差）

项　　　目			方差估计	标准误	临界比	P 值
个体-任务匹配	←----	个体-文化匹配	0.571	0.055	10.295	＊＊＊
任务-技术匹配	←----	个体-文化匹配	0.201	0.054	3.702	＊＊＊
使用意图	←----	个体-任务匹配	0.495	0.189	2.614	0.009
使用意图	←----	任务-技术匹配	0.553	0.220	2.509	0.012

项 目		方差估计	标准误	临界比	P 值
使用意图 ◄----	个体-文化匹配	0.055	0.132	0.418	0.676
实际使用 ◄----	使用意图	0.288	0.057	5.052	＊＊＊
实际使用 ◄----	年龄	0.182	0.045	4.057	＊＊＊
PC2 ◄----	个体-文化匹配	1.000			
PC1 ◄----	个体-文化匹配	1.116	0.078	14.342	＊＊＊
PT1 ◄----	个体-任务匹配	1.000			
PT2 ◄----	个体-任务匹配	0.954	0.057	16.889	＊＊＊
PT3 ◄----	个体-任务匹配	1.213	0.091	13.402	＊＊＊
PT4 ◄----	个体-任务匹配	1.215	0.093	13.092	＊＊＊
PT5 ◄----	个体-任务匹配	1.206	0.088	13.661	＊＊＊
TT3 ◄----	任务-技术匹配	1.000			
TT2 ◄----	任务-技术匹配	2.166	0.405	5.347	＊＊＊
TT1 ◄----	任务-技术匹配	3.071	0.633	4.850	＊＊＊
SD ◄----	实际使用	1.000			
FC ◄----	实际使用	0.866	0.088	9.897	＊＊＊
SC ◄----	实际使用	1.010	0.086	11.690	＊＊＊
MW ◄----	实际使用	0.877	0.085	10.332	＊＊＊
IT3 ◄----	使用意图	1.000			
IT2 ◄----	使用意图	1.105	0.054	20.624	＊＊＊
IT1 ◄----	使用意图	1.053	0.064	16.451	＊＊＊

注：＊＊＊表示在 0.001 的水平上显著。

结果还显示年龄与人们对 ICT 的实际使用呈正相关。这意味着在建筑业中，老年人比年轻人使用 ICT 的频率更高。可能的原因可能是，年长者的工作经验更为丰富，可以恰当地使用 ICT 并从中受益。尽管年龄对人们实际使用 ICT 有积极影响，但影响很小，影响系数仅为 0.070。

7.7.2 最终的结构方程模型

表 7-13 显示，个体-文化匹配与采纳 ICT 的意图之间的路径并不显著，因此将其删除。最终确定的结构模型如图 7-5 所示。在上述分析中，假设 1 被拒绝。根据最终的结构方程模型，进一步检验了假设 2~6。

最终模型的拟合度指数见表 7-14。卡方自由度比为 2.291，表明模型拟合度较好。CFI 为 0.934，说明模型拟合度符合传统阈值。GFI 为 0.872，接近阈值 0.9。AGFI 为 0.827，它大于 0.8 的阈值并且可以接受。RMSEA 为 0.080，说明

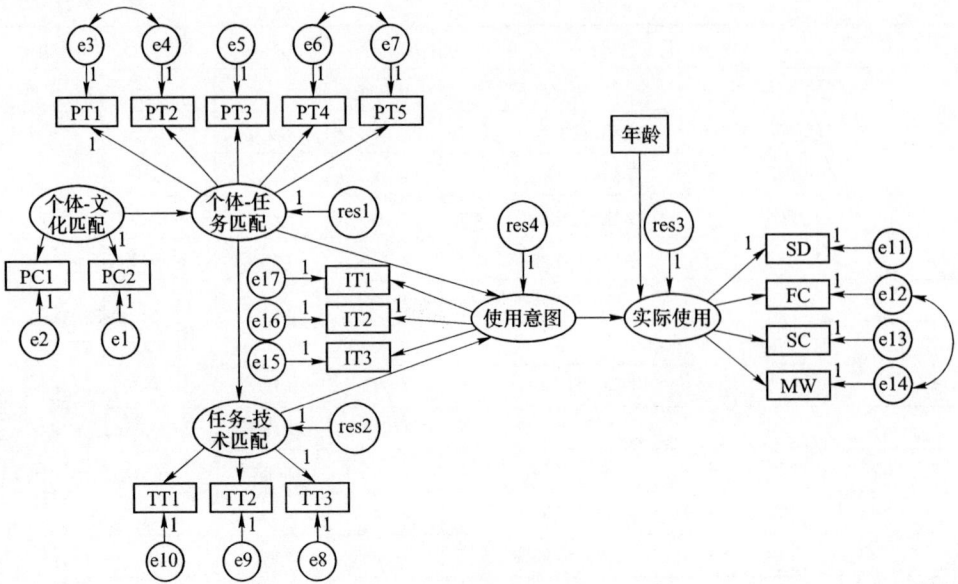

图 7-5　最终结构模型

模型拟合度处于中等水平。考虑到所有的拟合度指数，最终确定的模型的拟合度可以达到满意的标准。

表 7-14　最终模型的拟合度指数

指数	阈值	指数值
卡方自由度比	<3 good；<5 sometimes permissible	2.291
CFI 值	>0.95 great；>0.90 traditional；>0.80 sometimes permissible	0.934
GFI 值	>0.90	0.872
AGFI 值	>0.80	0.827
RMSEA 值	<0.05 good；0.05~0.10 moderate；>0.10 bad	0.080

最终结构方程模型中的回归权重见表 7-15，图 7-5 中所示的最终结构方程模型中的所有路径都是显著的。除了任务-技术匹配和采纳 ICT 的意图之间的路径系数在 0.012 水平上显著，其他路径系数均在 0.001 水平上显著。

表 7-15　最终结构模型中的回归权重

项　　目			方差估计	标准误	临界比	P 值
个体-任务匹配	◄----	个体-文化匹配	0.572	0.055	10.318	＊＊＊
任务-技术匹配	◄----	个体-任务匹配	0.201	0.054	3.711	＊＊＊
使用意图	◄----	个体-任务匹配	0.556	0.116	4.802	＊＊＊

续表 7-15

项　　目			方差估计	标准误	临界比	P 值
使用意图	◄---	任务-技术匹配	0.559	0.221	2.527	0.012
实际使用	◄---	使用意图	0.289	0.057	5.052	＊＊＊
实际使用	◄---	年龄	0.176	0.045	3.939	＊＊＊
PC2	◄---	个体-文化匹配	1.000			
PC1	◄---	个体-文化匹配	1.115	0.078	14.342	＊＊＊
PT1	◄---	个体-任务匹配	1.000			
PT2	◄---	个体-任务匹配	0.955	0.057	16.895	＊＊＊
PT3	◄---	个体-任务匹配	1.212	0.090	13.396	＊＊＊
PT4	◄---	个体-任务匹配	1.215	0.093	13.096	＊＊＊
PT5	◄---	个体-任务匹配	1.205	0.088	13.660	＊＊＊
TT3	◄---	任务-技术匹配	1.000			
TT2	◄---	任务-技术匹配	2.165	0.405	5.348	＊＊＊
TT1	◄---	任务-技术匹配	3.063	0.630	4.860	＊＊＊
SD	◄---	实际使用	1.000			
FC	◄---	实际使用	0.866	0.087	9.897	＊＊＊
SC	◄---	实际使用	1.009	0.086	11.688	＊＊＊
MW	◄---	实际使用	0.877	0.085	10.331	＊＊＊
IT3	◄---	使用意图	1.000			
IT2	◄---	使用意图	1.103	0.053	20.645	＊＊＊
IT1	◄---	使用意图	1.053	0.064	16.492	＊＊＊

注：＊＊＊表示在 0.001 的水平上显著。

最终模型中的显著路径如图 7-6 所示。

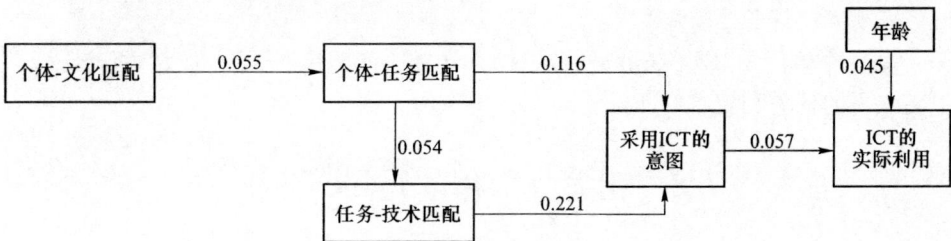

图 7-6　最终模型中的显著路径

从图 7-6 中可以看出，个体-任务匹配与个体采纳 ICT 的意图成正相关。任务-技术匹配与个体采纳 ICT 的意图成正相关。个体采纳 ICT 的意图对 ICT 的实际利用的影响系数相当小（0.057）。个体-文化匹配会影响个体-任务匹配，但影响很小（0.055）。个体-任务匹配会影响任务-技术匹配，但影响也很小（0.054）。

SEM 分析的结果总结见表 7-16。这些结果将在第 7.9 节中进一步解释和讨论。

表 7-16　结果总结分析

假设	路径	假设值	标准估计参数	P 值	结果
H1	个体-文化匹配→个体采纳 ICT 的意图	+	Nil	0.678	不支持
H2	个体-任务匹配→个体采纳 ICT 的意图	+	0.116	＊＊＊	支持
H3	任务-技术匹配→个体采纳 ICT 的意图	+	0.221	0.012	支持
H4	个体采纳 ICT 的图→ICT 的实际使用	+	0.057	＊＊＊	支持
H5	个体-文化匹配→个体-任务匹配	+	0.055	＊＊＊	支持
H6	个体-任务匹配→任务-技术匹配	+	0.054	＊＊＊	支持

注：＊＊＊表示在 0.001 的水平上显著。

简而言之，关于社会技术系统中的匹配与 ICT 采纳之间关系的研究结果如下：

（1）个体是否认可组织的文化价值观不会直接影响个体采纳 ICT 的意图。

（2）将 ICT 引入工作场所带来了新的任务要求。满足任务要求的个体将更愿意采纳 ICT。

（3）ICT 主要用于帮助个体完成任务。如果 ICT 的功能可以满足任务要求，个体将更愿意采纳它。

（4）个体对 ICT 的实际使用取决于个体采纳 ICT 的意图。

关于个体、文化、任务和技术之间相互作用的研究结果如下：

（5）价值观与组织文化相一致的员工将更好地理解与工作相关的问题，从而更容易满足任务要求。

（6）个体使用 ICT 来完成任务，拥有任务所需的技能和能力的个体会体验到更高水平的任务和技术的匹配。

7.8　相关分析和多元回归分析

问卷调查的受访者来自内地和香港。SEM 分析并未显示来自内地和香港的样本之间的差异，组织所在地对个体实际使用 ICT 的影响并不显著（见表 7-11）。然而，根据 7.3 节中对 ICT 实际使用的方差分析，可以看出在香港工作的人（平均得分为 4.7545）比在内地工作的人（4.2923）使用 ICT 的频率更高，且差异显著。

由于内地和香港样本数量有限，因此无法分别对内地样本和香港样本进行 SEM 分析。因此，本研究基于总样本、香港样本和内地样本分别进行了相关分析和多元回归分析，以检验个体-文化匹配、个体-任务匹配、任务-技术匹配与 ICT 的实际使用之间的关系。

相关分析的结果见表 7-17。结果表明任务-技术匹配、个体-文化的匹配、个体-任务匹配与 ICT 的实际使用均成正相关，且相关关系显著。总样本、香港样本和内地样本之间没有差异。

表 7-17 均值、变量标准差和相关系数

变量	均值	标准差	任务-技术匹配	个体-文化匹配	个体-任务匹配	实际使用
总体样本（$N=205$）						
任务-技术匹配	4.8310	0.70433	1	—	—	—
个体-文化匹配	5.551	1.0449	0.400**	1	—	—
个体-任务匹配	5.871	0.8118	0.355**	0.691**	1	—
实际使用	4.5554	1.11987	0.377**	0.407**	0.353**	1
香港样本（$N=113$）						
任务-技术匹配	4.8958	0.69330	1	—	—	—
个体-文化匹配	5.814	0.9548	0.402**	1	—	—
个体-任务匹配	6.067	0.8149	0.337**	0.772**	1	—
实际使用	4.7548	1.09265	0.297**	0.392**	0.314**	1
内地样本（$N=75$）						
任务-技术匹配	4.7580	0.73824	1	—	—	—
个体-文化匹配	5.113	1.0609	0.424**	1	—	—
个体-任务匹配	5.595	0.7128	0.309**	0.546**	1	—
实际使用	4.2921	1.10776	0.440**	0.387**	0.326**	1

注：**表示在 0.01 的水平上显著。

多元回归的结果见表 7-18。结果表明，总样本、香港样本和内地样本中对实际使用情况有显著影响的自变量不同。

表 7-18 ICT 实际使用的多元回归结果

因变量	自变量	回归系数	标准误	显著性	相关系数	拟合优度	（方差分析）F 值	显著性
总体样本（$N=205$）								
实际使用	（常量）	0.778	0.520	0.136	0.470	0.221	28.598	0.000
	任务-技术匹配	0.406	0.108	0.000				
	个体-文化匹配	0.327	0.073	0.000				

续表 7-18

因变量	自变量	回归系数	标准误	显著性	相关系数	拟合优度	（方差分析）	
							F 值	显著性
香港样本（N=113）								
实际使用	（常量）	2.146	0.589	0.000	0.392	0.154	20.168	0.000
	个体-文化匹配	0.449	0.100	0.000				
内地样本（N=75）								
实际使用	（常量）	0.584	0.786	0.460	0.493	0.243	11.544	0.000
	任务-技术匹配	0.505	0.170	0.004				
	个体-文化匹配	0.255	0.118	0.035				

表 7-18 显示，在总样本中，人们对 ICT 的实际使用取决于任务-技术匹配和个体-文化匹配。在内地的样本中，人们对 ICT 的实际使用同样取决于任务-技术匹配和个体-文化的匹配。但是，在香港的样本中，人们对 ICT 的实际使用只取决于个体-文化匹配。这意味着在香港，人们对 ICT 的使用取决于他或她是否认同组织文化，而不取决于技术是否满足任务要求。对于香港的建筑企业来说，在采纳 ICT 的过程中，组织文化比技术问题更重要。

多元回归的结果不是研究模型的重点，因此在以下部分中将不对其进行详细讨论。但是，第 9.4 节将根据这些补充分析的研究结果指出今后的研究方向。

7.9　定量研究结果的讨论

7.9.1　个体-文化匹配→采纳 ICT 的意图

个体与文化的匹配与采纳 ICT 的意图没有显著关系（Sig. 0.678）。在提出假设的过程中，本研究将 ICT 的采纳视为情境绩效，因为当人们使用 ICT 来执行任务时，除了完成自己的工作之外，他们还必须付出额外的努力。考虑到个体与文化的匹配与个体的情境绩效之间存在正相关关系[11]，本研究假设个体与文化的匹配将正向影响个体在采纳 ICT 方面的行为。然而，结果表明，使用 ICT 未必是情境绩效。在工作中使用 ICT 的性质仍然需要进一步研究。

另一个解释可能是，个体与文化匹配对个体采纳 ICT 的行为的影响会受到个体与任务匹配的影响。以往的研究表明，在同时考虑到个体与文化匹配和个体与任务匹配时，个体与文化匹配可能无法预测个体在工作中的行为或表现。Chi 和 Pan（2012）研究了个体与文化的匹配、个体与任务的匹配以及任务绩效之间的关系[12]。他们发现，在控制了感知到的个体与任务的匹配后，感知到的个体与文化的匹配与任务绩效之间的正相关关系消失了。Han 等（2015）研究了个体与文化的匹配，个体与任务的匹配与心理所有权之间的关系[13]。他们发现，和个体与任务匹配相比，个体与文化匹配似乎并未显著促进心理所有权。在本研究中，个体与任务的匹配可能解释了大部分采纳 ICT 的意图，这导致了个体与文化的匹配与采纳 ICT 的意图之间的关系不显著。使用 ICT 是与工作相关的行为，相比组织文化，员工更了解自己的工作。因此，个体-任务匹配与工作相关的行为和绩效之间的关系更强[14,15]。

同时，虽然个体与文化匹配与个体采纳 ICT 的意图并没有直接关系，但仍可能对个体采纳 ICT 的意图产生间接影响。Arthur 等（2006）认为工作态度（如组织承诺）在个体-文化匹配和任务绩效之间起中介作用[16]。该中介因素降低了个体-文化匹配对任务绩效的独立贡献。对组织的承诺也可能是个体与文化匹配和采纳 ICT 的意图之间的中介因素。个体-文化匹配高的人对组织的情感承诺更高。如果管理层要求采纳 ICT，那么采纳 ICT 将代表他们的组织承诺。个体与文化匹配高的个体可能更愿意采纳 ICT 来证明自己对目标和价值观的认同。

最后，个体与文化的匹配与采纳 ICT 的意图之间的关系可能受到文化背景的影响。Nyambegera 等人（2001）在肯尼亚进行的研究表明，个体与文化匹配只能部分预测工作参与度[17]，因为肯尼亚的文化背景与西方国家的背景不同。因此，在研究个体-文化匹配与个体采纳 ICT 的行为之间的关系时，需要考虑文化背景。

7.9.2　个体-任务匹配→采纳 ICT 的意图

个体与任务匹配与个体采纳 ICT 的意图呈正相关，也就是说如果人们的知识、技能和能力符合他们的任务要求，他们将更愿意采纳 ICT。在本研究中，假设认为自己符合任务要求的人会具有较高的自我效能感。具有高自我效能感的人在表现欠佳时会加倍努力，持之以恒直到成功[18]。因此可以预测，他们会努力获得相关知识并克服使用 ICT 的障碍。

从另一个角度看，个体与任务的匹配会产生积极的工作情绪，人们发现这种情感与技术采纳有着密切的关系。Beaudry 和 Pinsonneault（2010）研究了四种情绪（兴奋、快乐、愤怒和焦虑）与 ICT 使用之间的关系[19]。他们的结果表明，兴奋和快乐与 ICT 使用呈正相关，而愤怒和焦虑与 ICT 使用呈负相关。积极的影响是通过工作适应产生的，而消极的影响是通过心理疏远产生的。因此，情绪可能是解释个体-任务匹配与 ICT 采纳之间联系的另一种机制。

这一发现与 Ammenwerth 等人（2006）的观点一致[20]。在技术采纳过程中出现的用户满意度低甚至是用户抵制的问题主要是由于用户与任务之间的匹配低。类似的论点在以往的个体-任务-技术交互模型中也有提及[21-23]。在这些模型中，个体与任务的匹配会影响技术的采纳。

这一结论也补充了先前关于知识和技能会影响技术采纳的结论。缺乏使用 ICT 的知识和技能通常被认为是在建筑项目中采纳新的 ICT 的主要障碍之一[24]。 Peansupap 和 Walker（2005）发现，个体通过拥有的 ICT 知识影响 ICT 的传播[25]。以往的研究主要指出缺乏有关 ICT 的基础知识可能会导致人们对 ICT 的使用产生负面看法。而本研究结果表明，除了使用 ICT 的知识和技能外，完成任务的知识和技能对于 ICT 的采纳也至关重要。当个体的知识和技能符合任务要求时，他们就会更愿意采纳 ICT。

7.9.3 任务-技术匹配→采纳 ICT 的意图

任务-技术匹配与个体采纳 ICT 的意图呈正相关。这一发现与之前关于任务-技术匹配和 ICT 采纳的效果的发现一致。理性的、有经验的用户只会选择能帮助他们完成任务的工具，并获得最大的收益[26]。其他研究人员虽然没有直接提及任务-技术匹配的构念，但也证明了任务-技术匹配的某些维度（例如感知的有用性）会影响 ICT 的采纳[27]。对于 ICT 在建筑业中的应用，Hartmann 等人（2012）提出采纳 BIM 的有效性受现有工作流程与 BIM 功能之间一致性的影响[28]。

同时，与个体-任务匹配相比，任务-技术匹配可以解释个体采纳 ICT 的意图的更多差异。这表明，技术系统的匹配可能比社会系统的匹配更重要。虽然匹配工作要求的员工会更积极地尝试新技术，并有更多的精力去处理新技术带来的变化，但采纳 ICT 的主要目的是提高工作效率。因此，个体使用技术的意图更多地取决于技术功能和任务要求之间的匹配。

在这项研究中，任务-技术匹配的概念是通过用户评估来确定的，但是在实施 ICT 之前很难评估任务-技术。如果在 ICT 实施之前能够将任务-技术匹配进行客观评估，将对企业有更多的指导意义。除了用户评价法外，还有其他方法可以衡量任务-技术的匹配。Furneaux（2012）建议研究人员可以比较不同的任务-技术匹配的测量方法在预测个体采纳 ICT 的行为方面的效用[29]。

7.9.4 采纳 ICT 的意图→ICT 的实际使用

个体采纳 ICT 的意图可以预测 ICT 的实际使用情况。这一发现验证了理性行动理论、计划行为理论、技术接受模型和统一技术接受理论中个体行为意图与实际行为之间的假设关系。尽管个体使用 ICT 的意图与 ICT 实际使用之间的路径系数显著，但该系数很小（0.057）。对于这种微弱的联系，我们提供了以下两种可能的解释。

其中一种解释是，意图和行为之间关系的强弱受到人们对行为的感知控制的影响，促进条件对意图和行为之间关系的强弱产生重要的影响。Ajzen 和 Fishbein（1975）指出，实际实施意图的程度完全受人的意志控制[30]，这将影响意图与行为之间的关系强弱程度。Triandis（1979）也认为"低促进条件"可能会阻止意图行为的实施[31]。在 ICT 采纳的情况下，人们可能并不总是对采纳行为有足够的控制力以实现其意图。例如，如果组织要求个体必须使用 ICT，那么即使他们采纳 ICT 的意图不强烈，也必须使用。相反，如果组织没有为采纳 ICT 提供足够的促进条件（例如培训），那么他们采纳 ICT 的意图就不会充分，不能实现 ICT 的实际使用。采纳 ICT 的意图与 ICT 的实际使用之间的联系较弱，这一结论支持了 Gallivan（2001）的论点，即在强制要求预期用户采纳的情况下，一般的创新采纳模式的机理可能不适用[32]。

此外，个体采纳 ICT 的意图与 ICT 实际使用之间的微弱关系可能是由于使用自我报告的方法来测量有关采纳 ICT 的因变量而引起的。尽管自我报告的使用方式可以有效地评估个体使用该技术的频率以及他们所使用的功能，但是由于问卷回复者难以回忆起他们过去的使用情况、夸大使用程度、注意力不集中和有限理性，它仍可能不能完全代表 ICT 的实际使用情况[33]。ICT 实际使用可以通过跟踪用户资源消耗（如 CPU 时间）以及查询生成的使用记录来衡量。在未来的研究中，有兴趣的研究人员可以分别将自我报告的使用作为因变量和客观测量的实际使用同时作为因变量，以检验个体采纳 ICT 的意图与实际使用之间的联系是否有差别。

7.9.5　个体-文化匹配→个体-任务匹配

个体-文化匹配与个体-任务匹配呈正相关。这意味着如果个体的价值观偏好符合组织文化，那么他也更有可能满足工作要求。个体与文化匹配和个体与任务匹配是两个独立的构念。组织在招聘员工时，会分别对这两个方面进行评估。但是，当员工进入一个组织后，个体与文化的匹配和个体与任务的匹配可能会建立某种关系。组织文化价值体现在组织规范、目标、规则和程序中。了解组织文化价值观并将价值观内化到他们的行为中，可以提高员工执行任务的潜在能力。

现有研究中关于个体-文化匹配和个体-任务匹配之间关系的研究结果并不一致。Lauver 和 Kristof-Brown（2001）声称，员工可以拥有胜任某项工作的技能[15]，但与此同时，员工可能不会认同组织的价值观，反之亦然。因此，与组织文化匹配并不一定意味着与工作任务匹配。O'Reilly 等（1991）表明，这两种类型的匹配对工作满意度和离职意向都有不一样的影响[34]，而且这两个构念仅有弱相关性（$r = 0.16$）。然而，实证结果表明这两个构念是相关的。但应该注意的是，在本研究中，两种类型的匹配是通过感知匹配的量表来评估的。当研究人员使用感知匹配的测量方法时，个体与文化匹配和个体与任务匹配显示出高度相关性。Cable 和 Judge（1996）发现，申请人对个体与文化匹配和个体与任务匹配的认知具有适度的相关性[35]（$r = 0.35$）。Kristof-Brown（2000）证明，招聘人员对申请人的个体与文化匹配和个体与任务匹配的认知也高度相关[36]（$r=0.72$）。Saks 和 Ashforth（1997）也发现，员工对个体与文化匹配和个体与任务匹配的认知高度相关[37]（$r=0.56$）。本研究采用了个体-文化匹配和个体-任务匹配的主观测量方法，并且个体-文化匹配和个体-任务匹配之间的相关性也很显著。这一发现进一步支持了 Kristof（1996）的说法[38]，即许多工作要求可以反映组织的特征，这意味着人们所感知的个体-文化匹配和个体-任务匹配可能是相互关联的。

这一发现补充了个体与环境匹配理论。个体与文化匹配和个体与任务匹配通常被视为解释各种组织行为的不同构念。很少有研究在其研究模型中考虑个体-文化匹配和个体-任务匹配之间的关系。然而，个体与文化匹配和个体与任务匹配之间的路径系数很小（0.055）。这说明个体与文化匹配对于预测个体与任务的匹配可能并不重要。如综述所示，员工的个体与任务匹配与工作投入[39,40]、基于工作的情感[41,42]或变革型领导[12]更相关。

7.9.6　个体-任务匹配→任务-技术匹配

个体-任务的匹配与任务-技术的匹配呈正相关。如果人们有能力胜任其工作，他们将对任务-技术匹配给予更高的评价。这一发现补充了之前的个体-任务-技术交互模型。之前这些模型只是假设个体-任务匹配和任务-技术匹配将对技术采纳产生影响[21-23]，但并未考虑到个体-任务匹配与任务-技术匹配之间的关系。

先前的研究人员已经认识到一些对任务-技术匹配有重大影响的个体因素（如职位经验、认知风格和计算机自我效能感)[43]。这项研究结果表明，在工作中应用 ICT 不仅需要与技术相关的功能，还需要具备执行任务的能力和熟练度。然而，个体-任务匹配与任务-技术匹配之间的路径系数很小（0.054），这意味着个体-任务匹配并不是任务-技术匹配的重要预测因素。

7.9.7　了解个体在采纳 ICT 时所扮演的角色

ICT 的采纳是由个体来执行的，因此个体的作用不应该被忽略。研究人员试图从不同的理论角度研究个体在 ICT 采纳中的作用。Hartmann（2011）使用权力理论将 4D 系统的实施概念化为实现有关目标的不断协商[44]。随着参与者的知识在整个实施过程中发生变化，实施的目标和过程也会经常更改。基于扎根理论，Singh（2014）发现参与者的自由度是系统创新扩散模式的媒介[45]。研究表明，ACE 产业中的参与者具有较高的自由度，这意味着他们往往更容易离开创新网络，因此 ACE 中系统创新的扩散速度相当慢。Jacobsson 和 Linderoth（2010）发现，在建筑行业中，参与者侧重于项目的时间要求[46]。因此，如果没有从 ICT 的采纳和使用中获得可感知的直接收益，就不会使用 ICT。Linderoth（2010）还利用参与者-网络理论来确定需要哪些类型的参与者，以及他们加入使用 BIM 的网络的动机[47]。他们指出，如果有能力使用 BIM 的参与者没有足够的权力和资源来强制要求使用 BIM，则可能会出现问题。尽管有各种模型可以解释个体特征如何影响 ICT 的采纳，但组织环境如何限制人在 ICT 采纳中的作用尚不清楚。本研究发现个体-文化匹配、个体-任务匹配和任务-技术匹配会影响个体的 ICT 采纳行为，这一结论填补了这一空白。

根据社会技术系统的框架，个体需要适应组织文化和任务要求。早期关于个体-文化匹配和个体-任务匹配的研究主要是用它来预测员工加入组织的决策[35]、组织根据对候选人匹配的评估做出的雇佣决策[36]等。尽管已有文献没有直接提到个体-文化匹配和个体-任务匹配与技术采纳有关，但它们却与组织变革的承诺[48]和创造力[49]有关，组织承诺和创造力在技术采纳中发挥着关键作用。

现有研究表明，个体-文化匹配和个体-任务匹配通过需求满意度影响人们的态度、行为和绩效。认为自己与组织更匹配的员工表示，他们需要更高的自主权、关联性和能力。具体地说，当员工认为自己的能力和技能与工作要求更匹配时，他们会觉得自己更胜任工作。根据自我决定理论，个体能力需求的满足会增加个体的自主动机，而这种自主动机会导致最佳绩效[50]。个体与任务的匹配与采纳 ICT 之间的正相关关系支持了这种需求满足的观点。

同时，技术也应该适合个体的任务要求。任务-技术匹配理论已经讨论了个体、任务和技术之间的匹配在预测信息系统支持的任务绩效的重要性[51]。考虑到用户在影响任务绩效中的重要作用，任务-技术匹配更准确的标签应该是任务-个体-技术匹配[52]。

7.10　小　　结

在本章的定量研究中，首先将修订后的调查问卷分发给目标样本，分析了受访者的个体资料。然后进行了探索性因子分析，以确定任务-技术匹配和 ICT 的实际使用的子维度，同时在研究模型中加入控制变量建立结构方程模型。通过 SEM 分析检验了个体-文化匹配、个体-任务匹配、任务-技术匹配以及个体使用 ICT 的意图和实际使用情况之间的关系。最后通过与以往研究的比较，对研究结果进行了讨论。

参 考 文 献

[1] Garson G D. "Structural Equation Modeling", from Statnotes: Topics in Multivariate Analy-

sis. Retrieved 30/07/2010, from http: //faculty. chass. ncsu. edu/garson/pa765/statnote. htm. 2010.

[2] Jackson L A, Ervin K S, Gardner P D, et al. Gender and the internet: Women communicating and men searching [J]. Sex Roles, 2001, 44 (5-6): 363-379.

[3] Broos A. Gender and information and communication technologies (ICT) anxiety: Male self-assurance and female hesitation [J]. CyberPsychology & Behavior, 2005, 8 (1): 21-31.

[4] Bayo-Moriones A, Lera-López F. A firm-level analysis of determinants of ICT adoption in Spain [J]. Technovation, 2007, 27 (6): 352-366.

[5] Arvanitis S. Computerization, workplace organization, skilled labour and firm productivity: Evidence for the Swiss business sector [J]. Economic of Innovation and New technology, 2005, 14 (4): 225-249.

[6] Maliranta M, Rouvinen P. ICT and business productivity: Finnish micro-level evidence [C]// In: OECD (Ed). The Economic Impact of ICT. Measurement, Evidence and Implications. OECD, Paris, 2004: 213-239.

[7] Rai A, Patnayakuni R. A structural model for CASE adoption behavior [J]. Journal of Management Information Systems, 1996, 13 (2): 205-234.

[8] Spector P E. Summated rating scale construction: an introduction [M]. Calif: Sage Publications, 1992.

[9] Byrne B M. Structural Equation Modeling with AMOS: Basic Concepts, Applications, and Programming [M]. (2nd ed.) London: Rougledge, 2009.

[10] Breaugh J A. Important considerations in using statistical procedures to control for nuisance variables in non-experimental studies [J]. Human Resource Management Review, 2008, 18 (4): 282-293.

[11] Goodman S A, Svyantek D J. Person-organization fit and contextual performance: Do shared values matter [J]. Journal of Vocational Behavior, 1999, 55 (2): 254-275.

[12] Chi N W, Pan S Y. A multilevel investigation of missing links between transformational leadership and task performance: The mediating roles of perceived person-job fit and person-organization fit [J]. Journal of Business and Psychology, 2012, 27 (1): 43-56.

[13] Han T S, Chiang H H, McConville D, et al. A longitudinal investigation of person-organization fit, person-job fit, and contextual performance: The mediating role of psychological ownership [J]. Human Performance, 2015, 28 (5): 425-439.

[14] Cable D M, DeRue D S. The convergent and discriminant validity of subjective fit perceptions [J]. Journal of Applied Psychology, 2002, 87 (5): 875.

[15] Lauver K J, Kristof-Brown A. Distinguishing between employees' perceptions of person-job and person-organization fit [J]. Journal of Vocational Behavior, 2001, 59 (3): 454-470.

[16] Arthur W, Bell S T, Villado A J, et al. The use of person-organization fit in employment decision making: An assessment of its criterion-related validity [J]. Journal of applied psychology, 2006, 91 (4): 786.

[17] Nyambegera S, Daniels K, Sparrow P. Why fit doesn't always matter: The impact of HRM and

cultural fit on job involvement of Kenyan employees [J]. Applied Psychology, 2001, 50 (1): 109-140.

[18] Igbaria M, Iivari J, The effects of self-efficacy on computer usage [J]. Omega International Journal of Management Science 1995, 23 (6): 587-605.

[19] Beaudry A, Pinsonneault A. The other side of acceptance: Studying the direct and indirect effects of emotions on information technology use [J]. MIS Quarterly, 2010, 689-710.

[20] Ammenwerth E, Iller C, Mahler C. IT-adoption and the interaction of task, technology and individuals: A fit framework and a case study [J]. BMC Medical Informatics and Decision Making, 2006, 6 (1): 3.

[21] Finneran C M, Zhang P. A person-artefact-task (PAT) model of flow antecedents in computer-mediated environments [J]. International Journal of Human-Computer Studies, 2003, 59 (4): 475-496.

[22] Bani-Ali A. Project Management Software Effectiveness Stud [D]. George Washington University, Washington, DC, 2004.

[23] Liu Y, Lee Y, Chen A N. Evaluating the effects of task-individual-technology fit in multi-DSS models context: A two-phase view [J]. Decision Support Systems, 2011, 51 (3): 688-700.

[24] Adriaanse A, drdijk H, Dewulf G. The use of interorganizational ICT in United States construction projects [J]. Automation in Construction, 2010, 19 (1): 73-83.

[25] Peansupap V, Walker D. Factors affecting ICT diffusion: A case study of three large Australian construction contractors [J]. Engineering, Construction and Architectural Management, 2005, 12 (1): 21-37.

[26] Dishaw M T, Strong D M. Extending the technology acceptance model with task-technology fit constructs [J]. Information & Management, 1999, 36 (1): 9-21.

[27] Venkatesh V, Davis F. A theoretical extension of the technology acceptance model: Four longitudinal studies [J]. Management Science, 2000, 46 (2): 186-204.

[28] Hartmann T, Van M H, Vossebeld N, et al. Aligning building information model tools and construction management methods [J]. Automation in Construction, 2012, 22: 605-613.

[29] Furneaux B. Task-technology fit theory: A survey and synopsis of the literature. In Information Systems Theory [M]. New York: Springer. 2012: 87-106.

[30] Ajzen I, Fishbein M. Belief, Attitude, Intention and Behavior: An Introduction to Theory and Research [M]. Reading, MA: Addison-Wesley , 1975.

[31] Triandis H C. Values, attitudes, and interpersonal behavior [C]//In Nebraska Symposium on Motivation. Lincoln: University of Nebraska Press, 1979.

[32] Gallivan M J. Organizational adoption and assimilation of complex technological innovations: Development and application of a new framework [J]. ACM Sigmis Database, 2001, 32 (3): 51-85.

[33] Devaraj S, Kohli R. Performance impacts of information technology: Is actual usage the missing link? [J]. Management science, 2003, 49 (3): 273-289.

[34] O'Reilly CA, Chatman J, Caldwell D F. People and organizational culture: a profile comparisons approach to assessing person-organization fit [J]. Academy of Management Journal, 1991, 34 (3): 487-516.

[35] Cable D M, Judge T A. Person-organization fit, job choice decisions, and organizational entry [J]. Organizational Behavior and Human Decision Processes, 1996, 67 (3): 294-311.

[36] Kristof-Brown A L. Perceived applicant fit: Distinguishing between recruiters' perceptions of person-job and person-organization fit [J]. Personnel Psychology, 2000, 53 (3): 643-671.

[37] Saks A M, Ashforth B E. A longitudinal investigation of the relationships between job information sources, applicant perceptions of fit, and work outcomes [J]. Personnel Psychology, 1997, 50 (2): 395-426.

[38] Kristof A L. Person-organization fit: An integrative review of its conceptualizations, measurement, and implications [J]. Personnel psychology, 1996, 49 (1): 1-49.

[39] Beer L T, Rothmann S, Mostert K. The bidirectional relationship between person-job fit and work Engagement [J]. Journal of Personnel Psychology, 2016.

[40] Bakker A B. Engagement and job crafting: Engaged employees create their own great place to work. In Albrecht S (Ed.). Handbook of Engagement: Perspectives, Issues, Research and Practice [M]. Northampton, MA: Edwin Elgar, 2010: 229-244.

[41] Yu K Y T. Affective influences in person-environment fit theory: Exploring the role of affect as both cause and outcome of P-E fit [J]. Journal of Applied Psychology, 2009, 94: 1210-1226.

[42] Gabriel A S, Diefendorff J M, Chandler M M, et al. The dynamic relationships of work affect and job satisfaction with perceptions of fit [J]. Personnel Psychology, 2014, 67 (2): 389-420.

[43] Lee C C, Cheng H K, Cheng H H. An empirical study of mobile commerce in insurance industry: Task-technology fit and individual differences [J]. Decision Support Systems, 2007, 43 (1): 95-110.

[44] Hartmann T. Goal and process alignment during the implementation of decision support systems by project teams [J]. Journal of Construction Engineering and Management, 2011, 137 (12): 1134-1141.

[45] Singh V. BIM and systemic ICT innovation in AEC: perceived needs and actor's degrees of freedom [J]. Construction Innovation, 2014, 14 (3): 292-306.

[46] Jacobsson M, Linderoth H C. The influence of contextual elements, actors' frames of reference, and technology on the adoption and use of ICT in construction projects: A Swedish case study [J]. Construction Management and Economics, 2010, 28 (1): 13-23.

[47] Linderoth H C J. Understanding adoption and use of BIM as the creation of actor networks [J]. Automation in Construction, 2010, 19 (1): 66-72.

[48] Meyer J P, Hecht T D, Gill H, et al. Person-organization (culture) fit and employee commitment under conditions of organizational change: A longitudinal study [J]. Journal of Vocational Behavior, 2010, 76 (3): 458-473.

[49] Livingstone L P, Nelson D L, Barr S H. Person-environment fit and creativity: an examination of supply-value and demand-ability versions of fit [J]. Journal of Management, 1997, 23 (2): 119-146.

[50] Deci E L, Ryan R M. Handbook of Self-determination Research [M]. NY: University Rochester Press, 2002.

[51] Goodhue D L, Thompson R L. Task-technology fit and individual performance [J]. MIS Quarterly, 1995, 19 (2): 213-236.

[52] Burton-Jones A, Grange C. From use to effective use: A representation theory perspective [J]. Information Systems Research, 2012, 24 (3): 632-658.

8 定 性 研 究

定性研究旨在实现研究目标 3：探讨企业文化与技术之间的匹配是否会影响企业信息技术的应用。定性研究的方法在第 5 章中进行了说明。首先，应确定定性研究的目标案例。由于 BIM 是建筑行业中的一项新技术，现阶段在应用过程中会存在各种问题，因此以它为例去探讨本研究的研究目标是适合的。定性研究的目标案例是应用 BIM 的企业。访谈材料根据 Detert 等人开发的文化框架进行编码[1]。BIM 中承载的价值观来自于内容分析，而 BIM 中承载的价值观与企业文化价值观之间不匹配的问题也从内容分析中得出。

8.1 受访者简介

定性研究的对象主要选择那些有成熟应用 BIM 经历的企业，加深对应用问题的研究。内地和香港都有一些 BIM 竞赛，这些竞赛基于一套全面的标准来评估企业的 BIM 应用情况。在内地，每年举办 BIM 创新杯；在香港，每年也颁发 Autodesk BIM 奖。为了确保选定的企业是该行业应用 BIM 的优秀代表，选定的企业都是这些比赛中最佳应用公司的获奖者。与来自那些企业的受访者进行了联系后，一些人同意参加访谈，其中一些人从相关角度向研究人员提出建议以进一步进行访谈。最后，共有 7 个受访者同意接受采访。受访者的个体资料见表 8-1，之后进一步提供了每个受访者的背景，以促进对内容分析的理解。

表 8-1 受访者概况

编号	区域	企业名称	企业类型	职位
受访者 A	香港	房屋署	业主	主管
受访者 B	香港	isBIM	BIM 咨询公司	高级顾问
受访者 C	香港	友利建筑有限公司	承包商	工程师
受访者 D	香港	Northcroft	QS 咨询公司	初级顾问
受访者 E	内地	CCDI	设计事务所	初级顾问
受访者 F	内地	现代集团	设计事务所	部门经理
受访者 G	内地	广联达公司	软件咨询公司	高级顾问

8.2 编码框架

如前所述，本研究结合了常规内容分析和定向内容分析。该研究基于有关企业文化和技术价值观的理论，得出初步的编码。然后，在试点小组讨论和后续采访中，对编码进行了改进，使其更适合建筑业 BIM 应用的情境。

在此编码过程开始时，所有子编码均采纳自由节点格式，因为目前尚不清楚它们如何匹配研究情境以及它们之间的关系。但是，在进行了数据分析之后，子编码之间的关系变得更容易理解，研究人员开始将它们归为与主要编码相关的类别。最终的编码框架见表 8-2。

表 8-2 最终编码框架

价值维度	主要编码	子 编 码
硬数据与个体经验	硬数据	数据库；数据；图表；工程图；输出；数字
	经验	经验
短期与长期	短期	难以衡量利益
	长期	准备；训练；人力资源
稳定与变化	稳定	传统；常规；害怕改变；拒绝改变
	变化	更改；研究；发展；革新
独立与协作	独立	隔离；独立；避免参与
	协作	合作；交流；协作；关心他人
过程与结果	过程	建筑模型；工作程序；标准方法
	结果	质量；速度；成本；效率；错误
内部和外部	内部	内部需求
	外部	客户；业主；政府

8.3 访谈内容分析

采访脚本是根据表 8-2 中所示的编码框架进行手动编码的。在采访引文中突出显示了关键字，并在引文旁总结了产生的主题，以显示编码在 BIM 应用情境下的含义。汇总了来访脚本中出现的主题。

8.3.1 受访者 A 的背景

受访者 A 是香港房屋署（HA）的部门主管。香港房屋署从 2006 年开始了 BIM 的应用。自 2006 年以来，房屋署在公共租赁住房项目的开发中引入了 BIM，已有 19 个项目在其不同的阶段应用了 BIM。他们试图在开发管理、项目管理和设施管理的整个生命周期中应用 BIM。他们希望通过在项目中应用 BIM 来优化设计、改善协调性并减少建筑浪费，从而提高建筑质量。到目前为止，这些数据已用于 3D（可视化、碰撞检测）和 4D（模拟）。然后，房屋署开始将这些数据用于工程造价。访谈 A 是关于 BIM 在工程造价中的应用。访谈 A 的内容分析见表 8-3。

表 8-3 访谈 A 的内容分析

价值维度	引　文	主　题
硬数据与个体经验	"造价师可以快速从 BIM 模型中获得一些粗略的**数据**，并根据 HKSMM 的要求进行一些调整。"	>> BIM 生成硬数据，以供造价师对数量进行评估
短期与长期	"**短期**和**长期**获利能力：短期否，长期是。" "加快设计的施工估算和成本反馈：**短期**否，**长期**是。"	>> BIM 具有长期盈利能力，但缺乏短期盈利能力 >>从长期来看，BIM 将加速成本估算，但从短期来看，它将无法做到
独立与协作	"所有资深造价师齐聚一堂。我将提到 BIM 的发展情况。同时，我们还将召开某些 BIM 委员会会议。我们有建筑师、工程师，由助理总监主持讨论如何相互**交流**，以及需要关注什么。对于政府而言，这种**沟通**非常紧密，因为没有人能够在忽略他人利益的系统中生存。甚至是在房屋署之外，也需要密切的**交流**。" "设计师过去**不需要担心**造价师，因此您说过，如果建模者想要这样，他们需要一些行业支持，因此我们正在做这种事情。您不能设想上游可以解决所有问题，您仍然需要在下游做一些事情。但是下游不能解决所有问题，因为承包商不会给我们一个数字，将他们在预算中遇到的所有问题都包括在内。" "其次，存在一个问题，即建模者不那么**合作**并遵循造价师的意见。造价师与上游之间存在利益冲突。"	>> BIM 需要企业内部的造价师、建筑师和工程师之间的协作 >> BIM 需要造价师、其上游建模者和下游承包商之间的协作 >>由于利益冲突，造价师与上游建模者之间的协作是无效的
过程与结果	"该模型是为减少运算数量而构建的。模型的取量与传统方式的取量之间的**误差**应在 5% 以内。"	>>BIM 的计算结果应符合精度要求

8.3.2 受访者 B 的背景

受访者 B 是 IsBIM 的高级顾问。IsBIM 是一家屡获殊荣的亚洲建筑信息模型（BIM）咨询公司，总部位于中国香港，拥有覆盖新加坡、中国北京和中国其他 17 个城市的广泛分支机构网络。IsBIM 一直为建筑项目提供建筑信息模型（BIM）和建筑模型与控制（CMC）的解决方案。在过去的 12 年中，该团队一直为全球 200 多个项目和 80 多个知名公司提供 BIM 咨询服务。他们的 BIM 项目包括住宅开发、商业开发、购物中心、酒店、医院、机场、水坝、铁路、桥梁和隧道项目。为了表彰他们在 BIM 技术应用和开发方面的成就，其项目获得全球 BIM 最佳应用。访谈 B 主要是关于他们如何提供基于 BIM 的造价咨询。访谈对象 B 的内容分析见表 8-4。

表 8-4 访谈 B 的内容分析

价值维度	引 文	主 题
硬数据与个体经验	"我们开发了一个基于 REVIT 的插件，然后他们（业主）只需**按一个或两个按钮**（获取数据）即可快速完成一系列计算步骤。" "通过简单的输出，计算机可以将**新模型和旧模型相互对比**。这背后的规则与 PDF 中的比较类似。我们很容易就能计算出变更数量。"	>>通过使用 BIM 生成的数据来完成造价计算 >> 变更管理是基于 BIM 自动比较新模型和旧模型产生的变更数量来进行的
短期与长期	"掌握该技术需要**更长**的时间。如果培训后没有进行项目练习，很容易遗忘。"	>>BIM 需要长期的学习
稳定与变化	"除了可以在计算造价时使用 BIM 之外，造价师还能通过应用 BIM 减少在计算造价时花费的时间，从而能让他们的关注点**转移**到成本控制和价值工程上。"	>>BIM 使得造价师的工作从造价计算变成了成本控制和价值工程，角色发生了改变
独立与协作	"在进行设计时，建筑师和结构工程师**不会考虑** HKSMM 的要求。创建模型和计算造价之间的差异产生了数据误差。例如，柱与楼板之间存在重叠。结构工程师将其中的重叠区域放在柱之中。但是，造价师必须根据 HKSMM 将重叠区域放在楼板中。"	>> BIM 需要建筑师、结构工程师和工程造价师之间的合作。建筑师和结构工程师需要考虑计算造价的要求
过程与结果	"首先，当 IsBIM 收到 2D 模型时，他们将通过 Revit **建立 3D 模型**。在构建 3D 模型时，IsBIM 提出了**标准建模方法**（SAM）的草案。房屋署将把该标准传递给业内建筑师和结构工程师，以审查该标准是否合理。" "BIM 在准确性上达标这一结果相当重要。现在，它与传统方法的误差在 5% 之内，业主对此感到满意。"	>>BIM 需要一个标准的过程去建模 >>BIM 的使用者强调 BIM 产生的结果。现在 BIM 的效果令人满意

8.3.3 受访者 C 的背景

受访者 C 是来自友利建筑有限公司的一名工程师。友利建筑成立于 1958 年，专注于建筑项目的建造、维护、翻新和设计。友利建筑有限公司一直是香港领先和最具创新性的建筑公司之一。他们已经完成了在安德森路站点 A 和 B 的第 1 和第 2 阶段公共租赁住房开发项目的建设，并在 2014 年获得了由房屋署颁发的 BIM 技术创新奖。他们还于 2013 年成立了一家名为 Global Virtual Design and Construction Limited（GVDC）的新公司，为建筑项目从规划、可行性研究、概念设计、深化设计、形成文档、投标和施工开始，贯穿至设施运营、建筑维护以及随后的装修结束，为其提供 BIM 服务和解决方案。在香港建筑业议会颁发的"2014 年建筑信息模型（BIM）卓越奖"中，该团队被授予了"BIM 建筑创新者"奖项。访谈 C 主要是有关友利建筑有限公司的 5D BIM 实践。访谈 C 的内容分析见表 8-5。

表 8-5 访谈 C 的内容分析

价值维度	引　文	主　题
硬数据与个体经验	"然后将模型输入到 3D 库中。3D 库与 VICO 办公软件链接，而 VICO 办公软件与数据库链接。该数据库是有关成本信息的，并且采纳 Excel 格式。其中的材料可用于其他 5D BIM 项目。Excel 可以直接输入 VICO 办公软件。VICO 办公软件的**输出数据**可用于成本估算。"	>> BIM 中的信息可用于成本估算
稳定与变化	"对于第二个项目，如果不使用 BIM，就无法建造复杂的钢筋混凝土结构。在完成这个项目之后，我们的上级开始考虑在所有项目上**尝试**使用 5D 管理工具。"	>> BIM 的应用需要实验
过程与结果	"3D 模型是根据他们的公司指南在 Revit 中构建的。他们形成了标准的建模原理，使得完成工作时更快速和精确。他们的造价师基于 AIA 制定了关于**如何构建模型**以与成本细分结构相匹配的原则。他们还需要向建模者提供标准以供考虑。" "他们认为要在施工图纸之前**建立模型**，但由于设计不断变化，因此很难在 IPA 项目中实现。"	>>构建 3D 模型需要标准的工作流程 >>在构建 3D 模型之前，设计内容不能频繁变更
内部与外部	"起初，我们使用 BIM 是因为**业主**要求我们这样做。项目真的很复杂，不使用 BIM，我们将无法完成这个项目。"	>>业主需要使用 BIM 解决复杂的工作

8.3.4 受访者 D 的背景

受访者 D 是 Northcroft 的顾问。Northcroft 是一家由建筑顾问、项目经理、成本经理和风险经理组成的国际公司。他们的服务包括成本管理、管理咨询和项目管理。内地和香港的 Northcroft 利用 Northcroft 开发的内部成本管理软件（NISA）为客户提供所有造价服务，包括估算、成本计划和工程量清单准备、招标分析、中期付款评估以及最终付款准备。他们试图将 Glodon 提供的 BIM 软件与他们自己的 NISA 系统链接起来，以提供生命周期成本管理。他们的实践赢得了 Glodon 应用先锋奖。访谈 D 是关于 BIM 软件在成本估算中的应用。访谈 D 的内容分析见表 8-6。

表 8-6 访谈 D 的内容分析

价值维度	引文	主题
硬数据与个体经验	"估算的准确性取决于造价师是否了解项目的性质。如果他们完成过许多项目，他们可能会根据房间数量了解如何估算酒店的建造成本，并且他们还将知道不同时间、不同地区的费用。这些都取决于**经验**。" "有时，如果当争议较多，造价师必须向承包商显示工程量清单以核实数量。如果清单不明确或出错，将会很麻烦。有**经验**的造价师知道承包商通常会质疑哪一部分。"	>>成本估算依赖于造价师的经验 >>解决工程量清单的纠纷取决于造价师的经验
稳定与变化	"**传统的**工作方式让他们对使用软件产生了质疑。希望成为专业的造价师的人们，认为他们必须学习合同或估算方面的知识，这些东西与法律有关，而不是软件。如果他们清楚地知道这些知识，他们将在合同订立中发挥重要作用。因此，他们不想把时间花在**学习软件上**。"	>> BIM 改变了工料测量师的工作方式，但是造价师不想学习软件并想保持其核心竞争力
独立与协作	"但是，建筑师很难遵循软件的逻辑。如果不命名组件，造价师将花费大量时间进行检查。建筑行业**涉及的各方太多**，而他们的想法又有所不同。"	>>创建用于造价计算的 BIM 需要建筑师了解造价师的需求
过程与结果	"如果子目分类不够详细，承包商在提出质疑时将会很难给出答案。然后他们将会觉得你不够专业。软件供应商不知道造价师所需的子目类型，他们只是想**快速完成**，但这样是不对的。造价师必须确切地知道柱的位置和高度，以使业主相信他们是严谨和专业的。"	>> BIM 仅仅快速地给出算量的结果，但是造价师需要知道给出这些结果的过程

8.3.5 受访者 E 的背景

受访者 E 是 CCDI 的初级设计师。CCDI 是一家于 1994 年成立的大型全球建筑和工程咨询公司，为城市建设和开发提供集成的专业服务，其业务部门涵盖广泛的行业。该公司在大跨度结构的设计和建造方面排名第一，在高层建筑中排名第二，并且在中国城市综合体和住宅物业方面居于领先地位，享有很高的声誉。CCDI 于 2003 年首次应用 BIM。经过 10 年的发展，CCDI 利用 BIM 完成了多个大型项目，并成为中国所有建筑公司的先驱。访谈 E 主要是关于 BIM 在 CCDI 设计工作中的应用。受访者 E 的内容分析见表 8-7。

表 8-7　访谈 E 的内容分析

价值维度	引　文	主　题
硬数据与个体经验	"如果 BIM 模型的结构有误，我们可以准确地知道哪里出错。以前，工程图是二维的，看不到问题所在。而在 **3D 模型**中这个问题就可以明显地体现出来。" "如果协调不好，将会有很多碰撞问题。**BIM 模型**可以解决很多碰撞问题。"	>> BIM 提供了一种更简便的方法来检查设计错误 >> BIM 可以基于模型中的数据解决碰撞问题
稳定与变化	"我们从 2003 年开始将 BIM 应用于水立方。后来，他们把 BIM 应用到一些小项目中进行了**实验**。"	>>应用 BIM 需要实验
独立与协作	"我们公司负责 BIM 咨询，其他公司负责施工图设计和施工计划，一些公司负责幕墙设计。我们为业主共同努力，主要通过会议进行**交流**。" "我们的部门推动了**协同**设计，可以通过外部渠道引用相同的文件，从而节省了大量的复制和粘贴过程所用的时间。"	>> BIM 需要来自各方的协作和沟通 >> BIM 带来了一种新的协作设计方式
内部与外部	"使用 BIM 的主要原因是**业主**需要 BIM，但公司的**内部**项目也可能使用 BIM。" "如果**业主**在施工过程中提出复杂的计划，我们将建立一个模型来模拟施工过程。然后，我们在会议上向所有者或承包商及其他一些单位进行演示，以确认该过程是否可行。如果可行，我们将采纳这项技术。"	>>使用 BIM 既是客户的要求，也是企业内部项目的需要 >> BIM 用于为客户解决复杂项目的技术问题

8.3.6　受访者 F 的背景

受访者 F 是现代集团的高级设计师。现代集团最早于 2008 年应用 BIM。在国内完成了许多大型 BIM 项目后，在 BIM 这个领域享有盛誉。为了提高项目质量、增加附加值、扩大市场，现代集团在投标、中标项目中都提到了 BIM 策略、案例和经验。现代集团还设有内部数字化研究咨询小组，该小组于 2012 年成立，旨在改善 BIM 技术并提供研究和咨询服务。访谈 F 是关于现代集团在设计实践中 BIM 的应用。采访 F 的内容分析见表 8-8。

表 8-8 访谈 F 的内容分析

价值维度	引 文	主 题
硬数据与个体经验	"设计师的**图纸**可以在模型上查看,并据此找出缺失的部分和有冲突的部分。算量也可以基于该模型进行。业主可以通过**甘特图**的形式查看项目的进度。" "使用 BIM 后,将在施工前预先安排管线,并在施工前确定**数据**,以防止碰撞。"	>> BIM 产生数据以检查设计、算量并查看进度 >>通过使用 BIM 中的数据可以防止碰撞
短期与长期	"每年,我们都会根据员工工作的技术特点为其提供 BIM 技术**培训**。我们定期邀请外部专家、软件供应商和其他专家参加我们的培训。" "我们不仅**招纳经验丰富的员工**,还**雇用**了对 BIM 感兴趣并具有相关教育背景的**应届毕业生**,尽管他们没有太多的工作经验,但可以让老员工来给他们传授经验。"	>> BIM 需要长期培训 >> BIM 需要长期的人力资源准备
稳定与变化	"每个管理级别都支持**创新**工作。团队的整体年龄还比较年轻,因此团队成员充满斗志和好奇心。" "现代集团拥有自己的**开发**团队和外部协作开发团队。例如,我们公司已与 Autodesk 建立了战略合作伙伴关系。"	>> BIM 需要创新的工作环境来适应变化 >> BIM 需要企业进行研发活动
独立与协作	"它还将用于协助多学科**协作**以减少机电碰撞。"	>> BIM 促进了业主、设计师和承包商之间的协作
过程与结果	"简单来说,BIM 的应用将控制设计**质量**。"	>> BIM 能够控制设计公司的内部设计质量
内部与外部	"评估主要基于业主对我们服务的评分,这将成为年终评估的依据之一。随着已完成项目数量的增加,我们的经验逐渐积累,因此**业主**的反馈也得到了改善。"	>> BIM 改善了来自业主的反馈

8.3.7 受访者 G 的背景

受访者 G 是广联达公司的高级顾问。广联达公司致力于开发行业应用程序,作为服务供应商提供行业数据、行业信用、行业金融和其他增值服务平台等基础支持。经过近二十年的发展,公司已从单一产品扩展到包含成本估算、项目管理、电子政务、电子商务等在内的多种产品。他们试图利用信息技术来帮助建筑业从业者完成工程造价、施工、工程管理等专业工作,以提高工作效率。近年来,他们开发了实现 5D BIM 功能的软件。访谈 G 是关于 5D BIM 的开发及其在业主中的应用。访谈 G 的内容分析见表 8-9。

表 8-9　访谈 G 的内容分析

价值维度	引　文	主　题
硬数据与个体经验	"我们公司将把 Revit 或其他工具创建的 3D 模型转换为用于算量的模型。然后，用户可以选择合适的配额数据库来进行估算。"	>> BIM 提供建筑物工程量的数据，这些数据可以与数据库一起使用来进行估计
稳定与变化	"传统上，用于算量的 3D 模型是建立在 2D 图纸上的。在 5D BIM 的背景下，设计公司直接通过 Revit 构建 3D 模型。然后，将它转化为带有成本信息的 3D 模型以进行算量。算量模型的来源不同。" "但是，现在他们（业主）的使用不能完全满足项目管理的要求，他们（客户）仍处于研发阶段。他们（客户）将拥有使用 BIM 的实验项目。"	>> BIM 改变算量的过程 >>为了使 BIM 满足项目管理的要求，需要做一些实验
独立与协作	"我们将与设计公司和 BIM 咨询公司合作，为构建 3D 模型进行算量而制定标准。将来，我们公司将发布此标准，但现在它仍处于研究阶段。"	>> 创建用于算量的 3D 模型需要软件供应商、设计公司和 BIM 咨询公司之间的协作
内部与外部	"在内地，政府项目不强制使用 BIM。大型承包商使用 BIM 是因为他们需要 BIM，它的好处在于可以进行成本估算和控制。5D BIM 可以按月或按部门估算和控制成本，如果初始模型是准确的，他们将不需要在以后的阶段中再次估算成本。" "对于房地产开发的业主，5D BIM 将降低成本和提高时间效率。"	>> 承包商有使用 BIM 的内部需求，并在成本估算和成本控制方面从 BIM 中受益 >> BIM 将帮助外部客户降低成本和提高时间效率

　　表 8-10 总结了价值维度的频率。在这 6 个维度中，硬数据与个体经验的维度出现的频率最高（频率为 11），其次是独立与协作的维度（频率为 9）以及稳定与变化的维度（频率为 8）。外部关注与内部关注的维度排名第 4（频率为 7）。过程与结果的维度（频率为 6）以及短期与长期的维度（频率为 5）的排名分别为最后两个。技术-文化匹配对 BIM 实施的影响将在下一部分中根据价值维度进行说明。

表 8-10　内容分析中的价值维度的频率

项　目	A	B	C	D	E	F	G	Sum
硬数据与个体经验	1	2	1	2	2	2	1	11
短期与长期	2	1	—	—	—	2	—	5
过程与结果	—	2	2	1	—	1	—	6
稳定与变化	—	1	1	1	1	2	2	8
独立与协作	3	1	—	1	2	1	1	9
内部与外部	1	—	1	—	2	1	2	7

8.4　BIM 的技术-文化匹配和实施

在本节中，将根据硬数据与个体经验、短期与长期、过程与结果、稳定性与变化、独立与协作、内部与外部这些价值维度的技术-文化匹配对于应用 BIM 产生的影响进行说明。结合现有研究结果解释了每个价值维度下的一些示例性的引用。

8.4.1　数据与个体经验

在企业内部，人们对什么是真实的、什么是不真实的以及最终如何发现真理持有不同的想法。在某些企业中，真理被认为是直觉或个体经验的产物，而在其他企业中，真理被视为系统和科学研究的产物。关于什么是真理以及如何确定真理的概念最终可能会影响人们采用规范主义或实用主义的程度[2]。

如果企业的决策趋于科学，则企业可能会重视对 BIM 的支持。BIM 适用于注重数据的组织。BIM 注重以科学方法为代表的事实和理性，以及将数据用于决策的方法。美国联合总承包商（AGC，2005）将 BIM 视为一个数据丰富、面向对象、用智能和参数化数据表示的模型。可以从此数据表示中提取和分析数据及视图，以满足各种用户的需求，并依据这些数据和视图做出决策，从而改善设施的交付过程。BIM 数据具有多种形式，包括计算机系统之间的结构化/可计算的数据（例如数据库）、半结构化（例如电子表格）或非结构化/不可计算的数据（例如图像）[3]，这些所有形式的数据都可以用于决策。

来自 BIM 的数据可用于各种决策情况。例如，使用 BIM 进行成本的快速估算："造价师可以快速从 BIM 模型中获得一些粗略的数据，并根据 HKSMM 的要求进行一些调整"（引自受访者 A）。BIM 也可以用于进行碰撞检测："设计师的图纸可以在模型上查看，并据此找出缺失的部分和有冲突的部分。算量也可以基于该模型进行。业主可以通过甘特图的形式查看项目的进度"（引自受访者 F）。在 BIM 研讨会上，一位与会者还提到 3D 模型展示可以对协调和施工过程有所帮助："当项目很复杂时，3D 可以提供很多帮助。例如，在我们的一个钢结构非常复杂的项目的协调和施工过程中使用 2D 工程图可能非常困难。"

但是，应用 BIM 的先行者可能会遇到一些挑战。第一个挑战是从设计阶段到运维阶段的信息鸿沟。业主、设计师、承包商和物业管理者不知道彼此需要哪种文件和信息。数据碎片化是第二个挑战。在设计、施工、调试、运营和维护阶段，由于缺乏协调动力、沟通不畅、不够标准化而造成了数据的不透明[4]。

8.4.2　短期与长期

Schein（1992）认为，企业对时间的定位包括如何定义和衡量时间、存在哪些类型的时间以及时间的重要性[5]。特别是企业的时间定位会决定着领导者和企业其他员工制定长期计划还是设立短期目标。

BIM 倾向于促进长期的协作和通信过程，从长期的角度看 BIM 的好处更有可能显现出来。正如受访者 A 所说："至于短期和长期获利能力：短期否，长期是……加快设计的施工估算和成本反馈：短期否，长期是。"受访者 F 经历了长期的 BIM 实施过程，结果表明，要从 BIM 中受益，就需要在企业中进行长期培训和人力资源开发："每年，我们都会根据员工工作的技术特点为其提供 BIM 技术培训。我们定期邀请外部专家、软件供应商和其他专家参加我们的培训。"在 BIM 研讨会上，当谈论 BIM 的好处时，人们倾向于将其视为不可见的。"BIM 的成本是有形的，但使用 BIM 的好处却不是。这可能会阻碍推动 BIM 的应用。作为建筑师，由于难以量化 BIM 带来的好处，我们并没有发现使用 BIM 的强烈动机。"在短期内人们很难感觉到 BIM 的具体优势。

Jacobsson 和 Linderoth（2010）解释了短期定位背后的原因[6]。按项目组织运营意味着主要的关注点在于时间。合同法规和激励措施加强了对时间的关注，鼓励参与者减少时间消耗。这些背景因素强化了执行者的参照框架，这进一步影响了他们如何定义和解释事件或新现象，因此执行者倾向于关注那些需要立即采取行动和受益的事件和新现象。这样的短期定位使得通过尝试新的 ICT 得到所需的时间周期变得更加困难。参与者仅关注 ICT 的应用是否会立即带来好处。

正确了解 BIM 是一种面向长期的工具非常重要。Panuwatwanich 和 Peansupap（2013）发现，将 BIM 误认为是短期获利的工具会导致人们对其利益产生错误的期待，从而使用户对 BIM 感到更多的失望和沮丧，甚至使用户放弃 BIM 的使用[7]。相反，那些意识到需要对 BIM 进行长期投资的用户，得到了正向反馈并且对 BIM 更加满意并继续应用。用户应该认识到，BIM 的应用将从根本上影响整个业务流程，应视为长期流程。

8.4.3　过程与结果

过程与结果导向是指企业中的个体更加关注工作的最终结果，还是更加关注实现工作的方法与过程[1]。在过程或结果导向之间，BIM 更加关注过程。

BIM 可以被视为一个虚拟过程，在单个虚拟的模型中涵盖了设施的所有方面、专业和系统，从而相比传统模式，使所有团队成员（业主、建筑师、工程师、承包商、分包商和供应商）精确、有效地进行协作。Azhar 等（2015）认为 BIM 既是技术又是过程[8]。BIM 的技术组件可帮助项目中的利益相关者在模拟环境中将要构建的内容可视化，以识别出所有潜在的设计、构造或运营方面的问题。过程组件实现了所有利益相关者的紧密协作，并鼓励承担各个角色的他们进行合作。因此，BIM 不仅意味着使用三维智能模型，而且还意味着在工作流和项目交付过程中会发生很大的改变。

BIM 的应用应该遵循标准化流程。仅接受有关的技术培训，但不了解整个过程的运作，将会导致应用失败。以 BIM 进行算量为例："3D 模型是在 Revit 中根据公司指南构建的。他们制定了标准的建模原理来更快、更准确地工作。这个原理是由他们造价师基于 AIA 制定的，是关于如何构建模型去适应计算成本时的子目结构。他们还需要向建模者提及要考虑的规范，然后将模型输入 3D 库。3D 库与 VICO 办公软件链接，而 VICO 办公室与数据库链接。该数据库是有关成本信息的，并且采纳 Excel 格式。其中的材料可用于其他 5DBIM 项目。Excel 可以直接输入 VICO 办公软件。VICO 办公软件的输出数据可用于成本估算"（引自受访者 C）。

但是，施工企业很难遵循标准的工作流程。"每个公司都有自己的定额。建立 BIM 模型后，定额和 HKSMM 之间的差异需要进行额外的调整。如果我们使用相同的定额，我们可以采纳标准的调整方法，这可以提高我们的工作效率"（引自访谈 B）。

由于缺乏标准，业主、建模者和承包商之间难以达成共识。不同的员工将以自己的方式建模。建模师应遵循一定的标准，以使组件与 HKSMM 的要求一致。达成共识后，承包商可以进行算量和分包，而业主可以进行估算和招标。

8.4.4　稳定性与变化

稳定与变化导向是指企业本质上是倾向于稳定还是倾向于鼓励创新、个体成长、持续改进和变革的程度。一些人愿意改变，而另一些人则具有很高的"安全需求"[2]。

BIM 是在建筑、工程和施工（AEC）领域里技术和程序转变上最关键的创新之一[7]。有人认为，BIM 是重大转型的催化剂，有望减少行业的分散化并提高其效率和效果[9]。与之前的计算机辅助设计（CAD）不同，有一种观点认为 BIM 将解决建筑行业一些固有的问题，例如利益相关者之间的协作，以及对当前实施业务进行更多修改的需求[10]。

人们对变革的态度是一个主要障碍。受访者 A 说："使用 BIM 技术并不难。一两天的培训就可以了，但掌握该技术需要花费更长的时间，如果培训后没有项目进行联系，就很容易遗忘。文化也是一个障碍。人们是否愿意改变是一个关键问题"（引自受访者 A）。

如果企业具有很大的创新能力并愿意改变，那么 BIM 的应用将会更加容易。"每个管理层都支持创新工作，团队的整体年龄还比较年轻，因此他们具有好奇心和雄心壮志……我们公司注重创新。在年底，将鼓励员工申请内部研究经费。

如果申请通过了内部审查，则明年将提供一些资金来鼓励个体的研发……我们拥有自己的研发团队和外部协作的研发团队，例如，我们公司已与 Autodesk 建立了战略合作伙伴关系"（引自受访者 F）。

许多 BIM 的失败通常归因于企业惯性和缺乏变革。由于其本质上较为保守，该行业在历史上一直抵制变革，特别是在应用技术和流程创新方面[11]。为了解决这个问题，一些研究人员指出，AEC 公司需要改变其企业文化，努力成为在学习中具有强适应性的企业，以支持 ICT 的使用。Samuelson（2008）报告说，推广应用 ICT 的第三大障碍是行业普遍的态度，即认为过去多年获得了良好运作而不必改变旧的运作方式[12]。

8.4.5　独立与协作/合作

独立与协作导向包含有关人际关系本质以及如何最有效率和高质量地完成工作的基本信念。在某些企业中，几乎所有工作都是由个体完成的。在这些企业中，一起工作被视为效率低下或违反个体自主权。相比之下，某些企业则重视协作，以此作为优化决策和总体产出的手段。这些企业可能会促进团队合作，并围绕团队而不是个体组织任务[1]。

BIM 明确注重合作的重要性，而不是独立实现效益最大化。BIM 打算在项目的整个生命周期内促进项目利益相关者之间的最佳协作。使用 BIM 的情景下，项目参与者将有可能实现多专业协作。一些受访者提到了合作的重要性。

BIM 面临着与利益相关方协作以及信息的管理和控制模式有关的挑战[13]。正如受访者 A 所说："存在建模者不愿意考虑造价师建议或评论的问题。造价师及其上游之间可能存在利益冲突。如果遵循定额，则会在构建模型时需要花费更多的时间，那么建筑师或建模者将不愿意遵循它。因此，定额应该避免增加上游人员的工作量"（引自受访者 A）。

"在进行设计时，建筑师和结构工程师不会考虑 HKSMM 的要求。建模和算量之间的差异会导致数据差异。例如，柱和楼板之间存在重叠。结构工程师会将其中的重叠区域归为柱，但是造价师必须根据 HKSMM 将重叠区域放在板中。换句话说，由建筑师或建模师创建的模型必须先进行调整，然后才能用于算量"（引自受访者 B）。

"有时业主不太了解情况。设计人员可以制作工程图，但是缺少一些数据（例如管道的标高），因此这些问题被留给了承包商。承包商将根据现场情况解决这些问题。这样，无疑会影响施工的质量和速度。使用 BIM 后，将事先安排管道施工，并在施工前确定数据，以防止发生碰撞"（引自受访者 F）。

BIM 的最初目标是充当统一的集成工具。它是通信的中心节点，也是一个信息数据库，通过它可以将信息存储、结构化、共享和更新。但是，在实际应用中，并非所有层级都可以集中获取信息。信息的分布在功能级别上分层[14]。同时，各个参与企业中的信息技术具有复杂的互操作性问题。这种互操作性的运行效率还取决于利益相关者协作的联系，但是这些联系已经独立地运作了多年。因此，这些各种各样的联系必须相互补充去组合成一个"系统"以达到推广BIM的目的[15]。

8.4.6 内部与外部

内部和外部导向包括有关企业是否存在自己控制外部环境或受其外部环境控制的想法。一些企业认为成功的关键是关注企业内的人员和流程。但是，一些企业更关注客户、竞争对手和环境等外部要素[1]。内部和外部导向对BIM都存在影响，BIM倾向于改善内部流程和外部客户关系。

至于内部利益，这将导致：（1）更快、更有效的流程：信息更易于共享和反复利用；（2）更好的设计：可以对建筑方案进行严格的分析，并且可以快速进行模拟；（3）控制整个生命周期的成本和环境数据：可以预测和更好地理解整个生命周期的成本和环境数据；（4）更好的生产质量：文档输出自动化且更加灵活；（5）自动组装：数字产品的数据可用于制造和组装[16]。

同时，就外部利益而言，BIM可以提供：（1）更好的客户服务：通过准确的可视化可以更好地展示提案；（2）生命周期数据：可以利用需求、设计、施工和运营信息[16]。受访者F提到BIM改善了业主的反馈情况："评估主要基于业主对我们服务的评分，这将成为年终评估的依据之一。目前的情况总体良好。随着已完成项目数量的增加，我们的经验逐渐积累，因此业主的反馈也得到了改善"（引自受访者F）。

8.5 定性研究结果的讨论

定性研究的主要发现是，信息技术是社会建构的，并具有特定的价值。信息技术所承载的价值观与企业文化价值观之间的匹配将影响信息技术的应用。更具体地说，在Detert等人最初的8个文化维度中有6个维度是通过访谈表现出来的[1]。BIM和组织文化中承载的价值分析见表8-11。

与企业文化是社会实体而信息技术是技术实体的传统观点不同，技术-文化匹配的概念认为信息技术还承载一定的价值观，并认为文化和技术具有一些共同的属性可以进行比较。

表 8-11　BIM 中的价值观和建筑行业中的企业文化

价值维度	BIM 中的价值观	企业文化
硬数据与个体经验	决策依赖于建筑信息模型中的数据储存	决策依赖于某些情况下的经验
短期与长期	从 BIM 中受益需要面向长期	由于项目的时间和成本限制，企业主要面向短期
过程与结果	BIM 可以快速提供粗略的数据；BIM 要求设计、施工和运作具有标准化流程	人们需要知道快速得出结果背后的过程；施工中的流程并不标准化
稳定与变化	BIM 带来了流程和思维方式的变化	人们对于改变难以接受
独立与合作	BIM 要求企业内部和外部的合作	各方不同的想法和分散的流程导致了无效的合作
内部与外部	BIM 不仅提高了企业内部的效率还为业主提供了更好的产品	企业旨在提高内部效率的同时，还希望满足业主的需求

　　在这项研究中，BIM 不仅被理解为一种客观力量，而且被理解为一种社会建构的产品。根据技术的二元性，技术不仅指人类在生产活动中使用的"硬件"，例如设备、仪器，而且还指任务、技术、知识和工具的集合[17]。在离散实体流派[18,19]、相互依赖的集合体流派[20,21]以及社会和物质组合体流派[22]这三种技术定义中，这项研究采取了相互依赖的集合体流派与社会和物质组合体流派之间的观点。这体现技术具有物理和社会的二元性特征。技术与人类代理有一些相似之处（例如承载价值观），但它并不完全等同于人类代理。

　　该研究的发现验证了之前的一些研究结论：技术蕴含有价值观。Scholz（1990）认为公司的计算机信息系统具有高度的象征性，代表着平等与从属、进步主义与保守主义、群体与独立、同情与反感、感性与理性之间的价值观[23]。Doherty 和 Perry 等（2001）发现，信息技术强调标准化、格式、定量信息、理性决策和对技术的信任以及对个体不在场的信任[24]。Heeks（2002）发现信息系统需要稳定、直接和标准的过程、标准的企业目标、被视为理性的员工、严格的等级结构、标准和明确的结构[25]。Pliskin 等（1993）提出信息技术将通过权力分配、创新和行动导向、冒险、整合和相互依存、与高层管理者接触、自主决策绩效导向和奖励导向的维度来改变企业[26]。Doherty 和 Perry（2001）发现，应用新的工作流程管理系统可以增强与客户导向、灵活性、质量关注和绩效导向有关的企业文化价值观[24]。Doherty 和 Doig（2003）得出结论，公司数据存储功能的改进将导致客户服务、灵活性、授权和集成价值的变化[27]。

　　以 BIM 为例，BIM 的设计者假定：（1）决策应该依赖于模型中存储的数据；（2）从 BIM 中获益需要面向长期；（3）BIM 快速提供粗略的结果，并需要标准的设计、施工和运作流程；（4）BIM 带来了过程和思维方式的变化；（5）BIM 需要企业内部和企业间的协作；（6）BIM 既可以提高内部流程的效率，又可以为客户提供更好的产品。这些是 BIM 中承载的价值观。

然而，BIM 的使用更多地取决于社会和文化习惯。技术并不是稳定的，尽管技术是为实现特定目的而制造的，但各方对其使用的构想仍在影响其进一步发展[28]。

我们还确定了建筑行业的文化背景以更好地理解 BIM 当前的状态是如何发展形成的。施工企业倾向于使用产生短期收益的功能，例如将演示文稿中的图纸可视化给客户、检测施工图纸中的冲突问题以及获取工程量的粗略数字以进行估算。这是由于建筑行业特定的企业文化所致：（1）决策基于经验；（2）由于项目时间和成本的限制，企业在建设项目过程中是面向短期的；（3）施工过程不规范；（4）施工人员不愿接受变化；（5）各方的想法不同并且流程分散导致了无效协作的发生；（6）企业既想提高内部效率又想满足客户需求。

技术-文化匹配的概念提供了一个新的视角，可以通过相应的价值观维度来审视文化和技术。BIM 中承载的价值观支持 Akrich（1992）的论点[29]，即技术中包含关于世界内在的预测，包括过程是如何发生的、人们将拥有哪些价值观以及它们将具有哪种结构。技术不再是可以与文化环境分离的黑匣子产物，因此可以发现技术与文化之间潜在的相互作用。

不同类型的 ICT 可能需要不同类型的文化。在这项研究中，根据 BIM 中承载的价值确定了应用 BIM 的理想文化类型。以前关于 BIM 应用的研究很少解决 BIM 与组织文化之间的一致性问题，而是主要关注 BIM 与流程和结构之间的一致性。例如，Mahalingam 等（2015）发现 BIM 技术与工作流程的成功结合以及项目参与者之间的协调意图对于 BIM 的成功应用至关重要[30]。精益建设可以促进 BIM 的应用，并且两者可以相互促进。Ahn 等（2015）发现要认识到企业结构对充分利用 BIM 的意义[31]。关于 BIM 应用与技术文化匹配的研究要求对 BIM 应用过程中的文化问题予以认可，并提供新的视角来了解 BIM 与企业之间的一致性。

技术文化匹配会影响 ICT 的应用的发现与先前的发现一致。Klein 和 Sorra（1996）提出，创新实施的有效性取决于创新对目标用户价值的匹配程度[32]。如果二者不匹配会产生抵制或消极逃避的情绪，而匹配则会产生顺从或积极承担的情绪。Cabrera 等（2001）也提出成功的技术同化要求技术迎合企业文化，或者企业文化被重新塑造以符合技术的行为要求[33]。Dube（1998）的另一项研究表明，嵌入在软件开发过程中的价值观与整个企业的价值观之间的良好匹配将使应用更加成功[34]。Davenport（1998）也认为 ERP 失败率高的原因之一是标准化的 ERP 软件包与企业实践和文化不符[35]。Ngwenyama 和 Nielsen（2003）发现，流程应用中改进的困难源于流程中内置的文化假设与开发人员的文化假设之间存在冲突[36]。Leidner 和 Kayworth（2006）还提出，嵌入信息系统的价值观与企业文化之间的冲突将影响信息系统的应用[37]。当特定系统中承载的价值观与企业员工所拥有的价值观冲突时，企业将尽可能长时间地拒绝采纳新系统。即使他们采纳该系统，也将成为技术落后者。他们还提出，尽管存在系统冲突，但在应用系统时，成员将更改对系统的使用以支持其价值观。上述研究表明，技术-文化匹配对于 ICT 的应用至关重要。但是，有关技术-文化匹配对 ICT 应用的影响的实证研究是有限的。大多数研究人员仅将其作为相关研究的理论构架。BIM 应用的经验证据丰富了该研究流派。

Gallivan 和 Srite（2005）认为如果信息技术与企业文化之间存在"匹配"，那么结果将是对 IT 的接受和有效利用[38]。另外，如果信息技术与企业文化之间存在"不匹配"，结果将是用户的抵制、拒绝或破坏。有时，尽管技术中承载的价值观与企业文化价值观之间存在冲突，但仍会对信息技术进行应用。因此，出现一个问题：在技术承载的价值观和企业文化之间存在冲突时，企业文化会被改变还是技术被改变？

尽管有些人认为从长远来看文化具有可塑性，但研究人员认为在实施信息技术时应将组织协同视为"看不见的约束"[26]。Pliskin 等（1993）认为短期内文化是恒定的[26]。文化不是一朝一夕就能建立的，也不是一夜之间就能改变的。但是，技术不是稳定和固定的，而是通过它们在社会群体中的参与不断变化和重构的[28]。Sun（2012）声称，人们对系统功能使用的改变是由某些触发因素引起的，这些触发因素受环境因素和新产生情况的影响，其中一个重要的因素就是"不匹配"[39]。如果预计会发生"文化冲突"，管理人员应在实施该技术之前更改其设计和功能，或者允许用户修改或"重塑"IT 使其与企业文化更加兼容。Leidner 和 Kayworth（2006）还声称，用户将更有可能改变其对技术的使用，以支持其企业文化价值观[37]。这种更改可能是有意的，但为了使用户群体在文化上接受，更多是自然发生的。

对访谈的内容分析还表明，文化障碍很难克服。例如，由于项目的时间和成本限制，企业在建造项目时是面向短期的。Chen 等（2017）发现，由于应用 BIM 涉及机会成本，因此利益相关者会选择在市场需要的时候应用 BIM[40]。明确相应的利益将促进 BIM 的应用。由于很难改变项目的性质，因此企业倾向于使用会产生短期利益的功能，例如可视化向客户演示的图纸、检测施工图纸中的碰撞以及获取粗略的数据以进行估算。Eadie 等（2015）还观察到通过 BIM 模型和碰撞检测的使用频率超过了设施管理[41]，这表明 BIM 没有得到充分利用。这些功能比其他功能（如生命周期成本分析和生命周期设施管理）花费的时间和精力更少。之所以经常使用它们，是因为它们适合企业文化在建设中的短期定位。

因此，进一步提出了以下发现：**在技术承载的价值观与企业文化之间存在冲**

突的情况下，将会对技术的使用进行修改，以适应企业的文化取向。

这一发现表明，技术的价值观与企业文化价值观之间的冲突越大，对 ICT 的修改就越大。但是，为了促进技术的应用，一些研究人员还提出，需要培养特殊的文化价值观。例如，Ruppel 和 Harrington（2001）发现道德文化（对人的信任和关注）、发展文化（创造力和灵活性）和等级文化（政策和信息管理）需要得到加强，以促进企业内部网络的有效应用[42]。Harper 和 Utley（2001）指出，与以生产为导向的文化相比，以人为本的文化往往具有更高的应用成功率[43]。Hoffman 和 Klepper（2000）发现，具有高度团结和低社交企业文化的人更有可能成功吸收新技术[44]。Claver 等（2001）发现长期文化比短期文化更能支持 ICT 的应用[45]。在建设管理领域，也有研究人员进行了一些初步的探索。建筑行业是保守的，并且在历史上对变革尤其是在应用技术和流程创新方面具有抵制[46]，建筑专业人士通常对他们的传统业务感到满意[47]。这种保守的文化被视为应用 ICT 的障碍。Peansupap 和 Walker（2005）强调了公开讨论企业文化对推广 ICT 的重要性[48]。

Schein（1990）提出了两个主要的理由来解释文化在企业中发展的动力是外部适应和内部整合[49]。他认为企业文化受多种因素影响，例如外部环境、行业、企业的规模和性质、技术、企业的历史和所有权。这些因素可能会重叠。随着先进信息技术的出现，组织的沟通、协调和控制过程发生了巨大变化。信息技术将对组织设计、组织智能和决策产生重大影响[18]。由于新技术可以引入新的控制系统、组织结构、权力结构等，因此终将导致文化变革。

因此，我们进一步提出：**在面临文化冲突的情况下，需要改变企业的文化取向以与信息技术所承载的价值观保持一致。**

与 BIM 承载的价值观相一致的企业文化可以被视为企业能力的一个方面，需要实践者予以重视。Succar 和 Kassem（2015）将 BIM 能力定义为 BIM 工具、工作流和协议的特定表现形式[50]。BIM 能力涵盖许多技术、过程和政策，是影响 BIM 应用的重要因素[51]。向 BIM 的过渡导致了企业的根本变化，企业需要进行一系列变革以进一步提高企业的 BIM 能力[52]。

表 8-11 中的价值观维度可以用作在实施信息技术之前进行文化分析的一种工具。Romm 等（1991）认为由于大多数形式的技术都嵌入了文化假设，因此有必要进行"文化分析"，以预测未来技术与企业文化之间适合或不适合的可能性[53]。文化分析可以帮助有效地管理文化变革。

8.6　小　　结

在本章中，首先基于改进的编码框架对 BIM 实践的七个访谈进行了分析。

BIM 中承载的这些价值观维度与建筑业组织文化价值观相冲突，这种差异会影响 BIM 的实施。此外还观察到，在 ICT 承载的价值观与组织文化之间存在冲突的情况下，一般会对 ICT 的使用进行修改以匹配组织的文化取向。在对以往研究成果讨论的基础上，提出了一个新的命题：在面临文化冲突的情况下，需要改变企业的文化取向以与信息技术所承载的价值观保持一致。这为今后的研究指出了新的方向。

参 考 文 献

[1] Detert J R, Schroeder R G, Mauriel J J. A framework for linking culture and improvement initiatives in organizations [J]. Academy of Management Review, 2000, 25 (4): 850-863.

[2] Hofstede G, Neuijen B, Ohayv D D, et al. Measuring organizational cultures: A qualitative and quantitative study across twenty cases [J]. Administrative Science Quarterly, 1990: 286-316.

[3] Succar B. Building information modelling framework: A research and delivery foundation for industry stakeholders [J]. Automation in Construction, 2009, 18 (3): 357-375.

[4] Dong B, O'Neill Z, Li Z. A BIM-enabled information infrastructure for building energy fault detection and diagnostics [J]. Automation in Construction, 2014, 44: 197-211.

[5] Schein E H. Organizational culture and leadership [M]. 2nd ed. San Francisco: Jossey-Bass, 1992.

[6] Jacobsson M, Linderoth H C. The influence of contextual elements, actors' frames of reference, and technology on the adoption and use of ICT in construction projects: A Swedish case study [J]. Construction Management and Economics, 2010, 28 (1): 13-23.

[7] Panuwatwanich K, Peansupap V. Factors affecting the current diffusion of BIM - A qualitative study of online professional network [C]//Creative Construction Conference Budapest, Hungary 2013.

[8] Azhar S, Khalfan M, Maqsood T. Building information modelling (BIM): Now and beyond [J]. Construction Economics and Building, 2015, 12 (4): 15-28.

[9] Hampson K D, Brandon P. Construction 2020-A vision for Australia's property and construction industry [J]. CRC Construction Innovation, 2004.

[10] Mihindu S, Arayici Y. Digital construction through BIM systems will drive the re-engineering of construction business practices [J]. In Visualisation, 2008 International Conference. IEEE, 2008: 29-34.

[11] Watson A S, Anumba C J. The need for an integrated 2D/3D CAD system in structural engineering [J]. Computers and Structures, 1991, 41 (6): 1175-1182.

[12] Samuelson O. The IT-barometer-a decade's development of IT use in the Swedish construction sector [J]. ITcon, 2008, 13: 1-19.

[13] Sebastian R. Changing roles of the clients, architects and contractors through BIM [J]. Engi-

neering, Construction and Architectural Management, 2011, 18 (2): 176-187.

[14] Azouz Z, Katsanis C J, Forgues D, et al. The BIM Utopia: Centralizing collaboration and communication through cechnologies [C]//Beyond Boundaries. Engineering Project Organization Conference, Winter Park, Colorado, 2014.

[15] Murphy M E. Implementing innovation: A stakeholder competency-based approach for BIM [J]. Construction Innovation, 2014, 14 (4): 433-452.

[16] Azhar S. Building information modeling (BIM): Trends, benefits, risks, and challenges for the AEC industry [J]. Leadership and Management in Engineering, 2011, 11 (3): 241-252.

[17] Orlikowski W J. The duality of technology: Rethinking the concept of technology in organization [J]. Organization Science, 1992, 3 (3): 398-427.

[18] Huber G P. A theory of the effects of advanced information technologies on organizational design, intelligence, and decision making [J]. Academy of Management Review, 1990, 15 (1): 47-71.

[19] Dewett T, Jones G R. The role of information technology in the organization: A review, model, and assessment [J]. Journal of Management, 2001, 27 (3): 313-346.

[20] Barley S R. The alignment of technology and structure through roles and networks [J]. Administrative Science Quarterly, 1990, 35: 1-8.

[21] Roberts K, Grabowski M. Organizations, technology and structuring [C]// In Clegg S, Hardy C, Nord W (eds.) . Handbook of Organization Studies. London: Sage Publications. 1996: 409-423.

[22] Latour B. Science in action: How to follow scientists and engineers through society [M]. Cambridge: Harvard University Press, 1987.

[23] Scholz C. The symbolic value of computerized information systems [M]. New York: Aldine de Gruyter, 1990: 233-254.

[24] Doherty N F, Perry I. The cultural impact of workflow management systems in the financial services sector [J]. The Services Industry Journal, 2001, 21 (4): 147-166.

[25] Heeks R. Information systems and developing countries: Failure, success, and local improvisations [J]. The Information Society, 2002, 18 (2): 101-112.

[26] Pliskin N, Romm T, Lee A S, et al. Presumed versus actual organizational culture: Managerial implications for implementation of information systems [J]. The Computer Journal, 1993, 36 (2): 143-152.

[27] Doherty N F, Doig G. An analysis of the anticipated cultural impacts of the implementation of data warehouses [J]. IEEE Transactions on Engineering Management, 2003, 50 (1): 78-88.

[28] Jackson M H, Poole M S, Kuhn T. The social construction of technology in studies of the workplace [J]. Handbook of New Media: Social Shaping and Consequences of ICTs, 2002: 236-253.

[29] Akrich M. The description of technical objects. In shaping technology/building society: studies

in sociotechnical change [M]. Cambridge, MA: MIT Press, 1992: 205-224.

[30] Mahalingam A, Yadav A K, Varaprasad J. Investigating the role of lean practices in enabling BIM adoption: Evidence from two Indian cases [J]. Journal of Construction Engineering and Management, 2015, 141 (7): 05015006.

[31] Ahn Y H, Kwak Y H, Suk S J. Contractors' transformation strategies for adopting building information modeling [J]. Journal of Management in Engineering, 2015, 32 (1): 05015005.

[32] Klein K J, Sorra J S. The challenge of innovation implementation [J]. Academy of Management Review, 1996, 21: 1055-1080.

[33] Cabrera Á, Cabrera E F, Barajas S. The key role of organizational culture in a multi-system view of technology-driven change [J]. International Journal of Information Management, 2001, 21 (3): 245-261.

[34] Dube L. Teams in packaged software development: The software corp [J]. Experience, Information Technology and People, 1998, 11 (1): 36-61.

[35] Davenport T H. Putting the enterprise into the enterprise system [J]. Harvard Business Review, 1998, 76 (4) .

[36] Ngwenyama O, Nielsen P A. Competing values in software process improvement: An assumption analysis of CMM from an organizational culture perspective [J]. IEEE Transactions on Engineering Management, 2003, 50 (1): 101-111.

[37] Leidner D E, Kayworth T A. Review of culture in information systems research: Toward a theory of information technology culture conflict [J]. MIS Quarterly, 2006, 30 (2): 357-399.

[38] Gallivan M, Srite M. Information technology and culture: Identifying fragmentary and holistic perspectives of culture [J]. Information and Organization, 2005, 15 (4): 295-338.

[39] Sun H. Understanding user revisions when using information system features: Adaptive system use and triggers [J]. MIS Quarterly, 2012, 36 (2): 453-478.

[40] Chen K, Lu W, Peng Y, et al. An investigation of the latent barriers to BIM adoption and development [C]//In Proceedings of the 20th International Symposium on Advancement of Construction Management and Real Estate, Springer Singapore, 2017: 1007-1017.

[41] Eadie R, Browne M, Odeyinka H, et al. A survey of current status of and perceived changes required for BIM adoption in the UK [J]. Built Environment Project and Asset Management, 2015, 5 (1): 4-21.

[42] Ruppel C P, Harrington S J. Sharing knowledge through intranets: A Study of organizational culture and intranet implementation [J]. IEEE Transactions on Professional Communication, 2001, 44 (1): 37-52.

[43] Harper G R, Utley D R. Organizational culture and successful information technology implementation [J]. Engineering Management Journal, 2001, 13 (2): 11-15.

[44] Hoffman N, Klepper R. Assimilating new technologies: The role of Organizational culture [J]. Information Systems Management, 2000, 17 (3): 36-42.

[45] Claver E, Llopis J, Reyes G M, et al. The performance of information systems through organi-

zational culture [J]. Information Technology & People, 2001, 14 (3): 247-260.

[46] Peansupap V, Walker D H T. Innovation diffusion at the implementation stage of a construction project: A case study of information communication technology [J]. Construction Management and Economics, 2006, 24 (3): 321-332.

[47] Samuelson O. IT-Barometer 2000-the use of IT in the Nordic construction industry [J]. Electronic Journal of Information Technology in Construction (ITcon), 2000, 7: 1-26.

[48] Peansupap V, Walker D. Factors affecting ICT diffusion: a case study of three large Australian construction contractors [J]. Engineering, Construction and Architectural Management, 2005, 12 (1): 21-37.

[49] Schein E H. Organisational culture [J]. American Psychologist, 1990, 45: 109-119.

[50] Succar B, Kassem M. Macro-BIM adoption: Conceptual structures [J]. Automation in Construction, 2015, 57: 64-79.

[51] Ding Z, Zuo J, Wu J, et al. Key factors for the BIM adoption by architects: A China study [J]. Engineering, Construction and Architectural Management, 2015, 22 (6): 732-748.

[52] Poirier E, Staub-French S, Forgues D. Embedded contexts of innovation: BIM adoption and implementation for a specialty contracting SME [J]. Construction Innovation, 2015, 15 (1): 42-65.

[53] Romm T, Pliskin N, Weber Y, et al. Identifying organizational culture clash in MIS implementation: When is it worth the effort? [J]. Information & Management, 1991, 21 (2): 99-109.

9 结 论

<<<<<<<<<<<<<<<<<<<<<<<<<<<<<<<<<<<<<<<<<<<<<<<<<<<<<<<<<<<<<<<<<<<<<<<<<<

这项研究提出了个体、技术、任务和文化之间相互作用的社会-技术系统框架，以了解建筑业采纳 ICT 的方式。这项研究的主要目的是回答以下研究问题：社会技术系统中的社会因素（文化维度和个体维度）和技术因素（技术维度和任务维度）之间的匹配如何影响 ICT 在建筑行业中的采纳。

这项研究同时关注组织层面 ICT 的采纳和个体层面 ICT 的采纳，并采用了定量与定性相结合的方法。以下将按研究目标的顺序介绍定量研究和定性研究得出的结论。

研究目标 1 是从文化、任务和技术之间的匹配出发，从社会技术角度研究个体在 ICT 采纳中的作用。在此研究目标下，本研究发现：

（1）价值观与组织文化相一致的个体可能更符合所执行任务的要求。组织文化价值体现在组织规范、目标、规则和程序中。个体了解文化价值观并将价值观内化到他们的行为中，可以提高员工执行任务的潜在能力。但就影响程度而言，个体与文化的匹配对个体与任务的匹配影响很小。个体是否可以满足任务要求更可能与个体和任务的特征相关，例如工作投入[1,2]、基于工作的情感[3,4]或变革型领导力[5]。

（2）具有与任务所需相合适的技能和能力的个体将体验更高水平的任务-技术匹配。ICT 在工作中的正确应用不仅需要与技术相关的能力，例如计算机能力，而且还需要具备完成任务的专业能力。当人们不具有满足工作要求的能力时，任务的不确定性对他们来说就较大，因为他们具有处理任务的不确定性和复杂性的所需的知识、技能和能力[6]。同时，任务的不确定性较高将对任务-技术匹配产生负面影响，因为技术具有固定的结构，几乎无法处理不确定性。同样，个体-任务匹配对任务-技术匹配的影响也非常弱。技术是否可以满足任务要求可能更多地取决于任务和技术的特征，例如任务的复杂性或相互依赖性以及技术的实用性[7,8]。

研究目标 2 是研究个体-文化匹配、个体-任务匹配和任务-技术匹配对个体的 ICT 采纳行为的交互影响。在此研究目标下，本研究发现：

（1）个体是否遵守文化价值观不会直接影响他们采纳 ICT 的意图。在这项研究中，个体-任务匹配解释了大部分采纳 ICT 的意图的变化，这导致了个体-文化匹配与采纳 ICT 的意图之间的关系并不显著。使用 ICT 是与工作相关的行为，相较于组织文化，员工更了解自己的工作。因此，工作相关的行为和绩效与个体-任务匹配之间的关系将比与个体-文化匹配之间的关系更紧密[9,10]。

（2）如果个体能力能够满足任务要求，他们将更愿意采纳 ICT。 缺乏使用 ICT 的知识和技能经常被认为是在建筑项目中采纳新的 ICT 的主要障碍之一[11,12]。这一发现表明，除了使用 ICT 的知识和技能外，与实际任务相关的专业知识和技能对于 ICT 的采纳也至关重要。同时，如果个体感知到的个体-任务匹配较低会给个体带来压力[13]，这与技术采纳密切相关[14]。

（3）如果 ICT 的功能可以满足任务要求，则个体更愿意采纳 ICT。 只有在技术可用的功能适合用户活动的情况下，用户才会使用技术，因为理性的、有经验的用户只会选择能够帮助他们有效完成任务的工具[7]。同时，与个体-任务匹配相比，任务-技术匹配可以解释个体采纳 ICT 的意图。这个结论表明，与社会系统的匹配相比，技术系统的匹配可能更重要。

（4）个体采纳 ICT 的意图会影响 ICT 的实际使用，但影响很小。 在采纳 ICT 的情况下，个体并不总是对采纳行为有足够的控制权。意图转换为行为的程度受到人对行为的可控性的影响[15]。如果没有合适的外部条件，预期行为的实现将会受阻[16]。

研究目标 3 是企业文化与技术之间的匹配是否会影响 ICT 的应用。在此目标下，本研究发现：

（1）ICT 是社会建构的，因此承载着相应的价值观。 这项研究以 BIM 为例，根据 Detert 等人（2000）提出的企业文化的价值观维度为基础探究技术中承载的价值[17]。本研究发现总共有六个价值观维度与 BIM 相关，包括数据与个体经验、短期与长期、独立与协作、稳定性与变更、过程与结果、内部与外部。

1）在数据与个体经验维度下，使用 BIM 时的决策应该依赖于模型中存储的数据，但实际上某些情况下决策是基于经验。

2）在短期与长期维度下，从 BIM 中受益是长期导向的，但是由于项目的时间和成本的限制，企业在建设阶段是短期导向的。

3）在过程与结果的维度下，BIM 能够快速提供粗略的结果，但是人们需要了解这个结果背后的过程。同时 BIM 需要设计、建造和运营是一个标准化的过程，但是整个建设过程不是标准化的。

4）在稳定与变化的维度下，BIM 带来了工作流程和思维方式的变化，但建筑业人士对这种变化有抵触情绪。

5）在独立与协作的维度下，BIM 需要企业内部和企业之间的协作，但实际上由于各方的想法不同且流程分散而导致无效的协作。

6）在内部与外部的维度下，BIM 既提高了内部流程的效率，又为客户提供了更好的产品，这满足了企业既要提高内部效率又要满足客户需求的目标。

（2）在技术价值观与企业文化之间存在冲突的情况下，将会对技术的使用进行修改，以适应组织的文化价值观取向。在短期内，文化是恒定的。如果预计会发生"文化冲突"，管理人员应更改技术的设计和功能[18]。用户也将更有可能改变其对技术的使用方式，以支持其企业文化价值观[19]。同时，从长远来看，文化是一种动态现象。有关文化管理的研究假设文化是企业的财产，因此应受到管理层的控制[20]。文化也将有可能通过技术来塑造[18,21]。因此我们进一步建议，在企业文化与技术价值观之间存在冲突的情况下，需要改变企业的文化价值观取向以与技术所承载的价值观保持一致。

9.1　理论意义

技术采纳是一个成熟的研究领域[22]。关于这一主题的大量研究广泛探索了不同背景下的不同系统和技术，揭示了各种利益相关者的观点、技术和情境、分析单位、理论和研究方法[23]。现有的理论和方法可以用来解释一些常见的问题，但仍需要使用多种不同的视角和工具来解释伴随 ICT 使用涌现出的新现象。已有的模型可以对现实进行结构化的解释，并将这些解释清晰地传达给他人。清晰的模型虽然可以有效地指导对现实的解释，但是也会将研究者的思想约束到与模型一致的路径中，从而阻止研究者看到现实的其他部分[8]。技术的采纳仍然是一个快速发展的领域，因此，随着时间的推移，我们用来观察和解释它的理论视角或方法也仍需要发展。

ICT 采纳最主要的研究内容是调查影响信息技术采纳的因素。这些因素大多是基于现有的文献和实证研究的结果，而不是基于任何特定的理论或模型。Williams 等（2015）发现影响组织层面技术实施的因素包括创新特征（例如技术的复杂性）、组织特征（例如高层管理人员的支持、感知的技术收益）和环境特征（例如外部压力）[22]。Cooper 和 Zmud（1990）认为有五个方面的情境因素会在不同实施阶段对过程和结果产生影响：用户群体的特征、组织特征、采纳的技术特征、任务的特征和组织外部环境的特征[24]。Sarker（2000）将影响信息系统实施的因素分为 4 类：（1）个体变量：例如需求、认知方式、个性、人口统计变量、决策方式和预期贡献；（2）组织变量：例如差异化/整合、集中化程度、单位自治、文化、群体规范、奖励制度和权力分配；（3）情境变量：例如用户参与程度、技术人员与用户之间的交流性质、组织有效性以及临界数量；（4）技术变量：包括技术类型和技术特性，例如通用性、实施复杂性、可分割性和文化内涵[25]。Lu 等（2014）回顾了 72 篇关于实施 ICT 的文章[26]，发现影响 ICT 实施程度最高的十大因素包括：ICT 评估和规划、组织特征、技术特征、用户的知识和技能、培训和技术支持、用户的接受和参与、管理层的支持，信息安全、外部环境和项目特征。

一些研究人员将 ICT 的采纳视为战略匹配。Voordijk 等（2003）探索了战略匹配与成功的 ERP 实施之间的关系，发现 IT 战略与业务战略的匹配、IT 成熟度和 IT 战略角色之间的匹配、实施方法和组织变革对于实施过程至关重要[27]。如果没有这种匹配，组织最终达到的效果可能仅仅是"为了应用技术而应用技术"或者"为了将来的收益而不是为了当前的业务需求"。Hua（2007）也使用战略匹配模型得出类似的结论，即 ICT 的有效管理取决于四个不同领域中的选择之间的平衡：商业战略、ICT 战略、组织基础设施和流程以及 ICT 基础设施和流程，并利用这四个角度来解释这种一致性，包括战略执行、技术潜力、竞争潜力和服务水平[28]。Barki 等（2007）将信息系统的使用概念化为涉及三种类型的行为[29]：（1）技术交互行为，包括 IT 和其用户之间在完成个体或组织任务中的所有交互；（2）任务技术的适应行为，包括重塑 IT 并使其适应任务的某些需求，以及在组织中部署它的选择；（3）个体适应行为，反映个体为了适应 IT 而对自己的行为模式进行的更改。Sackey 等（2014）以社会技术系统（STS）的视角探索了 BIM 的实施[30]。他们使用 Leavitt（1964）的社会技术模型[31]来检验在组织内部应用 BIM 的建设项目中多个群体之间的协调过程。研究表明，由于项目是高度协作、异质且特殊的，因此除非启用有目的性的干预计划，并且充分考虑多个最终用户的目标，否则 BIM 的调整过程很难成功。Hester（2014）建立了一个模型，该模型捕捉了社会技术系统各组成部分之间关系一致性的本质，包括参与者-任务、参与者-技术、任务-结构、参与者-结构、任务-技术和技术-结构的一致性，研究发现对技术使用度较低的受访者在以上一种或多种关系中也存在"低一致性"[32]。尽管这些关系对使用没有显著的正相关性，但它们仍需具有"足够的一致性"。

本研究从社会技术系统的视角构建了有关 ICT 采纳的研究模型，并将社会技术系统的匹配与组织层面的 ICT 采纳和个体层面的 ICT 采纳联系起来。社会技术系统理论仅提供了将不同类型的匹配相整合的视角，在社会技术系统匹配结构背后的理论包括技术的社会建构理论（技术-文化匹配）、个体-环境匹配理论（个体-文化匹配和个体-任务匹配）和认知匹配理论（任务-技术匹配）。

在建筑研究领域，尽管研究人员已经解决了文化和人为因素对 ICT 的采纳的重要性，但研究集中在 ICT 的采纳和实施的基础上，很少有揭示文化、技术、任务和个体之间的综合关系的理论。社会技术系统理论提供了一个合适的理论框架，可以从多层次的角度整合个体与文化的匹配、个体与任务的匹配、任务与技术的匹配以及技术与文化的匹配。这项研究中的 ICT 采纳过程被视为连接个体层面和组织层面的技术、文化、任务和个体之间的交互作用，而不是像传统的 ICT 采纳研究方法那样研究的技术采纳的阶段性过程。

　　尽管先前的理论提到社会-技术系统的均衡会影响 ICT 的采纳，但并未描述这种均衡的含义。在这项研究中，系统的均衡意味着个体的价值观符合组织的价值观，人员的技能和能力符合任务的要求，技术所承载的价值观符合组织的价值观，而技术的性能符合任务的要求。在此交互框架中，技术-文化匹配、任务-技术匹配、个体-任务匹配和个体-文化匹配都被链接在一起，这对之前零散的发现是一个很好的补充，并为进一步研究这些匹配的关系奠定了基础。这些匹配还进一步将社会-技术理论中的文化、技术、任务与个体之间的关系发展为可操作化的水平，从而可以对该理论进行实证验证。个体层面的统计分析支持了社会-技术系统对 ICT 的影响。个体-文化匹配对个体-任务匹配有显著影响，个体-任务匹配也对任务-技术匹配有显著影响，这一发现表明社会技术系统的匹配是相互关联的，改变其中任何一个匹配都会改变整个均衡。

　　以往的研究人员已经谈到了单个"匹配"对技术采纳的影响。例如，技术-文化匹配[19]和任务-技术匹配[33]会影响技术的采纳。个体-文化匹配和个体-任务匹配是人力资源管理理论中两个成熟的构念[34]。尽管没有研究直接提到这两个构念与技术采纳有关，但发现它们与组织变革的承诺[35]和创造力[36]有关，而个体对组织变革的承诺和创造力对技术采纳有很强的影响作用。上述"匹配"为构建将文化、技术、任务和个体联系在一起的社会-技术系统奠定了基础，但是这些结果是零散的并来自不同的理论观点。在战略人力资源管理领域主要讨论个体-文化匹配和个体-任务匹配，而在技术接受领域则主要涉及任务-技术匹配。因此本研究通过整合这些零散的发现来丰富先前的研究。

　　简而言之，该理论框架深入介绍了社会-技术系统中的"匹配"，并确定了它们在解释 ICT 采纳方面的有效程度。这将帮助研究人员进一步整合社会-技术系统和 ICT 采纳的相关研究，阐明相关理论解释 ICT 采纳的有效域和关联性。今后还可以从社会-技术系统的其他因素来解释 ICT 采纳，随着研究的不断成熟，这将可能会融合为统一的理论。

　　Burton-Jones 等（2015）对信息系统研究的三个理论视角进行了分类：变量视角、过程视角和系统视角[37]。变量视角侧重于变量或因子的属性以及属性值的变化。过程视角侧重于参与事件的主体，通过一系列事件来解释结果的发生。系统观点侧重于整体、局部、局部之间的相互作用、系统之间的相互作用以及系统与其环境之间的相互作用。

　　本研究同时采纳过程视角和系统视角：一方面将 ICT 引入组织的过程看作是技术、文化、任务和个体的互动；另一方面将组织层面到个体层面 ICT 的采纳看作是一个自上而下的过程。Burton-Jones 等（2015）认为将系统视角和过程视角相结合将为研究人员提供新的可能性[37]：（1）了解系统的存在或涌现的属性是否依赖于特定事件或过程；（2）了解系统各部分之间的交互是否遵循特定过

程；（3）了解实体的出现或事件的发生是否取决于系统的更高级别的属性；（4）
了解系统出现或产生影响的过程。本研究认为，将社会-技术系统内的相互作用
与自上而下的过程相结合也将产生新的可能性：（1）了解使技术匹配社会系统
的自上而下的过程；（2）了解个体层面的 ICT 采纳行为的组织环境。

  根据 Majchrzak 等人的分类（2016），关于 ICT 的理论可以分为两类：问题导
向的理论和解决方案导向的理论[38]。问题导向的理论试图根据各种相关理论和
经验来阐释与 ICT 采纳相关的问题发生的原因。解决方案导向的理论着眼于 ICT
如何为解决特定的组织问题或社会问题做出贡献。Majchrzak 等（2016）主张应
鼓励研究人员为这两种理论中的任何一种做出贡献，但同时也指出对这两种理论
都做出贡献是困难的，并且可能导致肤浅的发现[38]。本研究分析了一个问题导
向的理论，尽管问题导向的理论对解决实际问题没有多大帮助，但它阐明了社会
因素与技术因素如何保持匹配，以及这种匹配如何影响人们采纳 ICT 的意图和
ICT 的实际使用。

9.2 实 践 意 义

  本研究表明随着 ICT 的广泛引入，组织的社会-技术系统变得十分复杂。本
研究为 ICT 管理人员提供了一些建议。

9.2.1 对实施 ICT 的建议

  包括 ICT 供应商和咨询公司在内的 ICT 传播机构强烈建议 ICT 项目体现普遍
适用的"最佳实践"，并且不应该在对软件进行广泛修改的情况下实施。相反，
一些学者坚持认为，"最佳实践"的概念是虚幻的，并且具有破坏性，因为 ICT
不能为每个行业的每个过程提供范例，并且大多数公司通常会对其 ICT 进行重新
配置或添加新功能，以在其独特的环境中实现最佳使用。Barley（1988）建议研
究者应该关注技术如何与特定含义、动作、文化、结构和制度环境相互作用[39]。
在不同的情况下，相同的技术能力可能会产生完全不同的社会结构。Dewett 和
Jones（2001）还认为研究人员需要认识到将信息技术最佳地应用到环境中的重
要性[40]，并且要意识到信息技术对组织的全面影响是随着时间而变化的。组织
应确保该技术适合组织文化和任务设置，并且组织中的员工具有应对全新的组织
环境的能力。

  成功实施信息技术的解决方案取决于技术所承载的价值观与组织文化价值观
之间的匹配。组织应尝试使技术中承载的价值观与组织文化价值观相匹配。首
先，组织可以为员工提供参与创新决策的机会。员工参与创新采纳的决策会增加
所选创新决策符合他们先前价值观的可能性。员工参与采纳决策还可能会改变员

工的价值观，使他们的新价值观与采纳的创新决策相一致。其次，组织可以通过向员工介绍技术对组织绩效的需求（价值）来促进良好的技术-文化匹配。

根据 Cabrera 等（2001）的分类，可以从横向维度和垂直维度观察技术-文化的匹配[41]。横向匹配是指组织的社会子系统和技术子系统之间的集成，在这里是指组织的结构和人力资源架构。因此，正确的人可以在正确的时间以正确的方式使用新技术。此外，组织还必须注重垂直匹配，垂直匹配是指新技术、组织能力及其战略之间的一致性。纵向匹配意味着技术只有在能够增强组织实现其目标能力的情况下，才能为组织贡献价值。

此外，Strong and Volkoff（2010）还发现，信息系统可能不总是完美地与组织相匹配[42]。他们进一步将错配分为两类：缺失错配和倾向错配。以文化维度来看，缺失错配意味着文化缺乏信息系统所需的特征，倾向错配意味着文化具有信息系统不需要或相反的特征。本研究并未区分缺失错配和倾向错配，可以在以后的研究中详细辨别缺失错配和倾向错配，从而管理层可以采取更有效的策略来应对文化变革。

同时，个体能力、技术功能和任务要求之间的匹配对于个体采纳 ICT 的意图至关重要。为了提高个体-任务匹配，应为员工提供相关培训，以提高他们使用 ICT 的能力，尤其是在实施初期。至于提高任务-技术匹配，应重新设计工作流程或 ICT 以使其相互兼容。企业可以使用任务-技术匹配的量表对信息系统进行诊断的工具。该诊断工具既包含一般性的构念（例如用户满意度、有用性或相对优势），也包含更具体的构念（例如数据质量、可定位性、系统可靠性等）[43]。管理人员可以使用此工具来确定系统功能和用户需求之间的差距。

但需要注意的是，社会-技术系统的匹配从来就不是真正稳定的。随着外部因素的变化或人为的干预，不可能达到完全匹配的状态。社会技术系统中各个组成部分之间的相互作用既包括"线性的"因果关系，也包括"非线性的"复杂不可预测的关系[44]。因此，在 ICT 的整个生命周期中，对社会-技术系统匹配的管理是一项持续而复杂的任务。

9.2.2 对设计 ICT 的建议

本研究发现不仅对 ICT 的采纳有意义，而且对 ICT 的开发也有现实意义。社会-技术系统理论引导设计人员去了解技术之外的内容，并关注用户的潜在角色以及新技术如何与现有的社会系统相结合和使用[45]。本研究中的社会-技术系统基于这样一个基本假设，即任务、技术、个体和文化需要相互匹配。如果想要开发受用户欢迎的系统，开发团队必须了解任务要求、潜在用户的能力、甚至潜在用户组织的文化。社会-技术系统的方法论同时提高了技术效率和社会满意度，技术设计和工作过程设计应结合在一起以实现"社会技术优化"[46]。

在本研究中，将 BIM 中承载的价值观与建筑行业中的组织文化价值观进行了比较，发现两组价值观之间的冲突为实施 BIM 造成了障碍。BIM 承载的价值观与组织文化价值观之间的不匹配是由于软件供应商对建筑行业组织文化的错误假设所致。如果负责系统开发的团队与期望使用该系统的团队之间存在较大的文化距离，那么技术所承载的价值观与组织文化价值观之间的冲突就会更大[19]。设计师对潜在用户和使用环境的假设也受其自身文化背景的影响。软件行业的文化与建筑行业的文化之间的文化距离可以作为解释技术-文化不匹配的根源。同时，即使软件供应商考虑了建筑业文化，如果软件供应商所在国家的建筑业组织文化不同于采纳者所在国家的建筑业组织文化，也可能会出现技术-文化不匹配的情况。因此，应根据特定用户群的文化来采取相应的技术，以减少技术-文化的不匹配。

技术不是一成不变的，由于个体与技术之间的相互作用，人们可以在设计、实施和使用过程中修改技术[47]。Saeed 和 Abdinnour（2013）探索了个体在采纳信息技术之后的作用[48]。在采纳之后阶段，人们以三种方式使用信息技术：

（1）扩展使用，即个体可以使用不同的技术功能来完成一项任务；（2）集成使用，即个体可以使信息技术功能与任务的某些需求保持一致；（3）探索性使用，即用户试图找到在其工作环境中使用信息技术的新方法。用户可以在采纳后阶段改变对信息技术功能的使用。因此，用户可以参与技术设计，以便于将其价值观赋予在技术中。用户参与系统设计和选择有助于构建更适合于组织的系统。如果可以充分考虑到这些限制因素，该技术就不太可能过多地破坏组织的社会技术系统的平衡，并且可以更顺利地实施。

9.3 研究局限性

这项研究采纳了静态的视角来观测匹配程度，但实际上研究人员必须解决以动态的视角测量是否匹配的问题。在实施 ICT 的过程中，组织会发生变化，内部的职位设置或组织环境也会发生变化，因此必须重新调整或重新评估个体与工作环境之间的关系。但由于这项研究采纳的是横断面研究，因此仅提供了关于匹配和 ICT 应用的静态视角。

同时本研究简化了社会技术系统的框架，仅包含四个部分：文化、个体、任务和技术。对这四个组成部分的分析可能无法全面展现给定情境下的具体应用情况。尽管此社会-技术框架阐明了匹配类型与 ICT 采纳之间的关系，但它无法反映出基于这些有限因素的所有可能情形。

需要重申的一个假设是，本研究采纳了组织文化的整合视角。Mason（2002）提出了关于组织文化的 3 种视角，包括整合视角、差异视角和碎片视角[49]。从整合视角来看，一种文化的表现和解释是相互一致的。从差异视角来看，来自不同部门和层级的人以不同的含义、价值和符号解释同一件事。从碎片视角来看，文化的本质被认为是模棱两可和相互矛盾的，因此很难对文化进行一致性地定义。在这三种关于组织文化的视角下，技术与文化之间的冲突会以不同的形式表现出来。在整合视角下，组织文化是统一的，由于技术与文化本身的价值观和假设相抵触，因此组织成员会反对 ICT。在差异视角下，由于不同亚文化之间的冲突，某些部门成员可能会抵制 ICT。在碎片视角下，文化本身是模棱两可和互相矛盾的，因此组织不同成员的态度是不一致的。在意识到文化的复杂性的前提下，本研究基于方法论的可行性考虑，采用了整合视角，将整个组织的文化视为是一致的。

在方法论上，问卷调查的样本量有限，仅收集了 205 份完整的回复。虽然它满足进行 SEM 的最低要求，但更多的样本可以改善预测结果。同时，来自香港和内地的样本数量也不均衡。从香港收集了 113 份答卷，但在内地仅收集了 75份。内地的样本并不能代表内地的整个建筑行业，它仅覆盖了四个城市，包括北京、上海、广州和深圳，而这些城市都是内地的经济发达地区，因此归纳结论时应考虑地区的限制。

同时，用于定性研究的访谈次数也很有限。用于内容分析的材料仅包含 7 次访谈和 1 次 BIM 研讨会。虽然这些访谈揭示了技术-文化匹配的几个重要维度，并显示了这些维度如何影响 ICT 的采纳，但它们无法深入展示一个组织的组织文化和实施过程。

此外，在对结论进行归纳时，也需要注意调查和访谈的样本偏差。如果总体中的某些成员很少或根本没有机会被选入样本，就会出现抽样偏差。一个有偏差的样本不能代表样本所选取的人群[50]。在本研究中，在内地选择问卷调查样本的方法并不是随机的。在内地，人们不愿意回答陌生人的问题。因此，使用的抽样策略是滚雪球采样。问卷首先分发给这些企业的熟人，然后鼓励他们将问卷传递给其他企业的同事和同行。一般来说，研究人员的熟人都是年轻人，他们倾向于将调查问卷分发给年轻一代的同行。因此，在内地，样本中的年轻人比年长者更多。在香港，我们选择了香港工程师学会的成员作为样本目标。香港工程师学会的成员是从香港工程师学会的年鉴目录中随机抽取的。我们通过电子邮件分发问卷，并从问卷调查中收集数据。对问卷的答复表明，受访者愿意通过 ICT（电子邮件和在线问卷调查）进行交流。在这种情况下，回应者可能比非回应者有更高的使用 ICT 技术的倾向。在定性研究中，抽样框架包含了在内地和香港举办过BIM 奖项的公司。因此，访谈样本只能代表采纳 BIM 的先驱者，而不能代表整个建筑行业。事实上，由于潜在受访者的可获得性难度高，很难完全消除偏见并获得真正具有代表性的样本[50]。在未来的研究中，需要仔细考虑这些样本偏差，并通过更合适的抽样方法和抽样框架将其消除到最低限度。

　　另一个局限性是本研究所有构念的测量都依赖于自我报告。虽然这种测量方法有不足之处，但它们适合于本研究的理论模型，因为这些主观量表可以反映心理过程与结果的关系[51]。这些主观量表可以用从其他角度评价的量表来补充。例如，个体与文化的匹配可以通过从管理者评价的组织价值观与员工主观感知的组织价值观之间的一致性报告来评估[52]。但是，员工对是否匹配组织价值观的主观感知对员工的态度有更直接的影响，不建议用其他角度评价的量表来完全代替它们[53]。

　　此外，使用主观量表和客观量表可能对预测变量和因变量之间的关系产生不同的结果。Turner 等（2010）发现与主观感知的使用行为相比，用客观使用行为进行度量的三个技术接受模型中自变量与预测实际使用的因变量的关联度较低[54]。以"感知有用性"这一变量为例，"感知有用性"对主观使用的预测效果为 0.78，而对客观使用的预测效果仅为 0.53。由于主观量表和客观量表会产生不同的结果，因此，研究人员在可能的情况下还应分别使用主观量表和客观量表进行比较。

9.4　未来研究方向

9.4.1　个体-文化匹配与采纳 ICT 的意图的关系

　　定量研究的结果表明，个体-文化匹配与个体采纳 ICT 的意图没有直接关系，但仍可能对个体采纳 ICT 的意图产生间接影响。潜在的中介因素可能会降低个体-文化匹配对采纳 ICT 意图的独立影响。Arthur 等（2006）认为，个体-文化匹配与任务绩效之间的关系是由组织承诺所中介的[55]。对组织的承诺也可能是个体与文化匹配和采纳 ICT 的意图之间的一个中介因素。个体-文化匹配高的人对组织的情感承诺更高。如果管理层要求采纳 ICT，那么采纳 ICT 将表示他们对组织的情感承诺。个体-文化匹配较高的个体可能更愿意采纳 ICT，以表明他们对目标和价值观的认同。

　　此外，个体-文化的匹配与采纳 ICT 的意图之间的关系可能受到文化背景的影响。Nyambegera 等（2001）在肯尼亚进行的研究表明，在肯尼亚个体-文化匹配只能部分预测肯尼亚的工作投入，因为肯尼亚的文化背景与西方国家（个体与文化匹配理论的发源地）的背景不同[56]。因此，在研究个体-文化匹配与个体采纳信通技术的行为之间的关系时，需要考虑到文化背景。

9.4.2　采纳 ICT 时的文化变革

　　在定性研究结果的讨论中，提出了一个命题：在技术所承载的价值观与组织文化的价值观之间存在冲突的情况下，需要改变组织文化的价值观使之与技术所承载的价值观保持一致。以实践为导向的文献主张文化可以得到管理和传播，以支持高绩效的组织[57,58]。他认为组织文化是由多种因素形成的，如外部环境、行业、组织劳动力的规模和性质、技术、组织的历史和所有权[59]。

　　未来的研究可以利用表 8-11 所示的内容来评估组织文化是否会向技术所承载的价值观转变。后续的研究将会进行更全面的访谈，以揭示组织文化和技术所承载的价值观，可以邀请每家公司不同部门（例如设计、施工、造价、会计）中不同级别的员工（例如高层管理人员、中层管理人员和一线员工）作为关键信息提供者来评估组织文化的价值观以及信息技术所承载的价值观。这项评估将在采纳 ICT 的初期和采纳 ICT 的一段时间后进行。考虑到文化变革是一个缓慢的过程，这个时期可能超过 1 年。然后，将采纳 ICT 初期的文化特征和采纳 ICT 一段时间后的文化特征与 ICT 承载的价值观进行比较，以了解组织文化是否朝着ICT 承载的价值观转变。

9.4.3　香港与内地使用 ICT 的差异

　　这项研究在内地和香港进行。定量研究和定性研究的主要结果没有显示出来自内地和香港的样本之间的差异。但是第 7.3 节中有关 ICT 实际使用情况的方差分析显示在香港工作的人（平均得分为 4.7545）比在内地工作的人（平均得分为 4.2923）使用 ICT 的频率高（见表 7-2），并且这种差异非常显著（见表 7-4）。虽然在之后的 SEM 分析中，组织所在地并没有成为人们实际使用 ICT 的重要控制变量（见表 7-11），但仍需注意香港和内地在 ICT 采纳上的差异。

　　7.8 节中的多元回归分析显示，在内地的样本中，人们对 ICT 的实际使用取决于任务-技术匹配和个体-文化匹配。但是在香港的样本中，人们对 ICT 的实际使用只取决于个体-文化匹配。这意味着在香港，人们对 ICT 的使用取决于个体是否认同组织文化的价值观，而不取决于技术是否可以满足任务要求。对于香港的建筑组织来说，在采纳 ICT 的过程中，组织文化比技术问题更重要。

　　香港和内地在使用 ICT 方面的差异可能是由于不同的文化背景造成的。从文化与技术采纳之间关系的研究发现，Hofstede 文化价值观的几个维度会影响信息技术的使用和采纳，包括不确定性规避、权力距离、个人主义-集体主义和男性主义-女性主义。Erumban 和 De Jong（2006）发现，权力距离和不确定性规避是解释国家间 ICT 采纳率差异的最重要的文化因素[60]。具体来说，高权力距离和低不确定性规避的国家不倾向于采纳 ICT。Lee 等（2007）比较了韩国、中国香港和中国台湾地区用户的采纳行为，发现有四个文化因素很重要：不确定性规避、个人主义、情境性和时间感知[61]。这四个因素对移动互联网服务的用户采纳有重要影响，例如感知有用性、感知愉悦性、感知易用性和感知货币价值。

Sia 等（2009）在澳大利亚（个人主义文化）和中国香港（集体主义文化）进行实验[62]，发现文化背景对人们使用 ICT 的行为有影响。Lee 等（2013）比较了美国文化和韩国文化差异对手机采纳模式的影响[63]。他们发现，在美国文化背景下，创新因素对采纳 ICT 的影响较高，而在韩国文化背景下，模仿因素的影响较高。因此，未来的研究可以比较在香港和内地采纳 ICT 的组织文化特征，并进一步研究香港文化和内地建筑业的组织文化对采纳 ICT 的影响差异。

9.4.4 跨层的 ICT 采纳模型

本研究对组织层面的 ICT 采纳和个体层面的 ICT 采纳都进行了分析。同时，对这两个层面的分析是并行进行的。但是，应该注意组织因素对个体层面 ICT 采纳的影响。迄今为止，最常用的信息系统理论是 TAM/UTAUT，其次是理性行为理论、社会认知理论和计划行为理论以及期望-确定理论和信息加工理论。这些理论的使用都强调个体对 ICT 的采纳和使用[64]。Sun 和 Bhattacherjee（2011）提出，虽然个体层面的模型对个体使用 ICT 的意图和后续的使用行为进行了合理的预测，但它们无法解释组织因素如何影响组织内部 ICT 的使用[65]。组织和环境方面的考虑因素（如机构压力）的影响将比个体的意图更强。这些个体层面的模型忽略了采纳/不采纳决策的更广泛背景[66]。之前的研究表明，为了更好地理解组织现象，有必要将个体和组织的预测因素结合起来[67]。已有研究者试图将组织层面的因素与现有的个体层面的 ICT 使用模型相结合[65,68~70]。例如，Sun 和 Bhattacherjee（2011）将 UTAUT 与高层管理支持、技术支持和用户培训等突出的组织因素进行综合，探讨个体的技术采纳行为如何受到多层次因素的影响[65]。

在本研究的理论模型中，文化也可能会对个体的 ICT 采纳行为产生影响。在不同的文化类型下，个体会有不同的行为。以往的研究表明，特定的文化类型会对 ICT 的采纳产生有利的结果，例如，佣兵型文化[71]、发展文化[72]和以人为本的文化[73]等。匹配不同类型文化的个体可能表现出不同的 ICT 采纳行为，因此在个体层面的分析中也需要考虑文化背景。综上所述，未来的研究应可以尝试构建跨层的 ICT 采纳模型。

参 考 文 献

[1] Beer L T, Rothmann S, Mostert K. The bidirectional relationship between person-job fit and work engagement [J]. Journal of Personnel Psychology, 2016.

[2] Bakker A B. Engagement and job crafting: Engaged employees create their own great place to work. In Albrecht S (Ed.). Handbook of Engagement: Perspectives, Issues, Research and Practice [M]. Northampton, MA: Edwin Elgar, 2010: 229-244.

[3] Yu K Y T. Affective influences in person-environment fit theory: Exploring the role of affect as both cause and outcome of P-E fit [J]. Journal of Applied Psychology, 2009, 94: 1210-1226.

[4] Gabriel A S, Diefendorff J M, Chandler M M, et al. The dynamic relationships of work affect and job satisfaction with perceptions of fit [J]. Personnel Psychology, 2014, 67 (2): 389-420.

[5] Chi N W, Pan S Y. A multilevel investigation of missing links between transformational leadership and task performance: The mediating roles of perceived person-job fit and person-organization fit [J]. Journal of Business and Psychology, 2012, 27 (1): 43-56.

[6] Edwards I R, Shipp A I. The relationship between person-environment fit and outcomes: An integrative [J]. Perspectives on organizational fit, 2007: 209.

[7] Dishaw M T, Strong D M. Extending the technology acceptance model with task-technology fit constructs [J]. Information & Management, 1999, 36 (1): 9-21.

[8] Goodhue D L, Thompson R L. Task-technology fit and individual performance [J]. MIS Quarterly, 1995, 19 (2): 213-236.

[9] Cable D M, DeRue D S. The convergent and discriminant validity of subjective fit perceptions [J]. Journal of Applied Psychology, 2002, 87 (5): 875.

[10] Lauver K J, Kristof-Brown A. Distinguishing between employees' perceptions of person-job and person-organization fit [J]. Journal of Vocational Behavior, 2001, 59 (3): 454-470.

[11] Adriaanse A, Drdijk H, Dewulf G. The use of interorganizational ICT in United States construction projects [J]. Automation in Construction, 2010, 19 (1): 73-83.

[12] Peansupap V, Walker D. Factors affecting ICT diffusion: A case study of three large Australian construction contractors [J]. Engineering, Construction and Architectural Management, 2005, 12 (1): 21-37.

[13] Yang L Q, Che H, Spector P E. Job stress and well-being: An examination from the view of person-environment fit [J]. Journal of Occupational and Organizational Psychology, 2008, 81 (3): 567-587.

[14] Beaudry A, Pinsonneault A. The other side of acceptance: Studying the direct and indirect effects of emotions on information technology use [J]. MIS Quarterly, 2010: 689-710.

[15] Ajzen I, Fishbein M. Belief, Attitude, Intention and Behavior: An Introduction to Theory and Research [M]. Reading, MA: Addison-Wesley, 1975.

[16] Triandis H C. Values, attitudes, and interpersonal behavior [C]//In Nebraska Symposium on Motivation. Lincoln: University of Nebraska Press, 1979.

[17] Detert J R, Schroeder R G, Mauriel J J. A framework for linking culture and improvement initiatives in organizations [J]. Academy of Management Review, 2000, 25 (4): 850-863.

[18] Pliskin N, Romm T, Lee A S, et al. Presumed versus actual organizational culture: Managerial implications for implementation of information systems [J]. The Computer Journal, 1993, 36 (2): 143-152.

[19] Leidner D E, Kayworth T A. Review of culture in information systems research: Toward a theory of information technology culture conflict [J]. MIS Quarterly, 2006, 30 (2):

357-399.

[20] Fellows R, Liu A M. Use and misuse of the concept of culture [J]. Construction Management and Economics, 2013, 31 (5): 401-422.

[21] Doherty N F, Doig G. An analysis of the anticipated cultural impacts of the implementation of data warehouses [J]. IEEE Transactions on Engineering Management, 2003, 50 (1): 78-88.

[22] Williams M D, Rana N P, Dwivedi Y K. The unified theory of acceptance and use of technology (UTAUT): A literature review [J]. Journal of Enterprise Information Management, 2015, 28 (3): 443-488.

[23] Williams M D, Dwivedi Y K, Lal B, et al. Contemporary trends and issues in IT adoption and diffusion research [J]. Journal of Information Technology, 2009, 24 (1): 1-10.

[24] Cooper R B, Zmud R W. Information technology implementation research: A technological diffusion approach [J]. Management Science, 1990, 36 (2): 123-139.

[25] Sarker S. Toward a methodology for managing information systems implementation: A social constructivist perspective [J]. Informing Science, 2000, 3 (4): 195-206.

[26] Lu Y, Li Y, Skibniewski M, et al. Information and communication technology applications in architecture, engineering, and construction organizations: A 15-year review [J]. Journal of Management in Engineering, 2014, 31 (1): A4014010.

[27] Voordijk H, Van Leuven A, Laan A. Enterprise resource planning in a large construction firm: Implementation analysis [J]. Construction Management and Economics, 2003, 21 (5): 511-521.

[28] Hua G B. Applying the strategic alignment model to business and ICT strategies of Singapore's small and medium-sized architecture, engineering and construction enterprises [J]. Construction Management and Economics, 2007, 25 (2): 157-169.

[29] Barki H, Titah R, Boffo C. Information system use-related activity: An expanded behavioral conceptualization of individual-level information system use [J]. Information Systems Research, 2007, 18 (2): 173-192.

[30] Sackey E, Tuuli M, Dainty A. Sociotechnical systems approach to BIM implementation in a multidisciplinary construction context [J]. Journal of Management in Engineering, 2014, 31 (1): A4014005.

[31] Leavitt H J. Applied organization change in industry: Structural, technical and human approaches. In Cooper W W, Leavitt H J, Shelly M W I (Eds.). New Perspectives in Organization Research [M]. New York: John Wiley, 1964: 55-71.

[32] Hester J A. Socio-technical systems theory as a diagnostic tool for examining underutilization of wiki technology [J]. The Learning Organization, 2014, 21 (1): 48-68.

[33] Zigurs I, Buckland B K. A theory of task/technology fit and group support systems effectiveness [J]. MIS Quarterly, 1998, 22 (3): 313-334.

[34] Caldwell D F, O'Reilly C A. Measuring person-Job fit with a profile-comparison process [J]. Journal of Applied Psychology, 1990, 75 (6): 648-657.

[35] Meyer J P, Hecht T D, Gill H, et al. Person-organization (culture) fit and employee commitment under conditions of organizational change: A longitudinal study [J]. Journal of Vocational Behavior, 2010, 76 (3): 458-473.

[36] Livingstone L P, Nelson D L, Barr S H. Person-environment fit and creativity: An examination of supply-value and demand-ability versions of fit [J]. Journal of Management, 1997, 23 (2): 119-146.

[37] Burton-Jones A, McLean E R, Monod E. Theoretical perspectives in IS research: From variance and process to conceptual latitude and conceptual fit [J]. European Journal of Information Systems, 2015, 24 (6): 664-679.

[38] Majchrzak A, Markus M L, Wareham J. Designing for digital transformation: Lessons for information systems research from the study of ICT and societal challenges [J]. MIS Quarterly, 2016, 40 (2): 267-277.

[39] Barley S R. Technology, power, and the social organization of work: Towards a pragmatic theory of skilling and deskilling [J]. Research in the Sociology of Organizations, 1988, 6: 33-80.

[40] Dewett T, Jones G R. The role of information technology in the organization: A review, model, and assessment [J]. Journal of Management, 2001, 27 (3): 313-346.

[41] Cabrera Á, Cabrera E F, Barajas S. The key role of organizational culture in a multi-system view of technology-driven change [J]. International Journal of Information Management, 2001, 21 (3): 245-261.

[42] Strong D M, Volkoff O. Understanding organization-enterprise system fit: A path to theorizing the information technology artifact [J]. MIS Quarterly, 2010, 34 (4): 731-756.

[43] Goodhue D L. Development and measurement validity of a task-technology fit instrument for user evaluations of information system [J]. Decision Sciences, 1998, 29 (1): 105-138.

[44] Ropohl G. Philosophy of socio-technical systems [J]. Society for Philosophy and Technology, 1999, 4 (3).

[45] Davis M C, Challenger R, Jayewardene D N, et al. Advancing socio-technical systems thinking: A call for bravery [J]. Applied Ergonomics, 2014, 45 (2): 171-180.

[46] Mumford E. The story of socio-technical design: Reflections on its successes, failures and potential [J]. Information Systems Journal, 2006, 16 (4): 317-342.

[47] Orlikowski W J. The duality of technology: Rethinking the concept of technology in organization [J]. Organization Science, 1992, 3 (3): 398-427.

[48] Saeed K A, Abdinnour S. Understanding post-adoption IS usage stages: An empirical assessment of self-service information systems [J]. Information Systems Journal, 2013, 23 (3): 219-244.

[49] Mason J. Qualitative Researching [M]. Calif: Sage, 2002.

[50] Bryman A. Social Research Methods [M]. Oxford: Oxford university press, 2012.

[51] Edwards J R, Cable D M. The value of value congruence [J]. Journal of Applied Psychology, 2009, 94 (3): 654.

[52] Ostroff C, Shin Y, Kinicki A J. Multiple perspectives of congruence: Relationships between value congruence and employee attitudes [J]. Journal of Organizational Behavior, 2005, 26 (6): 591-623.

[53] Kristof-Brown A L, Zimmerman R D, Johnson E C. Consequences of individual's fit at work: A meta-analysis of person-job, person-organization, person-group and person-supervisor fit [J]. Personnel Psychology, 2005, 58 (2): 281-342.

[54] Turner M, Kitchenham B, Brereton P, et al. Does the technology acceptance model predict actual use? A systematic literature review [J]. Information and Software Technology, 2010, 52 (5): 463-479.

[55] Arthur Jr W, Bell S T, Villado A J, et al. The use of person-organization fit in employment decision making: An assessment of its criterion-related validity [J]. Journal of Applied Psychology, 2006, 91 (4): 786.

[56] Nyambegera S, Daniels K, Sparrow P. Why fit doesn't always matter: The impact of HRM and cultural fit on job involvement of Kenyan employees [J]. Applied Psychology, 2001, 50 (1): 109-140.

[57] Ouchi W G. The Z organization [J]. Classics of Organization Theory, 1981: 451-460.

[58] Peters T, Waterman R. in search of excellence. lessons from america's best-run companies [M]. London: Harper Collins Business, 2004.

[59] Schein E H. Organisational culture [J]. American Psychologist, 1990, 45: 109-119.

[60] Erumban A A, De Jong S B. Cross-country differences in ICT adoption: A consequence of Culture? [J]. Journal of World Business, 2006, 41 (4): 302-314.

[61] Lee I, Choi B, Kim J, et al. Culture-technology fit: Effects of cultural characteristics on the post-adoption beliefs of mobile internet users [J]. International Journal of Electronic Commerce, 2007, 11 (4): 11-51.

[62] Sia C L, Lim K H, Leung K, et al. Web strategies to promote internet shopping: Is cultural-customization needed? [J]. MIS Quarterly, 2009: 491-512.

[63] Lee S G, Trimi S, Kim C. The impact of cultural differences on technology adoption [J]. Journal of World Business, 2013, 48 (1): 20-29.

[64] Rice R E, Leonardi P M. Information and communication technology use in organizations [C]// The Sage Handbook of Organizational Communication. Thousand Oaks, CA: Sage, 2013: 425-448.

[65] Sun Y, Bhattacherjee A. Multi-level analysis in information systems research: The case of enterprise resource planning system usage in China [J]. Enterprise Information Systems, 2011, 5 (4): 469-494.

[66] Schwarz C, Schwarz A. To adopt or not to adopt: A perception-based model of the emr technology adoption decision utilizing the technology-organization-environment framework [J]. Journal of Organizational and End User Computing (JOEUC), 2014, 26 (4): 57-79.

[67] Burton-Jones A, Gallivan M J. Toward a deeper understanding of system usage in organizations: A multilevel perspective [J]. MIS quarterly, 2007: 657-679.

[68] Igbaria M, et al. Personal computing acceptance factors in small firms: A structural equation model [J]. MIS Quarterly, 1997, 21 (3): 279-305.

[69] Lewis W, Agarwal R, Sambamurthy V. Sources of influence on beliefs about information technology use: An empirical study of knowledge workers [J]. MIS Quarterly, 2003, 27 (4): 657-678.

[70] Mellarkod V, Appan R, Jones D R, et al. A multi-level analysis of factors affecting software developers' intention to reuse software assets: An empirical investigation [J]. Information & Management, 2007, 44 (7): 613-625.

[71] Hoffman N, Klepper R. Assimilating new technologies: The role of organizational culture [J]. Information Systems Management, 2000, 17 (3): 36-42.

[72] Ruppel C P, Harrington S J. Sharing knowledge through intranets: A study of organizational culture and intranet implementation [J]. IEEE Transactions on Professional Communication, 2001, 44 (1): 37-52.

[73] Harper G R, Utley D R. Organizational culture and successful information technology implementation [J]. Engineering Management Journal, 2001, 13 (2): 11-15.

附　　录

关于建筑业信息技术应用现状的研究

问卷调查

　　本调查是香港大学房地产与建设系花园园女士的博士论文的一部分。近年来，越来越多的建筑业企业开始采用了信息技术来辅助管理。本调查的目的是研究企业成员如何使用信息技术完成工作任务以及对信息技术是否能够满足他们的工作需要。为了完成此项研究，诚邀您参与我们的调研。您的回复对我们的研究非常宝贵。

　　回答本问卷大约花费 10~15 分钟。答案没有正确和错误之分。所有信息仅作研究之用，您的名字将不会出现在此问卷以及任何研究报告中，您所提供的任何信息不会被泄露给三方或公众。所有回收的问卷将在研究完成之后销毁。如果您对此调研有任何疑问，请联系花园园女士 huayy@ hku. hk。

非常感谢您的回复！

PART A：基本信息

1. 年龄：□<20　　□ 20～29　　□30～39　　□ 40～49　　□ >50

2. 性别：□男　□女

3. 最高教育程度：□本科以下　□本科　□硕士　□博士　□其他_____

4. 职位：□高层管理人员 □中层管理人员 □ 基层管理人员 □基层员工
　　□其他_____

5. 部门：□项目管理　□市场　□采购　□人力资源　□财务　□运营　□
　　合同法务　□健康安全环保　□其他_____

6. 您在该企业的工作年限：_____年

7. 您在建筑业的工作年限：_____年

8. 工作地点：□香港　□内地　□其他_____

9. 企业类型：□业主　□承包商　□设计院　□咨询公司　□其他_____

10. 企业所有权：□国有企业　□私有企业　□其他_____

11. 请选择您的企业中所采用的信息系统类型（可多选）：
　　□项目管理系统　□文档管理系统　□决策支持系统　□财务信息系统
　　□采购信息系统　□BIM（建筑信息模型）　□ERP（企业资源计划）
　　□其他_____

12. 请选择一个您工作中最常用的或您的企业中跟您工作最相关的信息技术类
　　型（单选）：
　　□项目管理系统　□文档管理系统　□决策支持系统　□财务信息系统
　　□采购信息系统　□BIM（建筑信息模型）　□ERP（企业资源计划）
　　□其他_____
　　（请注意：本调研剩余部分所出现的"信息技术"一词仅代表此处您所选的
　　信息技术）

13. 企业采用该信息技术的年限：_____年　□不太清楚

14. 您使用该信息技术的年限：_____年

15. 您的工作对该信息技术的依赖程度：　□不是非常依赖　□有些依赖
　　□非常依赖

16. 您使用该信息技术的频率：□完全不用　□少于每周 1 次　□每周 1 次
　　□每周多次　□每天多次

PART B：本部分用于描述<u>您与您的工作及组织文化的匹配程度</u>，请用下述量表表示您同意或反对的程度，并在相应的数字上打勾。

	强烈反对		既不反对也不同意			强烈同意	
我的能力匹配这项工作的要求	1	2	3	4	5	6	7
我有适当的个人能力来完成这项工作	1	2	3	4	5	6	7
工作的要求与我的技术非常匹配	1	2	3	4	5	6	7
我的个性非常适合这项工作	1	2	3	4	5	6	7
我是这项工作的合适人选	1	2	3	4	5	6	7
我的价值观与企业的价值观相符	1	2	3	4	5	6	7
我可以在这个企业保持自己的价值观	1	2	3	4	5	6	7
由于我的价值观与企业的价值观不同导致我很难适应这家企业	1	2	3	4	5	6	7

PART C：本部分用于描述<u>您如何使用以上所选的信息技术来完成您的工作</u>，请在相应的数字上打勾。

我使用这项技术来解决问题，例如：	从不		有时		频繁		
决定处理问题的最佳方式	1	2	3	4	5	6	7
帮助我思考问题	1	2	3	4	5	6	7
确认我对问题的分析与数据是相符的	1	2	3	4	5	6	7
检验我对数据的分析判断	1	2	3	4	5	6	7
找出数据的意义	1	2	3	4	5	6	7
分析为什么问题会产生	1	2	3	4	5	6	7

我使用这项技术来支持决策，例如：	从不		有时		频繁		
帮助我向别人解释我的决策	1	2	3	4	5	6	7
帮我证明我的决策或决定是有道理的	1	2	3	4	5	6	7
帮我明晰决策的原因	1	2	3	4	5	6	7
合理化我的决策	1	2	3	4	5	6	7
帮我形成决策	1	2	3	4	5	6	7
改善决策过程的效果和效率	1	2	3	4	5	6	7
使决策过程更加理性	1	2	3	4	5	6	7

我使用这项技术来进行横向协作，例如：	从不			有时			频繁
与我工作小组的其他人交流	1	2	3	4	5	6	7
协调我们工作小组的活动	1	2	3	4	5	6	7
与工作小组的其他成员协作	1	2	3	4	5	6	7
与我的工作小组成员交换信息	1	2	3	4	5	6	7

我使用这项技术来进行纵向协作，例如：	从不			有时			频繁
帮我管理自己的工作	1	2	3	4	5	6	7
监控我自己的绩效	1	2	3	4	5	6	7
计划我的工作	1	2	3	4	5	6	7
与向我汇报的成员交流	1	2	3	4	5	6	7
与我要汇报的成员交流	1	2	3	4	5	6	7
使我的上级保持知情	1	2	3	4	5	6	7
与向我汇报的成员交换信息	1	2	3	4	5	6	7
得到工作表现的反馈	1	2	3	4	5	6	7

我使用这项技术来服务客户，例如：	从不			有时			频繁
更有策略性地对待内部和外部的客户	1	2	3	4	5	6	7
服务内部和外部的客户	1	2	3	4	5	6	7
改善客户服务的质量	1	2	3	4	5	6	7
更具创造性地服务客户	1	2	3	4	5	6	7
与内部和外部的客户交换信息	1	2	3	4	5	6	7

PART D：本部分用于描述您使用以上所选的信息技术的意愿，请用下述量表表示您同意或反对的程度，并在相应的数字上打勾。

	强烈反对			既不反对也不同意			强烈同意
比起传统的工作方式，我更喜欢使用新技术来完成工作	1	2	3	4	5	6	7
我有使用这项技术的意愿	1	2	3	4	5	6	7
我将用这项技术来进行工作	1	2	3	4	5	6	7

PART E：本部分用于评价**所选的信息技术与您的工作的契合程度**，请用下述量表表示您同意或反对的程度，并在相应的数字上打勾。

	强烈反对			既不反对也不同意			强烈同意
适宜的详细程度							
企业和部门保存了足够详细的数据	1	2	3	4	5	6	7
对我而言，公司保存的数据具备合适的详细程度	1	2	3	4	5	6	7
准确性							
我使用或想要使用的数据的准确性能够满足要求	1	2	3	4	5	6	7
我使用或需要的数据的准确性低	1	2	3	4	5	6	7
兼容性							
当需要比较或合并两个或多个不同来源的数据时，经常会发生意想不到的或难以处理的不一致	1	2	3	4	5	6	7
来自不同来源但关于同一对象的数据有时是不一致的	1	2	3	4	5	6	7
由于不同来源的数据的定义不同，有时候让我比较或者合并他们是困难的	1	2	3	4	5	6	7
可定位性							
即使我之前没有使用过此类数据，我也容易查找到企业部门关于某个问题的数据	1	2	3	4	5	6	7
找到某个给定事项的数据是容易的	1	2	3	4	5	6	7

可得性

当我需要数据时，我可以快速和容易地获得　1　2　3　4　5　6　7

获得所需的数据是容易的　1　2　3　4　5　6　7

数据含义

容易找到与我的任务相关的数据领域的确切定义　1　2　3　4　5　6　7

帮助

我在获得和理解数据的时候能得到我所需要的帮助　1　2　3　4　5　6　7

当我寻找或使用数据遇到困难时，很容易获得帮助　1　2　3　4　5　6　7

硬件和软件的易用性

学会如何从这个系统获得数据是容易的　1　2　3　4　5　6　7

从这个系统获得数据是方便和容易的　1　2　3　4　5　6　7

系统可靠性

数据使用经常遭遇系统问题或系统崩溃　1　2　3　4　5　6　7

系统是可靠的且可以随时使用　1　2　3　4　5　6　7

及时性

我不能获得我所需要的实时数据　1　2　3　4　5　6　7

数据更新及时，能够满足我的需要　1　2　3　4　5　6　7

数据的表述

我所需要的数据的呈现方式是合理和易于理解的　1　2　3　4　5　6　7

数据输出格式便于读取和使用　1　2　3　4　5　6　7

数据的混乱性

因为有很多不同的系统和文档，他们提供的数据有些许不同，因此在给定的情境下确定使用哪个数据比较困难　1　2　3　4　5　6　7

数据以不同的形式存储在不同的地方，因此很难知道如何有效地使用数据　1　2　3　4　5　6　7

如果您对此调研有任何意见，请写在本栏：

您是否愿意收到关于此调研的报告？ □是　　　□否

如果您愿意，请留下您的电子邮件地址：

您是否愿意接受一段三十分钟关于此调研的采访？ □是　　　□否

如果您愿意，请留下您的电子邮件地址：

~结束~谢谢！

Questionnaire (English Version)

Research on ICT Adoption in Construction Industry Questionnaire Survey

This survey is part of Miss Hua Yuanyuan's PhD thesis from The University of Hong Kong. In recent years, more and more companies in construction industry have adopted the information and communication technologies to facilitate the management. The aim of this research is to examine how individuals use the technologies to conduct their tasks and how well the technologies could fit their tasks. To achieve this aim, we would like to invite you to complete a questionnaire. Your responses are very valuable to my research.

It will take approximately 10-15 minutes to complete the questionnaire. There is no right or wrong answer. All information obtained will be used only for research purposes. Participants will not be identified by name in the questionnaire or in any report of the completed study; nor will any of the information you provide be passed on to other parties or publicly disclosed. All collected questionnaires will be destroyed immediately after the research is finished. If you have any inquiries, please contact Miss. Hua Yuanyuan (huayy@ hku. hk).

Thank you in advance for your valuable responses!

PART A：General information

1. Age：□<20　　□ 20-29　　□ 30-39　　□ 40-49　　□ >50

2. Gender：□Male　　□Female

3. Education Level：□Diploma　　□Bachelor　　□Master　　□Doctor
   □Other _____

4. Employee Level：□Senior Management　□Middle Management　□General Management Staff　□Front-line Staff　□Other _____

5. Department：□Project Management　□Marketing　□Procurement　□Human Resource　□Finance　□Operation and Development　□Contracts and Legal Affair　□Heath Safety and Environment　□Other _____

6. How many years do you work in the current company：_____ Year（s）

7. How many years do you work in the construction industry：_____ Year（s）

8. Work Location：□Hong Kong　□Mainland of China　□Other _____

9. Organization Type：□Owner　　□Contractor　　□Design Firm　□Consultant
   □Other _____

10. Organization Ownership：□State Owned　□Private　□Other _____

11. Please choose the types of information and communication technologies that have been adopted in your organization（Multiple Choice）：
    □Project Management System　□Document Management System　□Decision Making System　□Finance Information System　□Procurement Information System　□Building Information Modeling（BIM）　□ Enterprise Resource Planning（ERP）
    □Other _____

12. Please choose one of the following the technologies that you use most frequently or is most relevant to your work（single choice）：
    □Project Management System　□Document Management System　□Decision Making System　□Finance Information System　□Procurement Information System　□Building Information Modeling（BIM）　□ Enterprise Resource Planning（ERP）
    □Other _____ **（Notice：the word "technology" that appears in the rest of the survey only refers to the one that you choose in this question）**

13. How many years has your organization adopted this technology: _____ Year（s）
□Not Sure

14. How many years have you used the technology: _____ Year（s）

15. How dependent are you on the technology: □Not very dependent　□Somewhat dependent　□Very dependent

16. How frequently do you use the technology: □Don't use at all　□Use less than once each week　□Use about once each week　□Use several times a week □Use several times each day

PART B: Please indicate your degree of agreement towards the following statements which describes your personal ability, skills, personality and values.

	Strongly disagree		Neutral			Strongly agree
My abilities fit the demands of this job.	1	2	3	4	5	6	7
I have the right skills and abilities for doing this job.	1	2	3	4	5	6	7
There is a good match between the requirements of this job and my skills.	1	2	3	4	5	6	7
My personality is a good match for this job.	1	2	3	4	5	6	7
I am the right type of person for this type of work.	1	2	3	4	5	6	7
My values match or fit the values of this company.	1	2	3	4	5	6	7
I am able to maintain my values at this company.	1	2	3	4	5	6	7
My values prevent me from fitting in at this company because they are different from the company's values.	1	2	3	4	5	6	7

PART C: Please indicate your degree of agreement towards the following statements which describes your usage of the information and communication technology (the one that you choose in Part A) to conduct your task.

I use this technology to solve problem, for example:	Never			Sometimes		Every time	
decide how to best approach a problem.	1	2	3	4	5	6	7
help me think through problems.	1	2	3	4	5	6	7
make sure the data matches my analysis of problems.	1	2	3	4	5	6	7
check my thinking against the data.	1	2	3	4	5	6	7
make sense out of data.	1	2	3	4	5	6	7
analyze why problems occur.	1	2	3	4	5	6	7

I use this technology to support decision, for example:	Never			Sometimes		Every time	
help me explain my decisions.	1	2	3	4	5	6	7
help me justify my decisions.	1	2	3	4	5	6	7
help me make explicit the reasons for my decisions.	1	2	3	4	5	6	7
rationalize my decisions.	1	2	3	4	5	6	7
control or shape the decision process.	1	2	3	4	5	6	7
improve the effectiveness and efficiency of the decision process.	1	2	3	4	5	6	7
make the decision process more rational.	1	2	3	4	5	6	7

I use this technology to integrate horizontal work, for example:	Never			Sometimes		Every time	
communicate with other people in my work group.	1	2	3	4	5	6	7
coordinate our activities.	1	2	3	4	5	6	7
coordinate activities with others in my work group.	1	2	3	4	5	6	7
exchange information with people in my work group.	1	2	3	4	5	6	7

I use this technology to integrate vertical work, for example:	Never		Sometimes			Every time	
help me manage my work.	1	2	3	4	5	6	7
monitor my own performance.	1	2	3	4	5	6	7
plan my work.	1	2	3	4	5	6	7
communicate with people who report to me.	1	2	3	4	5	6	7
communicate with people I report to.	1	2	3	4	5	6	7
keep my supervisor informed.	1	2	3	4	5	6	7
exchange information with people who report to me.	1	2	3	4	5	6	7
get feedback on job performance.	1	2	3	4	5	6	7

I use this technology to integrate vertical work, for example:	Never		Sometimes			Every time	
deal more strategically with internal and/or external customers.	1	2	3	4	5	6	7
serve internal and/or external customers.	1	2	3	4	5	6	7
improve the quality of customer service.	1	2	3	4	5	6	7
more creatively serve customers.	1	2	3	4	5	6	7
exchange information with internal and/or external customers.	1	2	3	4	5	6	7

PART D: Please indicate your degree of agreement towards the following statements which describe your intention to use the information and communication technology (the one that you choose in Part A).

	Strongly disagree		Neutral			Strongly agree	
I would use this technology rather than doing the task in the traditional way.	1	2	3	4	5	6	7
My intention would be use the technology.	1	2	3	4	5	6	7
To do the task, I would use the technology.	1	2	3	4	5	6	7

PART E: Please indicate your degree of agreement towards the following statements which describes your evaluation how well the information and communication technology (the one that you choose in Part A) could fit your task.

	Strongly disagree		Neutral			Strongly agree
The Right Level of Detail						
Sufficiently detailed data is maintained by the corporation or division.	1 2 3 4 5 6 7					
The company maintains data at an appropriate level of detail for my purposes.	1 2 3 4 5 6 7					
Accuracy						
The data that I use or would like to use is accurate enough for my purposes.	1 2 3 4 5 6 7					
There are accuracy problems in the data I use or need.	1 2 3 4 5 6 7					
Compatibility						
When it's necessary to compare or aggregate data from two or more different sources, there may be unexpected or difficult inconsistencies.	1 2 3 4 5 6 7					
There are times when supposedly equivalent data from two different sources is inconsistent.	1 2 3 4 5 6 7					
Sometimes it is difficult or impossible to compare or aggregate data from two different sources because the data is defined differently.	1 2 3 4 5 6 7					
Locatability						
It is easy to locate corporate or divisional data on a particular issue, even I haven't used that data before.	1 2 3 4 5 6 7					
It is easy to find out what data the corporation maintains on a given subject.	1 2 3 4 5 6 7					
Accessibility						
I can get the data quickly and easily when I need it.	1 2 3 4 5 6 7					
It is easy to get access to data that I need.	1 2 3 4 5 6 7					

Meaning

The exact definition of data fields relating to my task is easy to find out.　　1　2　3　4　5　6　7

Assistance

I am getting the help I need in accessing and understanding the data.　　1　2　3　4　5　6　7

It is easy to get assistance when I am having trouble finding or using data.　　1　2　3　4　5　6　7

Ease of Use of Hardware and Software

It is easy to learn how to use the computer systems that gives me access to the data.　　1　2　3　4　5　6　7

The computer systems that give me access to data are convenient and easy to use.　　1　2　3　4　5　6　7

Systems Reliability

The data is subject to frequent system problems and crashes.　　1　2　3　4　5　6　7

I can count on the systems to be "up" and available when I need it.　　1　2　3　4　5　6　7

Currency

I can't get data that is current enough to meet my need.　　1　2　3　4　5　6　7

The data is up-to-date enough for my purposes.　　1　2　3　4　5　6　7

Presentation

The data I need is displayed in a reasonable and understandable form.　　1　2　3　4　5　6　7

The data is presented in a readable and useful format.　　1　2　3　4　5　6　7

Confusion

There are so many different systems or files, each with slightly different data, that it is hard to understand which one to use in a given situation.　　1　2　3　4　5　6　7

The data is stored in so many different places
and in so many forms, it is hard to know how to　1　　2　　3　　4　　5　　6　　7
use it effectively.

If you have any comments about this survey, you could leave it in the following box:

Are you interested in receiving a report of this survey? ☐YES　　☐ NO

If YES, please leave your email address:

Would you be happy to take a 30 min interview on this topic? ☐YES　　☐ NO

If YES, please leave your email address:

~ END ~
THANK YOU!